供应链金融

数字经济下的新金融

主 编 ◎ 姜滨滨

副主编 ◎ 匡海波 李殿峰
　　　　贾 鹏 艾永芳

清华大学出版社
北京

内容简介

本书囊括了供应链金融课程的核心内容，以理论介绍为主，结合引例、拓展阅读等，内容深入浅出、实践性强，可以使读者在理解原理、理顺思路的基础上，轻松、牢固地掌握供应链金融的有关业务理论和实务方法。

本书适合作为金融学、物流管理、供应链管理等专业的大学生用书，也可以作为相关课程的参考书，还可以供从事供应链金融、第三方物流、电子商务等工作的广大企业管理人员、科研人员及其他对金融知识感兴趣的人员学习与参考。

本书封面贴有清华大学出版社防伪标签，无标签者不得销售。
版权所有，侵权必究。举报：010-62782989，beiqinquan@tup.tsinghua.edu.cn。

图书在版编目（CIP）数据

供应链金融：数字经济下的新金融 / 姜滨滨主编. —北京：清华大学出版社，2024.7
ISBN 978-7-302-65125-3

Ⅰ. ①供… Ⅱ. ①姜… Ⅲ. ①供应链管理—金融业务—研究 Ⅳ. ①F252.2

中国国家版本馆CIP数据核字（2023）第242629号

责任编辑：杜春杰
封面设计：刘　超
版式设计：文森时代
责任校对：马军令
责任印制：刘海龙

出版发行：清华大学出版社
网　　址：https://www.tup.com.cn，https://www.wqxuetang.com
地　　址：北京清华大学学研大厦A座　　邮　编：100084
社 总 机：010-83470000　　邮　购：010-62786544
投稿与读者服务：010-62776969，c-service@tup.tsinghua.edu.cn
质量反馈：010-62772015，zhiliang@tup.tsinghua.edu.cn
印 装 者：三河市少明印务有限公司
经　　销：全国新华书店
开　　本：185mm×260mm　　印　张：12.5　　字　数：295千字
版　　次：2024年7月第1版　　印　次：2024年7月第1次印刷
定　　价：59.80元

产品编号：090493-01

前 言 | Foreword

党的二十大报告提出"加快构建新发展格局，着力推动高质量发展"，强调"坚持以推动高质量发展为主题"，指出"高质量发展是全面建设社会主义现代化国家的首要任务"，强调"加快发展数字经济，促进数字经济和实体经济深度融合"。实际上，在数字经济大背景下，金融科技得以高速、高效发展，坚持"深化金融体制改革，建设现代中央银行制度，加强和完善现代金融监管，强化金融稳定保障体系，依法将各类金融活动全部纳入监管，守住不发生系统性风险底线"就显得尤为重要。

供应链金融作为新的金融模式，以金融科技、互联网等为基础，其作用不仅体现在创新金融手段，更体现在发展并完善数字经济、供应链金融、物流金融等市场环境，更好地服务、促进相关产业发展，特别是解决传统金融模式下相关产业运行过程中，中小微企业所面临的融资难、融资贵、风险高、转型升级困难等难题。党的二十大报告明确提出"支持中小微企业发展"，中小微企业是我国国民经济和社会发展的重要力量，有效促进中小微企业发展是保持国民经济平稳、较快发展的重要基础，也成为数字经济背景下改善民生、维护社会稳定的重要战略任务；探讨如何通过创新性的手段解决中小微企业融资难题、如何有效防范系统性金融风险及互联网金融风险、如何建立有利于互联网供应链金融的生态系统，以及如何在数字经济的背景下为供应链金融提供技术保障和风险管控等，通过金融模式创新对资金配置效率、金融服务质量产生提升作用，进而为维持经济稳步、健康发展创造强大动力等就显得尤为重要。

《供应链金融：数字经济下的新金融》囊括了供应链金融理论与实践的核心内容，力求做到适用性好、实用性与实践性强。本书以理论介绍为主，结合引例、拓展阅读等，内容深入浅出、实践性强，可以使读者在理解原理、理顺思路的基础上，轻松、牢固地掌握供应链金融的有关业务理论和实务方法。本书不仅设置了学习目标、学习要点，还体现了"立德树人"的使命，并加入了思政目标，师生在教学过程中可以结合拓展阅读和思考题，进行充分的思考与讨论，从而培养学生的理解和分析能力。本书适合本科生、研究生等多种层次的学生，特别适合课堂教学。

本书凝聚了编者在供应链金融、供应链管理、金融学、物流管理等课程中的多年教学经验与实践，编者在编撰过程中参阅了国内外大量的相关著作、学术论文等，并引用了许多专家和学者的成果，在此表示最诚挚的谢意。由于编者水平有限，书中难免有瑕疵和不足之处，敬请各位专家和广大读者提出宝贵意见。

姜滨滨

2023 年 12 月于大连外国语大学

目 录 | Contents

第1章 供应链金融概论 1
    1.1 供应链金融的定义及特征 3
        1.1.1 供应链及供应链金融的产生 3
        1.1.2 供应链金融的定义 4
        1.1.3 供应链金融的特征分析 5
    1.2 供应链金融的参与主体 5
        1.2.1 供应链金融的交易方 6
        1.2.2 供应链金融的平台提供方 6
        1.2.3 供应链金融的风险管理方 6
        1.2.4 供应链金融的流动性提供方 7
        1.2.5 供应链金融的环境影响方 8
    1.3 供应链金融发展的环境因素 8
        1.3.1 供应链金融发展的政策环境 9
        1.3.2 供应链金融发展的经济环境 9
        1.3.3 供应链金融发展的产业环境 10
        1.3.4 供应链金融发展的技术环境 11
    1.4 供应链金融的典型模式比较 11
        1.4.1 典型的国际供应链金融模式 11
        1.4.2 典型的国内供应链金融模式 14
    1.5 供应链金融的发展趋势分析 17
        1.5.1 行业细分深化、专业化，服务精准化 17
        1.5.2 供应链金融更加依赖金融科技的发展 18
        1.5.3 供应链金融将侧重产业内深度结合，发展产业链金融 18
        1.5.4 供应链金融体系中核心企业的责任和效率提升 18

第2章 供应链金融的综合环境分析 20
    2.1 企业资金缺口分析 22
        2.1.1 企业资金规律分析 23
        2.1.2 产业组织形势分析 25
        2.1.3 供应链金融对资金缺口的对策 26
    2.2 信息技术分析 27
        2.2.1 银行业信息化 27

2.2.2 物流企业信息化 ... 28
2.2.3 生产型企业信息化 ... 29
2.3 质押标的物的综合分析 ... 30
2.3.1 质押标的物的特点分析 ... 30
2.3.2 质押标的物管理 ... 31
2.4 资金流管理 ... 32
2.4.1 传统资金流管理 ... 32
2.4.2 资金流控制与管理 ... 33
2.4.3 资金流管理新趋向 ... 35

第3章 大数据时代下的供应链金融 ... 38
3.1 供应链管理中的大数据 ... 39
3.1.1 什么是大数据 ... 39
3.1.2 供应链金融中大数据的作用 ... 41
3.1.3 供应链金融分析"谁的数据" ... 42
3.1.4 供应链金融分析的数据类型 ... 42
3.1.5 供应链金融数据的来源 ... 44
3.1.6 供应链金融分析的数据时间点 ... 45
3.1.7 供应链金融获得大数据的方法 ... 45
3.2 大数据时代下的供应链金融的发展趋势 ... 47
3.2.1 供应链金融与物联网 ... 47
3.2.2 供应链金融与大数据 ... 47
3.2.3 供应链金融与区块链 ... 48
3.3 大数据时代下供应链金融的变革 ... 49
3.3.1 大数据对供应链金融的影响 ... 49
3.3.2 信息时代对供应链金融的影响 ... 50
3.3.3 区块链对供应链金融的影响 ... 50
3.4 大数据时代下的供应链金融风险管理与控制 ... 52
3.4.1 供应链金融风险的定义及特征 ... 52
3.4.2 供应链金融风险的影响因素 ... 53

第4章 金融科技与供应链金融 ... 55
4.1 供应链金融的时代特征及其发展 ... 56
4.1.1 供应链金融1.0时代 ... 57
4.1.2 供应链金融2.0时代 ... 58
4.1.3 供应链金融3.0时代 ... 59
4.2 金融科技的内涵、发展趋势与发展路径 ... 60

4.2.1　金融科技的内涵与生态 60
　　　4.2.2　金融科技的发展趋势 62
　　　4.2.3　金融科技的发展路径 63
　　　4.2.4　金融科技的基础设施与核心要素 64
　4.3　金融科技对供应链金融的影响 65
　　　4.3.1　金融科技对金融业的影响 65
　　　4.3.2　金融科技对金融稳定的促进作用 66
　　　4.3.3　金融科技的发展和监管政策 68

第5章　供应链金融与互联网金融 70
　5.1　互联网金融的概念解析 71
　　　5.1.1　互联网金融的概念界定 71
　　　5.1.2　互联网金融的主要特点 72
　　　5.1.3　互联网金融的发展趋势 73
　5.2　互联网金融的核心业务及监管机制 76
　　　5.2.1　互联网金融的发展模式与核心业务 76
　　　5.2.2　互联网金融业务的监管机制 78
　5.3　互联网金融与供应链金融的融合 80
　　　5.3.1　互联网金融与供应链金融融合的概述 80
　　　5.3.2　供应链多样性融合服务 82
　5.4　客户归属与供应链服务的底层化 87
　　　5.4.1　生产服务底层化 88
　　　5.4.2　交易服务底层化 88
　　　5.4.3　物流服务底层化 89
　5.5　共同进化的产业价值生态网络 90
　　　5.5.1　产业价值生态网络的特质分析及分析阶段 90
　　　5.5.2　解构原有产业供应链中的"1" 92
　　　5.5.3　将分散的碎片聚合成虚拟的"1" 93
　　　5.5.4　将两端碎片整合成"1"个生态平台 94

第6章　供应链金融与物流金融 95
　6.1　物流金融的本质规律与形态 96
　　　6.1.1　物流金融的基本概念 96
　　　6.1.2　物流金融产生的背景 97
　　　6.1.3　物流与金融融合的理论基础 99
　　　6.1.4　物流与金融融合的前提条件 100
　　　6.1.5　物流金融与经济发展的关系 100

6.2 物流领域供应链金融的创新类型化 103
6.2.1 物流金融与第三方物流 103
6.2.2 物流金融下第三方物流的分类 104
6.2.3 物流金融下第三方物流的运作模式 105
6.3 不同物流金融模式的比较与区分 106
6.3.1 区域变革发展型物流金融模式 106
6.3.2 广域变革发展型物流金融模式 107
6.3.3 知识型网络拓展物流金融模式 108

第7章 生产运营领域的供应链金融 110
7.1 生产性服务业概述 111
7.1.1 生产性服务业的概念及趋势 111
7.1.2 生产性服务业的产生与发展规律 113
7.1.3 生产性服务业与生产运营的关系 115
7.2 生产运营领域的服务化战略与供应链金融类型化 116
7.2.1 生产运营领域的服务化战略 116
7.2.2 生产运营领域的供应链金融服务的差别化模式 117
7.3 生产运营领域的供应链金融服务模式 119
7.3.1 流程化产业金融服务模式 119
7.3.2 定向化产业金融服务模式 120
7.3.3 整合化产业金融服务模式 120

第8章 贸易流通领域的供应链金融 122
8.1 贸易流通领域的变革与物流独特性业务 124
8.1.1 贸易流通领域的变革及原因分析 124
8.1.2 物流独特性业务 126
8.2 贸易流通领域的供应链金融类型化 127
8.2.1 广度——全球化的网络运营 127
8.2.2 深度——信息化的协同商务 128
8.2.3 长度——实现产业深度分销 129
8.2.4 幅度——综合性的产业服务 130
8.3 多类型供应链金融模式的比较分析 131
8.3.1 物流导向型供应链金融模式 131
8.3.2 市场导向型供应链金融模式 132
8.3.3 一体化供应链金融服务模式 133

第9章 商业银行与供应链金融 135
9.1 商业银行视角下的供应链金融 137

- 9.1.1 商业银行的产生与发展 137
- 9.1.2 商业银行的主营业务 138
- 9.1.3 商业银行视角下的供应链金融 139
- 9.1.4 银行视角下的供应链金融 147
- 9.2 商业银行的创新及其供应链金融的类型化 148
  - 9.2.1 商业银行的"长度"创新 148
  - 9.2.2 商业银行的"宽度"创新 149
  - 9.2.3 商业银行的"深度"创新 150
  - 9.2.4 商业银行供应链金融的类型化 151
- 9.3 商业银行主导的供应链金融实践 153
  - 9.3.1 商业银行主导的信息供应链金融 153
  - 9.3.2 商业银行主导的跨国供应链金融 153
  - 9.3.3 商业银行主导的整合供应链金融 153

第 10 章 电子商务领域的供应链金融 155

- 10.1 电子商务供应链概述 156
  - 10.1.1 电子商务供应链的产生 156
  - 10.1.2 电子商务应用对供应链运营的影响 157
- 10.2 基于价值网络的综合供应链体系 160
- 10.3 电子商务领域的供应链金融类型化 162
  - 10.3.1 电子商务领域的供应链金融的类别 162
  - 10.3.2 电子商务领域的不同供应链金融模式的比较分析 163
- 10.4 电子商务领域的供应链金融创新 164
  - 10.4.1 销售电子商务的供应链金融创新 164
  - 10.4.2 采购电子商务的供应链金融创新 165
  - 10.4.3 整合电子商务的供应链金融创新 166

第 11 章 风险控制与管理理论 168

- 11.1 商业银行供应链金融风险及控制 169
  - 11.1.1 商业银行供应链金融风险 169
  - 11.1.2 商业银行供应链金融的风险控制 172
- 11.2 物流监管风险及控制 175
  - 11.2.1 物流监管风险 175
  - 11.2.2 物流企业的风险控制 177
- 11.3 信用风险及其管理 178
  - 11.3.1 传统授信的视角 178
  - 11.3.2 供应链金融的视角 179

11.3.3　信用风险的管理流程 180
　　11.3.4　信用风险的转移 182
11.4　操作风险及其管理 183
　　11.4.1　操作风险分类 183
　　11.4.2　操作风险的管理流程 184
11.5　法律风险及其管理 186
　　11.5.1　法律风险的概念 186
　　11.5.2　法律风险的分类 187

参考文献 189

第1章 供应链金融概论

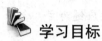 **学习目标**

从总体上理解和把握什么是供应链金融，了解供应链金融的产生及其参与主体，掌握供应链金融发展的环境因素，通过对供应链金融的典型模式、发展趋势的学习，深入理解供应链金融的业务实践的发展和演进。

 思政目标

结合供应链金融的模式、环境、参与主体等核心构成，促进学生了解我国近年来在供应链金融领域取得的成就，增强学生的民族自豪感。

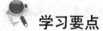 **学习要点**

- ◇ 供应链金融的定义
- ◇ 供应链金融的特征
- ◇ 供应链金融的参与主体

 引例

供应链金融的核心价值是：用金融解决供应链的问题，用供应链管理解决金融的问题

供应链金融的核心价值是什么？因为供应链金融参与者众多，不同的参与者会对其价值有不同的理解和看法，同样也是因为供应链金融参与主体众多，需要各方共同配合才能更加有效地完成业务，所以就要求每个参与者突破自身的认识局限，从更多的视角认清它、理解它。

金融是市场主体利用金融工具将资金从资金盈余方流向资金稀缺方的经济活动。这个概念是最传统的金融定义，当前的金融包括货币的发行与回笼，存款的吸收与付出，贷款的发放与回收，金银、外汇的买卖，有价证券的发行与转让，保险、信托，国内、国际货币结算等。

1. 金融保障供应链的运营不中断

供应链是由不同主体之间不同的贸易环节组成的，这些主体之间的交易会跨越空间和时间，贸易本身又涉及商流、物流、资金流、信息流。其中，资金流是供应链的血液，没有了血液，供应链就会中断。因此，供应链就需要金融工具来保证其不中断，包括贸易的支付结算，贸易之间的担保（信用证、保函）等。为了防范供应链金融中的风险，很多主体也会采取保险工具、期货工具进行风险转移。

2. 金融优化资金流

供应链业务中，因为上下游之间的资金结算会有时间差，当自有资金不足的时候，就会有资金缺口，为了做更多的业务，就需要金融工具进出支持，提高资金的使用效率。所谓供应链金融，如果从供应链角度看，供应链是名词，金融是形容词，供应链为主，金融为辅。

供应链管理是以客户需求为导向，以提高质量和效率为目标，以整合资源为手段，实现产品设计、采购、生产、销售、服务等全过程高效协同的组织形态。在一个有供应链管理的供应链中，会有链主企业和链属企业。链主企业组织、协同各个链属企业，共同高效率、低成本地完成供应链的各项交易行为。链主企业和其他供应链服务企业关系紧密，因为主营业务就是在供应链上，所以积累了大量的供应链数据和供应链上其他中小微企业的经营数据，还能控制这些企业的资产。

金融机构开展供应链金融业务是通过和链主及其他供应链主体合作，借用链主和其他合作主体的网络、能力、资源，为其供应链上的其他中小微企业提供金融服务。这些网络、能力、资源等是可以重复利用的，用的次数越多，其成本就越低，效率就越高。金融机构因为监管方面的要求，不能直接经营实业，自然无法有效地控制和处置中小微企业的资产，这些能力都需要与供应链的链主企业、其他服务企业合作来完成。因此，金融机构是借用了链主企业构建的供应链管理场景来做供应链金融的，这是核心问题。

如果没有链主企业组织、协同供应链的各个参与方，金融机构直接与这些参与方做业务，跟过去的贸易融资就没有区别了，是否有链主构建的供应链管理场景，是供应链金融与贸易融资最大的区别。

通过上述分析，供应链金融是用金融解决供应链的问题，用供应链管理解决金融的问题。

资料来源：五道口供应链研究院. 供应链金融核心价值是：用金融解决供应链的问题，用供应链管理解决金融的问题[EB/OL]. （2022-06-02）[2023-01-27]. https://www.quequanwang.com/gjzc.html?newsid=213357&_t=1654159956.

供应链金融是一个系统化的概念，是面向供应链所有成员企业的一种系统性融资安排，具体描述为：将供应链上的相关企业作为一个整体，根据交易中构成的链条关系和行业特性设计融资模式，为各成员企业提供灵活的金融产品或服务的一种融资创新解决方案。

欧盟发布的报告指出，即使是在金融体系发展相对成熟的欧盟国家，供应链金融业务的空间也十分巨大，同时该报告指出最能衍生出供应链金融业务的行业分别是零售、制造、快速消费品、汽车等行业。根据调查，目前我国供应链金融主要集中在通信、家电、快速消费品、电力设备、汽车、化工、煤炭、钢铁、医药、有色金属等行业。从总体上讲，供应链金融集中的行业有两个特点：一是供应链行业需要背靠足够大的行业空间，支撑供应链金融业务的产业链需具备大体量的特点，否则金融业务容易触碰到"天花板"，影响甚至限制供应链金融业务的成长性；二是拥有数量众多的弱势上下游企业群体，这些企业融资痛点的存在是供应链金融业务的前提，上下游企业越弱势且群体越庞大，其融资需求越无法得到充分满足，弱势上下游企业群体规模越大、痛点越深，供应链金融施展相对优势的空间就越大。

1.1 供应链金融的定义及特征

1.1.1 供应链及供应链金融的产生

供应链金融虽然在近些年才兴起，但供应链中的产品雏形在很久以前就出现了。1916年《美国仓库储藏法案》（*U.S. Warehousing Act*）的颁布标志着仓单质押开始规范化运作，这部法案可以说是早期供应链金融的第一部规范性法案。随着后续的一系列配套措施的跟进，美国最终建立了仓单质押的运作体系。

现代意义上的供应链金融源于供应链的产生和发展。20 世纪 80 年代，在信息技术和物流技术的推动下，国际化大企业为了降低成本，开始专注于核心业务，把生产、装配、销售等非核心业务外包给国外的中小企业。在这个背景下，供应链管理理论开始逐渐形成。迈克尔·波特的价值链理论认为：企业的任务是创造价值。企业各项活动可以从战略重要性的角度分解为若干组成部分，并且它们能够创造价值，这些组成部分包括基础设施、人力资源管理、技术开发和采购四项支持性活动，以及运入后勤、生产操作、运出后勤、营销和服务五项基础性活动，九项活动所组成的网状结构便构成了价值链。

供应链是围绕核心企业，通过对信息流、物流、资金流的控制，从采购原材料开始，到制成中间产品以及最终产品，最后由销售网络把产品送到消费者手中，并将供应商、制造商、分销商、零售商直到最终用户连成一个整体的功能网络结构模式。供应链中的各个企业就是链条上的一个节点，供应链中的企业之间的关系并不是简单的供求关系，而是一种相互依存的互利关系。

供应链存在于所有的服务行业和制造行业中，虽然它们在结构和复杂性等方面有较大的差别，但基本内容是一致的。供应链涵盖了从供应商的供应商到客户的客户之间有关最终产品或服务的形成和交付的一切业务活动，在一个组织内部，供应链涵盖了实现客户需求的所有职能。供应链是动态的，其中包含信息、产品和资金在供应链的各组织之间的流动，供应链的每个组织环节执行不同的流程，与供应链的其他组织相互作用。

供应链的企业竞争优势来源于企业间的协同效应。协同效应的作用程度取决于两个因素：一是协同的作用机制。企业的各项价值活动是相互联系的，它们只有互相协调、步调一致，才能使成本不断降低、产品或服务不断创新，使企业具有长期的竞争优势。二是协同效应的不可模仿性。企业处于竞争优势地位的持久性是由战略模仿的难度决定的。中小企业作为供应链中最多的节点，其运营状况更应该受到重视，如果中小企业在供应链中得不到价值和信誉的提升，供应链的竞争优势也就无从谈起。

1.1.2 供应链金融的定义

市场竞争由单个企业之间的竞争发展到产业链之间的竞争，供应链金融也就随之诞生了。什么是供应链金融呢？供应链金融是一种服务于供应链节点企业间交易的综合融资方案，它以核心企业为中心，将核心企业作为供应链的支撑点，把资金注入核心企业的上下游企业，使核心企业及上下游企业贯通起来，成为一个整体，以提升整个供应链的竞争能力和内在价值。

供应链金融将物流、资金流、信息流统一起来，有效地整合到供应链管理中，为供应链各个环节的企业提供资金融通等各种金融服务。一条供应链往往以少数核心企业为中心，周围是与之相配套的中小企业，供应链金融正是依托于核心企业将资金注入弱势中小企业，解决中小企业供应链中资金分配的不平衡和整个供应链的资金融通问题，所以这是一种为中小企业量身定制的融资方式，为中小企业开辟了新的融资途径。供应链金融的实质是帮助企业盘活流动资产，即应收账款、预付账款和存货。传统模式下商业银行与供应链成员企业之间的关系如图1.1所示。

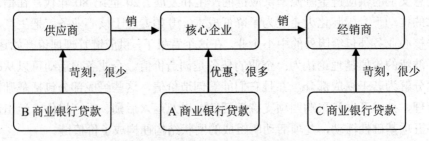

图1.1 传统融资模式下商业银行与供应链成员企业之间的关系

当前，国内外对于供应链金融的实践与研究尚存在差异。外国学者蒂默（Timme）认为，供应链的各参与方与为其提供金融支持的处于供应链外部的金融机构可建立协作关系，而这种协作关系旨在实现供应链的目标，同时考虑到物流、信息流、资金流、全部资产和供应链上的参与主体的经营，这一过程就称为供应链金融；或将其定义为一个服务与技术方案的结合体，即将需求方、供应方和金融服务提供者联系在一起。国内一般认为供应链金融是一种针对中小企业的新型融资模式，即将资金流有效整合到供应链管理的过程中，既为供应链各环节企业提供贸易资金服务，又为供应链上的弱势企业提供新型贷款融资服务，是以核心客户为依托，以真实贸易背景为前提，运用自偿性贸易进行融资的方式。

供应链金融的基础融资是通过对供应链企业客户垫付采购款以及提前释放货权的赊销方式来进行的，一般以供应链全链条为整体进行融资，因此对供应链上下游关联度要求较高，此时可以通过供应链企业作为融资平台进行融资，凸显供应链模式的优势。供应链金融与传统融资模式的主要区别在于信息流转方面：传统贸易上下游关联度低，信息片段化；供应链金融则实现了全链条信息透明，同时也实现了供应链中的上下游信息的连贯。

基于上述的实践基础，本书将供应链金融界定为：为处于产业链上的关联企业提供的金融服务，包括基于核心企业的上下游企业交易融资、结算和保险等相关业务在内的综合金融服务。讲到这个问题，我们必须了解金融贷款的本质。只要借款就必须有担保，银行为规避借款人的还款风险，规定借款必须提供担保。

担保物可分为两类：一类是信用担保，即对企业进行等级评定；另一类是实物担保，分为不动产担保和动产担保两大类。不动产是传统融资担保物，在经济的高速增长时期，不动产资源枯竭，于是选择了动产作为担保物。

1.1.3 供应链金融的特征分析

供应链金融通过运用丰富的金融产品以实现交易过程中的融资目的，其不同于传统贸易融资方式，更是一种科学、个性化以及针对性强的金融服务过程，以供应链运作环节中流动性差的资产及资产所产生的且确定的未来现金流作为还款来源，借助中介企业的渠道优势提供全面的金融服务，并提升供应链的协调性和降低其运作成本。它主要有以下特点。

（1）不单纯依赖客户企业的资信状况来判断是否提供金融服务，而是依据供应链的整体运作情况，以真实贸易背景为出发点。

（2）闭合式资金运作，即注入的融通资金运用被限制在可控范围之内，按照具体业务逐笔审核放款，资金链、物流运作须按照合同预定的模式流转。

（3）供应链金融可获得渠道及供应链系统内多个主体的信息，可制定个性化的服务方案，尤其对于成长型的中小企业，资金流在得到优化的同时也提高了经营管理能力。

（4）流动性较差的资产是供应链金融服务的针对目标，在众多资金沉淀环节提高资金效率，但前提为该部分资产具有良好的自偿性。

1.2 供应链金融的参与主体

开展供应链金融要依托供应链中企业上下游之间的真实交易。但是，如果根据这些交易开展供应链金融业务，则涉及的主体不仅仅是买卖双方，还包括银行、物流、商贸、保险、代理、咨询机构等相关主体。按照全球商业研究中心的划分方法，供应链金融的参与主体共分为四类：交易方、平台提供方、风险管理方和流动性提供方。供应链金融业务的核心构成要素如图1.2所示。

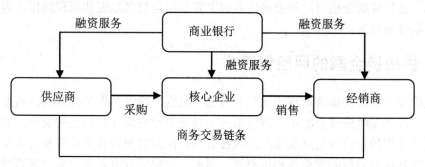

图1.2　供应链金融业务的核心构成要素

这四类主体就像桌子的四条腿,共同支撑起供应链金融的业务范畴。如果把供应链金融的业务活动比作一场戏剧,那么这四个类别就像四个主角,各种参与供应链金融业务的公司、机构、组织就像一个个演员。在中小企业融资的戏剧中,不同的演员饰演不同角色,有的是主角,有的是配角,还有的同时饰演多个角色。

1.2.1 供应链金融的交易方

供应链金融的交易方同时包括买方和卖方。在产业供应链的交易中,买卖双方通常不是一手交钱、一手交货的。因为在供应链网络中大家都很熟,即使不熟,议价能力弱的一方也要装作很熟;议价能力强的一方为保持自身充足的现金流,对交钱和交货往往不是同时进行的。这就形成了一个零和博弈,一场交易要么占用买方资金,要么占用卖方资金,最后当然是议价能力弱的一方资金被占用。弱势的一方往往是中小企业,这时候中小企业要用钱,就要通过借贷获取资金,这也是供应链金融存在需求的主要原因。因此,扮演交易方这个角色的演员一般有两个,也就是交易中的买卖双方,但也不排除个别情况下有更多交易方参与。

1.2.2 供应链金融的平台提供方

供应链金融的平台提供方,主要做两件事情。

一是为参与供应链金融的各个主体提供一个互动的场所,尤其是在交易双方和金融机构之间充当平台或中介。这样一来,融资的需求方(交易双方)和供给方(金融机构)在这个平台上互动,平台提供方利用收集、整理出来的以往交易中的票据、订单、财务状况等信息,为供应链融资提供决策依据。

二是如果遇到资料不全的情况,平台提供方还可以在一定程度上把资料补全,包括开票、匹配、整合、支付、文件管理等操作。例如,在淘宝上买东西,淘宝只是一个平台提供方,卖家在平台上卖东西,买家在平台上买东西,淘宝不但给买卖双方提供了交易场所,还提供了沟通渠道(阿里旺旺)。这样一来,淘宝就收集到了交易信息。如果你需要这些信息来了解某一方的信用情况,淘宝就会把交易记录、支付记录、退换货记录,甚至聊天记录等信息统统整理出来,根据这些信息估算出一个信用等级。

因此,在供应链金融中,平台提供方的主要作用是信息呈现和流程操作,为融资的信用提供风险管理服务。

1.2.3 供应链金融的风险管理方

风险管理方要做的事情是将买卖双方的交易数据、物流数据等跟融资活动有关的数据整合起来。因为在供应链金融中,融资依据主要是企业的流动性较差的资产,如半成品库存等,而交易中的物流就是这类资产的直接表现。风险管理方首先需要整合交易中的物流数据,并甄别这些数据的完整性和可靠性。因此,风险管理方需要具备物流管理的专业知识,以此正确把握物流业务的运行状态,避免出现信息偏差。

在供应链金融中，信息技术和大数据是保证物流信息与融资活动完美结合的技术基础。风险管理方还需要通过大数据技术对收集来的海量数据进行综合性的统计分析，根据交易的特点、产品的性质等情况进行数据分析，把握交易的特征以及各参与主体的行为状态，以此全面了解供应链的运行状况，控制融资风险。在这个过程中，它还要监控真实交易的过程、监控产品的状况，通过这种方式尽量控制融资过程中可能发生的风险。

另外，这里需要注意一下风险管理方和平台提供方的区别：平台提供方是负责收集和提供交易数据的；风险管理方是负责分析数据和监控交易的。平台提供方就像菜市场，风险管理方就像饭店。平台提供方把需要的各种食材（信息）收集起来，提供给风险管理方，再由风险管理方对这些食材（信息）进行甄别和加工，最后根据不同的口味要求做出定制化的菜肴（方案）。

两者容易混淆，因为很多时候扮演这两个角色的是同一个演员。例如淘宝，一方面，它不仅收集买家的支付数据、退换货数据、搜索数据，还收集卖家的发货数据、销售数据、库存数据，以及买卖双方交涉的信息数据；另一方面，它还分析这些数据，根据这些数据对买家或者卖家进行信用评级，并监控商品的物流状况，如快递到哪儿了、预计哪天能送到、派件员是谁等。此外，像苏宁易购、亚马逊等也同时充当着平台提供方和风险管理方的角色。

这种情况在电商零售领域比较常见，但是在产业供应链中，由于上下游企业间的交易流程和物流信息更加复杂，像阿里、京东这样有实力的平台又太少，所以很多时候平台提供方和风险管理方分别由不同的主体来充当。这些主体有的时候可能是专门的服务机构，如物流公司、商贸公司；有的时候可能是供应链中的核心企业，如成品生产企业、大型零售商。

1.2.4 供应链金融的流动性提供方

"流动性"这个概念比较复杂，可以理解成资金，或者是答应提供资金的一个承诺。流动性提供方可以理解成商业银行、保理公司、投资公司这类提供融资服务的金融机构。

流动性提供方的主要职责是直接提供贷款融资，或者为贷款融资做担保。虽然风险管理方为其提供了分析结果，但融资决策还是要由流动性提供方自己来做。贷款放出去了能不能顺利收回来，这个过程中能不能盈利、会赚多少、会赔多少，这些责任都需要做出决策的一方来背负，而且一旦风险发生，承担风险的还是流动性提供方，因此这个角色也叫作风险承担方。流动性提供方自己也要进行一定的技术分析，并根据交易情境和自身情况设计业务模式。

很多情况下，金融机构并不直接参与供应链运营，因此难以有效掌控上下游企业间的真实交易。金融机构如果要开展供应链金融业务，就需要尽量融入产业供应链的协作体系内，了解供应链网络业务的交易特征，从而为金融决策提供支持。当下很多金融机构在构建自己的资金整合管理平台，也就是说金融机构未来不仅可以扮演流动性提供方的角色，还有可能扮演平台提供方或者风险管理方的角色。一些嵌入供应链网络内的、具有强大资金实力的企业，原本是扮演交易方、平台提供方或风险管理方的角色，现在也开始利用自身充沛的现金流承担起了流动性提供方的角色。例如阿里、京东等电商平台，以及一些大型生产企业，它们在很多时候会利用自有资金为其上下游的中小企业开展融资业务。这样，一来可以开展一项新的盈利业务，二来能够保证自身与上下游的交易顺畅，三来还能巩固自己在供应链网络中的核心地位。供应链金融这场戏剧中主要有四个主角，但扮演这四个主角的演员却有很多。

因此，在供应链金融的业务活动中，一般情况下，不同的企业扮演不同的角色，但也不排除实力强大的企业"一人饰多角"的情况发生。

1.2.5 供应链金融的环境影响方

开展供应链金融需要构建供应链的商业生态系统，供应链金融业务的开展需要依托商业生态系统。在这个系统中，除了涉及上述的四个主角，还存在若干配角，这些配角有意无意的行为或多或少都会对供应链金融的发展造成影响，它们充当着环境影响者的角色，主要体现在制度环境和技术环境两方面，这也符合权变理论。

一方面，对于制度环境的影响方。按照制度理论的说法，制度环境对组织的影响主要表现在管制、规范和认知三方面：管制表现在法律法规上，规范表现在行业监管上，认知表现在行业认同上。首先，供应链金融业务涉及动产质押、应收账款质押等很多活动，《中华人民共和国民法典》《动产抵押登记办法》《应收账款质押登记办法》等法律法规及司法解释对约束和推动我国供应链金融的发展具有重要意义；其次，相关部门的行业监管、行业内诚信体系的建立，以及电子检查监视系统的建设，会对开展供应链金融业务的行为产生规范作用；最后，供应链网络是一个长期协作交易的体系，上下游企业对相互关系以及网络整体的认同也会对其行为形成约束，这种认同是基于一种长期形成的文化惯例。因此，制定法律法规、实行行业监管、施加文化影响的社会主体很多时候虽然不直接参与供应链金融的活动，却能影响供应链金融的制度环境，如政府部门、行业协会、新闻媒体等。

另一方面，对于技术环境的影响方。电子信息技术的发展为开展供应链金融业务提供了必要的技术手段。如果仅靠记账本、拨算盘、打电话，那么很难建立起现代意义上的产业供应链体系，供应链金融更是无从谈起。现今供应链上下游企业间的交易和协同基本上是在互联网环境下完成的。很多时候，信息化手段本身就是供应链金融的要素内容，如电子化票据、库存检测等。随着电子信息技术的发展，如物联网、大数据、云计算、区块链，以及移动终端等信息技术的发展，线上、线下业务将进一步融合，不仅加快了信息流通，还会促进物流、资金的流动，从而推动供应链金融的发展。因此，很多社会主体在开发与应用新技术的同时，有意无意地充当了供应链金融的技术环境影响者的角色，如科研机构、服务提供商、行业竞争者等。

1.3 供应链金融发展的环境因素

供应链金融的发展离不开与之息息相关的诸多社会环境影响因素，其中，政策因素可以驱动也可以规制，经济因素和产业环境因素与行业发展的需求面和支撑条件息息相关，技术因素可以是驱动发展的利器,也可能带来新的挑战。

1.3.1 供应链金融发展的政策环境

近年来,国家相继颁发支持、推广供应链金融服务的相关政策,大力支持以金融科技为支撑的系列供应链金融模式,商务部、银保监会①、中国人民银行等部门相继提出创新供应链金融业务发展。以 2020 年 4 月 10 日商务部等八部门联合印发《关于进一步做好供应链创新与应用试点工作的通知》为例,积极推进供应链金融模式创新,利用科技赋能金融发展势在必行。

1.3.2 供应链金融发展的经济环境

1. 我国金融业供给总量充足,但存在供给侧结构问题

据国家统计局公布的数据,2022 年我国金融业增加值占 GDP 的比重为 8%,比 2015 年的 8.44%的历史峰值有所下降,但总体而言,较之前的几年呈现出缓步上升的趋势,而且跟历史过往相比,仍然处在一个相对高的水平。相较而言,2022 年,美国金融业增加值占 GDP 的比重为 7.85%。由此可见,我国金融总量供给是充足的。

从金融机构的数量来看,除六大国有银行外,还有数千家遍布各地的中小商业银行,金融服务供给相对充裕。虽然金融供给总量充沛,却存在内部结构不均衡的现象。首先,金融市场结构不均衡,以银行为主的间接融资比重远高于直接融资;其次,现有银行体系内部供给结构不均衡,对中小微企业的供给不足;最后,产品与服务的结构不均衡,银行总行是产品与服务的设计者,各地分支机构往往难以根据各地经济特点做适应性改造,造成产品单一、同质的现象,难以精准满足实际市场中不同规模级别和不同行业业务特点的客户的差异化需求。

2. 中小微企业虽具有重要的经济、社会功能,但融资难、融资贵问题仍持续存在

近年来,小微企业发展迅速,在经济发展中发挥着非常重要的作用。小微企业是发展的生力军、就业的主渠道、创新的重要源泉。截至 2022 年年末,我国中小微企业数量已经超过了 5200 万户,比 2018 年年末增长 51%。2022 年平均每天新设企业 2.38 万户,是 2018 年的 1.3 倍。中小企业快速发展壮大,是数量最大、最具活力的企业群体,是我国经济社会发展的生力军。

统计显示,2022 年,我国银行业金融机构用于小微企业的贷款(包括小微型企业贷款、个体工商户贷款和小微企业主贷款)余额 59.7 万亿元,其中单户授信总额 1000 万元及以下的普惠型小微企业贷款余额 23.6 万亿元,同比增速 23.6%。

中国人民银行发布《中国区域金融运行报告(2022)》显示,普惠小微企业融资"量增、面扩、价降"。2021 年,中国人民银行积极发挥再贷款再贴现的精准滴灌和正向激励作用,继续实施普惠小微企业贷款延期支持工具和普惠小微企业信用贷款支持计划两项直

---

① 即中国银行保险监督管理委员会。2023 年 3 月,中共中央、国务院印发了《党和国家机构改革方案》,在中国银行保险监督管理委员会基础上组建国家金融监督管理总局,不再保留中国银行保险监督管理委员会。

达实体经济的货币政策工具,持续支持小微企业发展,深入推进中小微企业金融服务能力提升工程和金融支持个体工商户发展专项行动。年末全国普惠小微贷款余额、授信户数分别为 19.2 万亿元、4456 万户,同比分别增长 27.3%、38.0%。全年新发放的普惠小微企业贷款加权平均利率为 4.93%,比上年下降 0.22 个百分点,比全部企业贷款利率降幅多降 0.12 个百分点。

以上数据说明,伴随着中小微企业在国民经济中地位的提升,其融资困境也得到了显著的改善。

3. 中小企业的弱势地位导致其生产运营中面临严峻的资金约束

国际信用保险及信用管理服务机构科法斯集团自 2003 年开始开展中国企业支付调查。据科法斯最新发布的《2023 中国企业付款调查》报告显示,2022 年遭遇逾期付款的企业减少,其中 40% 的受访企业报告称遭遇逾期付款,相比于 2021 年 53% 的比例有明显下降,2022 年的平均逾期付款时间从 86 天缩短到 83 天,调查显示超长期逾期付款金额占其年营业额 2% 以上的受访企业比例下降。继 2021 年激增到 64% 后,该比例在 2022 年降至 36%,为 2016 年以来最低水平。根据科法斯的经验,80% 的超长期逾期付款永远无法追回。如果超长期逾期付款金额占比超过年营业额的 2%,企业就可能面临现金流风险。

2022 年,化工行业中有 34% 的受访企业称超长期逾期付款金额占其营业额 10% 以上,比 2021 年增加 8%,在 13 个受调查行业中居首。木材行业的财务健康情况恶化,业内有更多的受访企业表示逾期金额增加——从 2021 年的 33% 增加到 40%。

中小企业在供应链中处于弱势地位,实际生产运营中的运营资金不断被挤占,在经济增长放缓和国内去杠杆的大势下更为突出,中小供应商不得不提供更长的信用支付账期,从而使自身遭遇现金流困境的可能性大幅增加。

1.3.3 供应链金融发展的产业环境

我国供应链管理的发展还不成熟,供应链体系尚未完全建立,造成了整个供应链管理效率与管理水平较发达国家偏低。根据中国物流与采购联合会数据,2012—2022 年,我国社会物流总额从 177.3 万亿元增长至 347.8 万亿元。2022 年,我国的社会物流总费用达 17.8 万亿元,同比增长 4.4%。2012—2022 年,我国社会物流总费用占 GDP 的比重由 19% 降至 14.7%,但是仍远高于欧美国家的 7%~8% 的水平。社会物流总费用占 GDP 的比重一般用来衡量社会物流成本水平及现代化水平,比重越低则表明社会总物流效率越高,物流行业的现代化水平越高。

在金融领域,一方面,银行等金融机构面临国家对金融机构助力实体经济特别是小微企业发展要求的现实压力;另一方面,发力 B 端企业金融市场是众多金融机构的重要战略选择。在互联网及移动互联时代,网络给生活和业界带来了巨大变化,人们见证了大、小巨头(BATJ——百度、阿里、腾讯、京东;TMD——头条、美团、滴滴)的顺势崛起,也亲历了移动支付的全面渗透给生活带来的便利。

在金融服务领域,移动支付 C 端入口被阿里、腾讯二分天下,网络效应带来的市场垄断使得诸多的金融机构有心无力。为避免重蹈覆辙,在 B 端企业金融市场抢先发力占据属于自己的一席之地成为银行等金融机构的不二选择。

近年来,以大数据、云计算、人工智能等为代表的金融科技的发展,改变了传统金融的信息采集、客户触达、风险控制的手段和方式。在新的形势下,银行业为了保持竞争力,一方面必须要夯实其数字化能力基础,另一方面需要升级服务理念,积极主动地推进金融服务与各产业链的融合,为企业客户提供更优质的服务体验。供应链金融成为银行等金融机构推进 B 端金融业务的重要抓手和业务切入点。

1.3.4 供应链金融发展的技术环境

大数据、人工智能、5G(移动通信)、云计算技术合称"大、智、移、云",共同构成了万物互联时代的新型基建设施体系。大数据、人工智能对供应链金融的风控和决策提供重要支撑,大数据建模可对借款人或借款企业的资质事先筛查和精准画像。由于与最初始的数据采集和流通直接相关,5G 作为新型基建的底层技术,支撑着整个信息产业的未来发展。云计算大大降低了供应链金融体系内企业数字化、线上化的成本,让各类服务触手可及。

物联网与供应链金融的结合主要通过传感技术、导航技术、定位技术等方式,在仓储和货运环节控制交易过程,提高终端交易的真实性。

区块链技术具有分布式数据存储、点对点传输、共识机制、加密算法等特点,为供应链金融核心企业应付账款的快速确权提供了便利,同时减少了中间环节,交易数据可以作为存证,中间环节无法篡改和造假,并且可以追踪溯源。区块链技术的这些特点与供应链金融的业务环境天然契合。

综上所述,各类产业环境的变化与技术发展的突破,推动整个社会进入万物互联的产业互联网时代,最终也将推动供应链金融自身服务模式的智能化变革,为建立普惠金融服务体系奠定良好基础。

1.4 供应链金融的典型模式比较

1.4.1 典型的国际供应链金融模式

伴随着经济和贸易的增长,供应链金融正在全球蓬勃发展。从研究与实践来看,影响供应链金融开展的最关键因素之一是信息技术,而信息技术又影响到供应链金融业务及其实践的其他方面,特别是在服务主体的演进上。

结合本章对供应链金融参与主体的分析,这里将简要介绍国外的三种主要供应链金融模式——金融主导型、产融结合型以及信息协同型,并对这三类模式进行比较分析。

1. 金融主导型的供应链金融模式

金融主导型即金融机构通过掌控供应链上下游的资金流、物流、信息流等,主导提供融资服务。金融主导型在供应链金融发展的早期就已登上历史舞台,至今仍在广泛的领域发挥作用。

金融主导型的典型案例有德意志银行。德意志银行从作为买方的核心企业出发，为供应商提供灵活的金融服务，包括装船前后的融资、应付账款确认、分销商融资以及应收账款融资等。在不同的贸易场景中，基于买方良好的信用，德意志银行能够为指定的供应商提供融资机会；对于信用良好的分销商，该银行则帮助它们从制造商那里采购货品。此外，该银行还能为卖方提供应收账款融资服务，使其获得额外的流动资金，缓冲未付款产生的风险。

2. 产融结合型的供应链金融模式

产融结合型即产业资本渗入或掌控供应链金融，常见的有核心企业主导、物流企业主导两种。产融结合型是伴随着精细化的生产与物流管理和规模化的企业集团运作发展起来的。在这类供应链金融模式中，核心企业或大型物流企业借其在供应链中所处的优势地位，整体把控上下游的价格、订单、货物等关键信息，并结合自身或金融机构的资本优势开展供应链金融业务。

产融结合型的典型案例有通用电气公司的 GE Capital（简称 GEC）。通用电气公司通过不断的整合，将散布在各业务板块中的金融业务集中到一起形成了 GEC。GEC 的业务范围非常广泛，飞机融资租赁业务是 GEC 供应链金融崛起的关键因素。GEC 与航空公司签署融资租赁协议，由 GEC 直接向飞机制造商下订单、付款采购飞机。待飞机交付航空公司后，航空公司按期支付本金以及相应的利息给 GEC。GEC 利用通用电气公司在飞机制造产业链的优势地位，在促进通用电气公司和飞机厂商销售的同时，也使租赁方更早地获取飞机并减轻了资金压力。

3. 信息协同型的供应链金融模式

随着信息技术在金融、物流等领域的深入应用，供应链金融的第三种模式，即信息协同型开始浮出水面。在这种模式下，第三方平台通过领先的信息技术和供应链解决方案，成为联系各方的重要服务纽带。

信息协同型的典型案例有 Prime Revenue（简称 PR）。它是一家美国供应链项目服务商，其云平台为供应链中的买方和供应商提供有针对性的、定制化的金融服务。PR 和企业应用软件解决方案供应商 SAP Ariba 创建了一个闭环系统，通过结合各方关系、转账以及财务数据，链接采购与融资，并为买方与供应商提供现金流的优化方案、促进交易双方达成合作关系。核心企业与供应商可以在这个平台上兑换发票与账款，供应商利用自助工具将获得核准后的应收账款兑换成现金流。

4. 三种典型模式的比较分析

如果从产业和科技的发展历史看，金融主导型、产融结合型、信息协同型可以视为金融资本、产业资本、科技资本先后推动供应链金融发展的阶段性典型。时至今日，这三种模式已经在一定程度上形成交融之势，但仍在以下三个方面存在侧重点差异：服务对象不同，服务内容不同，风险控制方式不同。不同的供应链金融模式的比较如表 1.1 所示。

表 1.1 不同的供应链金融模式的比较

比较模式	服务对象	服务内容	风险控制方式
金融主导型	大型核心企业	金融服务,包括应收账款质押融资、反向保理、流动资金贷款、开立信用证、支付结算等	采用应收账款质押、仓单质押、对授信企业实施准入等措施来控制风险
产融结合型	产业链或核心企业	金融服务;采购、销售、运输、仓储等非金融服务	采取存货抵押、物流监控、融资租赁等措施;依据合作伙伴信用水平简化风险控制方式
信息协同型	中小企业	依托信息平台提供有价值的信息	消除信息不对称;建立与参与方的协作关系

（1）服务对象不同。对于金融主导型的供应链金融实践而言，国际上领先的银行往往将发展方向瞄向全球性的跨境贸易，相关服务主要围绕大型核心企业展开。银行借助其在资本体量、融资成本、网点布局、资金管控等方面的优势，能够为核心企业上下游提供多元化的融资服务，但银行在监管、风控、技术方面可能受到制约，导致其无法面向更为广大的中小企业提供服务。

产融结合型的供应链金融模式大多围绕特定的产业链或核心企业展开，并可能提供比银行更加灵活有效的融资方案，但是其服务的对象仍局限在特定领域。在产业链中居于优势地位的企业通过长期经营积累了巨大的经济资源，产业资本通过收购金融牌照或组建信贷部门实现产融结合，最终实现维护上下游合作伙伴、扩大采购或销售规模等目的。

信息协同型的供应链金融模式通常由具备技术优势的服务商整合链条上的信息流，建立可以快速向供应链金融参与方响应的交易系统或信息平台，可对交易信息进行准确、真实的反馈，并可以协助实现动产抵质押和追踪质权所有权的流动，进一步降低参与方的风险。它与具体场景或行业定制化结合，有可能服务于更多的中小企业，推动供应链金融进一步实现降低资金成本、提高资金周转效率、促进经济发展的终极目标。

（2）服务内容不同。金融主导型的供应链金融模式下，其服务内容通常侧重于金融服务，包括应收账款质押融资、反向保理、流动资金贷款、开立信用证、支付结算等。由于金融机构主要通过利差获取收益，并且金融机构也倾向于从自身业务优势出发，因此限制了其向供应链中的各类企业提供其他服务的意愿。

产融结合型的供应链金融模式的服务内容相对多元化，除了通常的金融服务，由于核心企业介入，供应链上的其他企业可能获得采购、销售、运输、仓储等非金融服务。特别是核心企业出于维系上下游伙伴关系的目的，在其获得产业、金融双重收益的同时，可能会适当控制其金融服务的成本要求，从而实现多赢的局面。

信息协同型的供应链金融模式的服务内容可能更加侧重于依托信息平台提供有价值的信息。信息协同型的供应链金融模式中的第三方服务商往往能够从中小企业的融资需求出发，设计出更加实用的解决方案，并且能够作为桥梁将金融与产业有效地连接起来。信息协同型的供应链金融模式通过促进真实、准确的信息流动，使中小企业获得低成本资金，改善其运营资本，并提供票据流转、供应链管理的一站式云平台等其他服务。

（3）风险控制方式不同。金融主导型的供应链金融模式的风险控制方式往往建立在可靠的抓手之上，由于获取交易信息的限制，金融机构习惯于从信用较高的买方企业出发来开展供应链金融业务，并采用应收账款质押、仓单质押、对授信企业实施准入等措施来控制风险。

产融结合型的供应链金融模式的风险控制方式相对多样一些，这类模式中企业集团对产业链的信息流和物流都可能具备掌控或影响能力，除了金融机构常用的风险控制方式，其还可以采取诸如存货抵押、物流监控、融资租赁等措施。此外，它还可以依据其掌握的合作伙伴的信用水平适当简化风险控制方式。

对于信息协同型的供应链金融模式，其风险控制方式首先在于消除信息不对称，其次可能建立在参与方的协作之上。

1.4.2 典型的国内供应链金融模式

相比于国际的供应链金融模式，国内比较流行的供应链金融有三种传统表现形态，即应收账款融资、存货融资以及预付款融资。在目前的国内实践中，商业银行或供应链企业为供应链金融业务的主要参与者。

1. 应收账款融资

当上游企业对下游企业提供赊销，导致销售款回收放缓或大量应收账款回收困难、上游企业资金周转不畅，出现阶段性的资金缺口时，可通过应收账款进行融资。

应收账款融资模式主要指上游企业为获取资金，以其与下游企业签订的真实合同产生的应收账款为基础，向供应链企业申请以应收账款为还款来源的融资。应收账款融资在传统贸易融资以及供应链贸易过程中均属于较为普遍的融资方式，通常银行作为主要的金融平台，但在供应链贸易业务中，供应链企业在获得保理商相关资质后亦可充当保理商的角色，所提供的应收账款融资方式对中小企业而言更为高效、专业，可省去金融机构的繁杂流程，且供应链企业对业务各环节更为熟悉，同时在风险控制方面针对性更强。

应收账款融资的一般流程是：在上下游企业签订买卖合同形成应收账款后，供应商将应收账款单据转让至供应链企业，同时下游企业对供应链企业做出付款承诺，随后供应链企业给供应商提供信用贷款以缓解其阶段性资金压力，当应收账款收回时，融资方（即上游企业）偿还借款给供应链企业。

通常应收账款融资存在以下几种方式。

（1）保理。保理指通过收购企业应收账款为企业融资并提供其他相关服务的金融业务或产品。其具体操作是：保理商（拥有保理资质的供应链企业）从供应商或卖方处买入通常以发票形式呈现的对债务人或买方的应收账款，同时根据客户需求提供债务催收、销售分户账管理以及坏账担保等。供应链金融的应收账款保理模式如图1.3所示。

（2）保理池。保理池一般指将一个或多个具有不同买方、不同期限以及不同金额的应收账款打包后一次性转让给保理商，保理商再根据累计的应收账款情况进行融资放款。这种方式有效整合了零散的应收账款，同时免去了多次保理服务的手续费用，有助于提高融资效率，但同时对保理商的风控体系提出了更高的要求，需对每笔应收账款的交易细节进行把控，避免坏账风险。此外，由于下游货物购买方集中度不高，在一定程度上有助于分散风险。

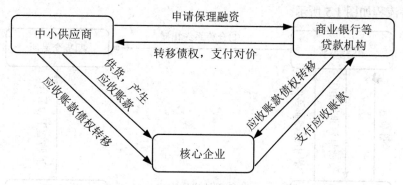

图1.3　供应链金融的应收账款保理模式

（3）反向保理（逆保理）。供应链保理商与资信能力较强的下游客户达成反向保理协议，为上游供应商提供一揽子融资、结算方案，主要针对下游客户与其上游供应商之间因贸易关系所产生的应收账款，即在供应商持有该客户的应收账款时，得到下游客户的确认后，可将应收账款转让给供应链保理商以获得融资。反向保理与一般保理业务的区别主要在于信用风险评估对象发生了转变。

2．存货融资

存货融资主要指以贸易过程中的货物进行抵质押融资，一般发生在企业存货量较大或库存周转较慢，导致资金周转压力较大的情况下，企业利用现有货物进行资金提前套现。

随着参与方的延伸以及服务创新，存货融资表现形式呈多样化，主要有以下三种方式。

（1）静态抵质押。静态抵质押指企业以自有或第三方合法拥有的存货为抵质押的贷款业务。供应链企业可委托第三方物流公司对客户提供的抵质押货品实行监管，以汇款方式赎回。企业通过静态货物抵质押融资盘活积压存货的资金，以扩大经营规模，货物赎回后可进行滚动操作。静态抵质押的业务流程如图1.4所示。

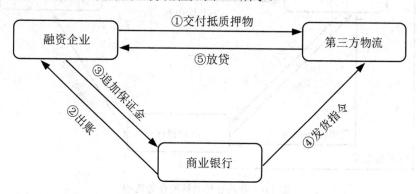

图1.4　静态抵质押的业务流程

（2）动态抵质押。供应链企业可对用于抵质押的商品价值设定最低限额，允许限额以上的商品出库，企业可以以货易货，一般适用于库存稳定、货物品类较为一致以及抵质押货物核定较容易的企业。由于可以以货易货，因此抵质押设定对于生产经营活动的影响较小，对盘活存货作用较明显，通常以货易货的操作可以授权第三方物流企业进行。动态抵质押的业务流程如图1.5所示。

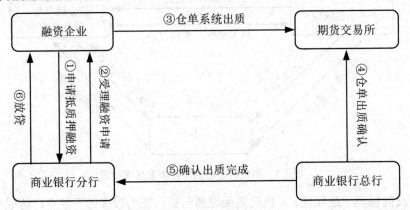

图1.5 动态抵质押的业务流程

（3）仓单质押。仓单质押分为标准仓单质押和普通仓单质押，区别在于质押物是否为期货交割仓单。标准仓单质押指企业以自有或第三人合法拥有的标准仓单为质押的融资业务，适用于通过期货交易市场进行采购或销售的客户以及通过期货交易市场套期保值、规避经营风险的客户，手续较为简便、成本较低，同时具有较强的流动性，可便于对质押物的处置。普通仓单质押指客户以仓库或第三方物流提供的非期货交割用仓单作为质押物，并对仓单做出融资出账，具有有价证券性质，因此对出具仓单的仓库或第三方物流公司的资质要求很高。普通仓单质押的业务流程如图1.6所示。

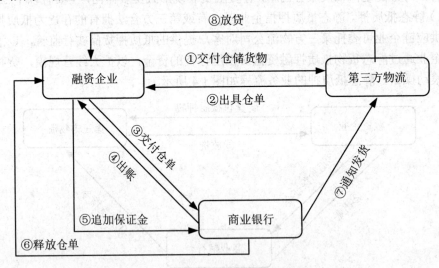

图1.6 普通仓单质押的业务流程

3. 预付款融资

在存货融资的基础上，预付款融资得到发展。预付款融资指在买方交纳一定保证金的前提下,供应链企业代为向卖方议付全额货款,卖方根据购销合同发货,货物到达指定仓库后,设定抵质押为代垫款的保证。

在产品销售较好的情况下,库存周转较快,因此资金多集中于预付款阶段,预付款融资时间覆盖上游排产以及运输时间,有效缓解了流动资金的压力,可使货物到库与存货融资形成"无缝对接"。

一般在上游企业承诺回购的前提下,中小企业以供应链指定仓库的仓单向供应链企业申请融资来缓解预付款压力,由供应链企业控制其提货权的融资业务,一般按照单笔业务来进行,不关联其他业务。具体融资过程中,中小企业、上游企业、第三方物流企业以及供应链企业共同签订协议,一般供应链企业通过代付采购款的方式对融资企业融资,购买方直接将货款支付给供应链企业。预付款融资方式多用于采购阶段,其担保基础为购买方对供应商的提货权。目前国内供应链贸易企业中常用的预付款融资方式为先票/款后货贷款。

供应链金融的三种融资模式的比较如表 1.2 所示。

表 1.2 供应链金融的三种融资模式的比较

融资模式	应收账款融资	存货融资	预付款融资
标的	债权	存货	预付货物
融资用途	盘活现金流	盘活现金流	分批次付款/获得提货权
融资企业	上游供应商	任何企业	下游采购商/分销商
所属阶段	销售	运营	采购
参与方	融资方、债务方和金融机构	融资方、第三方物流企业和金融机构	融资方、债权方、仓储企业和金融机构
风险控制	监视债务企业	跟踪监视存货价格变化	控制提货权及监视货物价格变化

1.5 供应链金融的发展趋势分析

1.5.1 行业细分深化、专业化,服务精准化

目前供应链金融的推动者不再只是传统的商业银行,而是产业中的企业或信息化服务公司,为供应链中的企业提供融资等服务。目前的供应链资金供应方包括银行、集团财务公司、政府金控平台、互联网转型企业的金服平台、供应链公司、保理公司等,供应链金融资金供应方日益呈现多样化。

供应链金融在不同行业的应用必然衍生出不同的行业特性,这将促使供应链金融向更细分、更精准、更专业的方向发展,产业金融的综合服务将逐渐走向成熟。近年来,各大金融机构已在细分产业、细分领域展开了线下的供应链金融,如中国民生银行打造乳业产业链金融,与国内某知名乳制品企业合作,专门为其及上下游企业提供合适的金融服务。在线供应链金融会沿用这一思想和模式,根据金融机构的自身优势和特点,在细分领域为客户提供更加专业的金融服务。

与此同时，供应链金融业务呈现全程化趋势。供应链金融业务涉及的环节日益增多，按照供应链的运用过程，从订货、物流、验收、开发票、预约付款等各个环节派生出不同的融资方式。例如，针对订货环节，形成了订单融资业务；针对商品的物流环节，形成了提单、仓单融资模式；针对资金收付，形成了应收账款融资以及预约付款融资等供应链金融模式。

1.5.2 供应链金融更加依赖金融科技的发展

金融机构对贷款企业或贷款对象的监控，将从对财务报表等静态数据的监控转变为对动态数据的实时监控，将风险降到最低。目前已有大数据机构与金融机构合作，为企业客户量身定制企业版的"体检报告"，依托丰富的真实数据来源和大数据处理技术，计算出各标准数据的区间范围，通过上下游企业数据的匹配，对其资信进行合理判断。此报告最大的亮点是数据实时变化，并提供了部分数据变化预测，对业务周期进行全程化监控，能够做到及时通知和给出建议，从而将金融机构的风险降到最低。借助大数据技术来确定授信，能够较早地发现和控制风险，其风险概率小，受理、审贷、放款、交付的速度加快，流程标准化，运营规则透明，推动了制造业、商贸业、金融业、物流业的相互融合。随着科技的发展，银行融资开始比速度、比诚信、比服务、比执行，但是金融科技企业也参与了金融融资，这时该怎么办？现在监管机构的态度是，金融科技企业只提供金融科技服务，而不需要参与金融融资，各司其职，各尽其责。

1.5.3 供应链金融将侧重产业内深度结合，发展产业链金融

供应链金融以前还是银行的"游戏"，但随着融资规模的不断扩大以及需求模式的不断创新，越来越多的产业巨头开始加入供应链金融的玩家行列，从而催生出新的供应链金融模式。

在金融的融资中，沿着一个产业链发展金融体系是正确的选择。当前的供应链金融的主要业务模式包括应收账款融资、应付账款融资、存货抵质押融资、联合保理、贴现再贴现转贴现、延伸产业链贴现、委托贷款、支付、结算、结汇、保函、担保、代理保险、池化融资、融资租赁、投资、证券投资、股票投资、财务管理、财务咨询、企业债等。金融与产业的融合有稳固的基础，其风险融合于产业而大幅度降低，因为链条上的企业是紧密相连的。

产业巨头由于居于产业链的焦点位置，对上下游的商流、资金流有绝对的掌控，所以其做供应链金融在风险控制上有着天然的优势。因此，众多传统产业巨头纷纷将眼光瞄准"供应链金融"，如海尔、格力、TCL、美的、联想、新希望六和、达实智能、富士康等行业大佬均开始抢滩供应链金融市场。

1.5.4 供应链金融体系中核心企业的责任和效率提升

一方面，供应链金融平台解决了金融机构及企业双方系统升级更新速度不匹配的问题。

一般来说，金融机构升级慢而企业升级快，二者匹配程度差，通过供应链金融平台可以实现双向连接、双向匹配。另一方面，供应链金融机构打破了银行生硬组合产品的模式，可按需将金融服务渗透到商务活动的各个环节，在提高服务水平的同时，缩短服务响应时间。

供应链金融最突出的一个特点就是金融跟核心企业连在一起。核心企业是产业供应链中居于关键位置的企业，它的存在决定了产业供应链的存在。掌握核心技术（这个核心技术可以是生产制造技术，也可以是管理信息技术）的企业的生产经营规模或资金规模居于链条上企业之首，但是现在有一个倾向，就是大家把过多责任推给核心企业，导致核心企业现在已经不堪重负。核心企业是各类金融机构的优质客户，大家争相授信，使核心企业的可用资金增多，诱发该企业投资的欲望，希望能进一步扩大规模，提高市场占有率，甚至独占市场；当资金量足够大的时候，核心企业开始跨行业投资，甚至进行风险投资、搞资本运作、投资股市和债市等，由于杠杆过大，风险也在积累。核心企业的资产分布量大面广，也面临竞争的压力，很多民营核心企业的资金链已经非常紧张了，这是个大问题。另外还出现一个问题，就是核心企业恶意超期占用供应商资金，影响了供应链上企业资金的流动性。

思考题

1. 供应链金融的主要特征是什么？
2. 供应链金融的主要参与主体有哪些？其作用如何？
3. 影响供应链金融发展的关键环境因素有哪些？
4. 国内外供应链金融模式的差异有哪些？

拓展阅读

第2章 供应链金融的综合环境分析

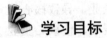 学习目标

学习和掌握供应链金融的综合环境,着重把握从企业资金缺口、信息技术、质押标的物等角度对供应链金融综合环境分析的主要内容,掌握供应链金融运营过程中所涉及的资金流管理问题。

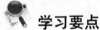 思政目标

把制度自信教育贯穿于供应链金融体系的学习中,讲好我国金融制度的特点、本质和逻辑,认识中国特色社会主义制度的本质特征和巨大优势,唤起学生对制度自信的情感共鸣,使其形成理论自觉,增强制度自信。

  学习要点

- ◇ 企业资金缺口
- ◇ 信息技术与供应链金融
- ◇ 质押标的物
- ◇ 资金流管理

引例

商务部 中国人民银行 关于进一步支持外经贸企业扩大人民币
跨境使用促进贸易投资便利化的通知

各省、自治区、直辖市及计划单列市、新疆生产建设兵团商务主管部门,中国人民银行上海总部,各分行、营业管理部,各省会(首府)城市中心支行,各副省级城市中心支行:

为贯彻落实党中央、国务院决策部署,进一步便利跨境贸易投资人民币使用,更好满足外经贸企业交易结算、投融资、风险管理等市场需求,现就有关工作通知如下:

一、充分认识扩大人民币跨境使用积极意义。党的二十大提出,坚持把发展经济的着力点放在实体经济上;提升贸易投资合作质量和水平;有序推进人民币国际化。各地商务主管部门和人民银行分支机构要深入学习贯彻党的二十大和中央经济工作会议精神,充分认识跨境人民币业务服务实体经济、促进贸易投资便利化的积极作用,坚持市场驱动和企

业自主选择，及时摸排和对接行业企业需求，结合当地实际采取针对性举措，着力解决外经贸企业"急难愁盼"，为人民币跨境使用创造良好政策环境。

二、促进更高水平贸易投资便利化。便利货物贸易、服务贸易及各类贸易新业态跨境人民币结算，支持大宗商品人民币计价结算，支持境外投资者以人民币来华投资、境内再投资，便利对外承包工程企业人民币境外资金集中管理、确需支付款项汇出，支持我与周边国家（地区）、RCEP（Regional Comprehensive Economic Partnership，区域全面经济伙伴关系协定）区域内贸易投资人民币结算。鼓励银行在"展业三原则"基础上，为真实、合规的跨境贸易投资提供更加便捷、高效的人民币结算服务。各地商务主管部门要积极推动将跨境人民币便利化措施纳入相关领域支持政策，有条件的地方可推动纳入优化营商环境工作举措及相关考核目标。

三、更好满足企业跨境投融资需求。各地商务主管部门要积极梳理反映企业人民币投融资需求，推动银企精准对接。鼓励银行境内外联动开展境外人民币贷款业务，按照商业原则降低人民币融资成本，支持对外投资、对外承包工程企业参与"一带一路"建设，鼓励对有实际需求且符合条件的境外项目和企业优先采用人民币贷款。鼓励银行通过经常项下跨境人民币集中收付、跨境双向人民币资金池等业务，满足企业人民币资金集中处理、归集管理和余缺调剂需求；通过信用证、福费廷、押汇、贴现、保理、代付等业务，满足企业人民币贸易融资需求，并结合贸易特点进一步创新产品服务。

四、因企施策增强企业获得感。有序开展更高水平贸易投资人民币结算便利化试点，鼓励银行将更多优质企业纳入便利化政策范畴，鼓励省级跨境人民币业务自律机制间共享优质企业名单。有条件的地方可通过认定一批示范企业等形式，强化激励效应。积极拓展跨境人民币业务"首办户"，扩大覆盖面。着力加大对中小微企业支持力度，便利其在跨境贸易投资中使用人民币结算，规避汇率风险、降低汇兑成本。支持供应链核心企业，带动境内外、上下游企业更多使用人民币，促进内外贸融合发展。推动国有企业带头，集团内部境内外企业往来积极使用人民币。

五、充分发挥对外开放平台作用。进一步丰富人民币使用场景，重点支持上海自贸试验区临港新片区、粤港澳大湾区、海南自由贸易港等地区立足定位，开展跨境人民币业务创新。鼓励银行为国家级经济技术开发区、边（跨）境经济合作区、国际性展会等提供跨境人民币结算"一体化"配套综合金融服务。扩大境外经贸合作区人民币使用，支持银行入驻设点，为区内企业提供高效便捷跨境人民币服务，促进人民币在岸离岸良性互动、协调发展。

六、持续完善综合金融服务。鼓励银行根据外经贸企业实际需求，积极创新产品服务，提供交易撮合、支付结算、财务规划、风险管理等综合金融服务，提供更多人民币保值增值工具，培育境内外主体人民币使用习惯。鼓励银行按照"实质重于形式"原则，简化跨境人民币结算流程，提升便利性和资金到账效率。强化保险保障，通过扩大覆盖面、优化承保条件等方式，加大对企业人民币跨境贸易投资的出口信用保险和海外投资险承保力度，支持企业投保或续保时以人民币作为收付币种。

七、发挥资金基金引导作用。各地商务主管部门要用好外经贸发展专项资金，在符合世贸组织规则前提下，撬动更多资源，为企业提供公共服务，支持跨境贸易投资更多使用人民币。支持服务贸易创新发展引导基金做好项目对接，为符合条件的人民币贸易投资项目提供股权融资支持。

八、提升政策宣传培训实效。鼓励各地创新形式开展多样化宣传和培训，通过实地走访、座谈交流、专家授课、编写案例、发倡议书、录短视频、推二维码等形式，进一步促进银企对接，扩大政策受益面。加强银行内部宣传培训，通过完善绩效考核激励机制、设立示范岗位、举办技能竞赛等形式，增强服务意识、提升业务水平，着力强化银行基层机构跨境人民币业务服务能力。

九、凝聚跨境人民币工作合力。加强横向协作，各地商务主管部门和人民银行分支机构要密切沟通、强化协同，注重发挥行业协会商会和自律机制作用。有条件的地方可会同相关部门和金融机构成立工作专班，共享信息、交流经验，及时研究解决工作推进中的难点堵点。加强纵向联动，推动政策向市县区传导，确保在基层落地见效。各地在工作中的重要情况、经验做法、意见建议请及时报送商务部（财务司）、人民银行（宏观审慎管理局）。

商务部　中国人民银行
2023年1月6日

资料来源：商务部新闻办公室. 商务部 中国人民银行 关于进一步支持外经贸企业扩大人民币跨境使用 促进贸易投资便利化的通知[EB/OL].（2023-01-11）[2023-05-07]. http://www.mofcom.gov.cn/article/xwfb/xwrcxw/202301/20230103378668.shtml.

目前，虽然世界各国在管理实践与金融业务中的供应链金融业务方面呈现显著的增势，但中外在供应链金融业务的开展的过程中还存在一些问题，主要体现在三个方面：首先，世界各国政府及金融业主管部门已经深刻意识到供应链金融的重要性，并且开始加紧筹划、布局物流与供应链"硬件"及其基础设施的建设，但相比于其硬件设施，对供应链金融"软件"，诸如法律环境、政策环境，资金流、信息流的管理、建设等重视程度不够，对相关企业的引导不足；其次，中国信用体系尚不健全，具体表现为金融机构现有的抵押担保制度、信用评级制度等尚未系统化、规范化，与之配套的企业信用库尚未完善统一，导致金融机构对于供应链金融业务存在一些实际操作上的困难；最后，作为供应链金融的主要运作主体，中国的银行与企业之间缺少有效的沟通平台与沟通实现机制，从而使得供应链金融业务的开展存在很多空白区域。因此，本章将从企业资金缺口、外部信息技术、质押标的物、资金流管理等不同角度来分析供应链金融的综合发展环境。

2.1　企业资金缺口分析

经济全球化、经济一体化及社会化大分工的不断深入，使得不论是从供应链运作角度的原材料采购、制成中间产品以及及最终产品，最后由各种类型的销售网络将产品交付到消费者手中，还是从渠道运行角度所涉及的生产商、供应商、制造商、分销商、零售商，直到最终用户，均推进了整体的功能网链结构的形成。越来越多的管理者和学者指出，21世纪的竞争不再是企业和企业之间的竞争，而是供应链与供应链之间的竞争，并且越来越呈现为系统之间的竞争。

在供应链管理理念下，各种类型的企业试图建立战略伙伴关系，强化与合作伙伴的关系，通过整合和优化供应链中的信息流、物流、资金流、风险流等以实现供应链整体效益最优这一目标。例如，著名的日本丰田汽车公司首先提出了"即时制"生产，即零库存以及精益物流管理方式。丰田汽车公司以"订单"为驱动，进而拉动生产、采购等诸多的生产运作环节，利用"即时制"的管理方式与实践消除一切不必要的浪费。

供应链管理在重视物流的同时，更加重视对于资金流、信息流的整合。对于企业而言，分析资金流周转慢的原因、分析资金流缺口等对改善企业运营效益乃至增强社会市场活力、保障企业得以健康生存的金融环境而言就显得十分必要。

2.1.1 企业资金规律分析

通过对企业资金的规划分析可知，其问题的产生主要可归结为三方面原因，即对资金运动规律的认识和运用不足，缺乏应有的资金管理意识，以及企业财务管理过程中造成资金短缺。

1. 对资金运动规律的认识和运用不足

资金流是企业得以良好运转的基础，也是企业的生命源泉和血液。对任何企业而言，其资金在整个生产过程中经过循环和周转的诸多环节，总体上涵盖准备、生产、销售三个阶段。

一般而言，企业在生产运营过程中出现资金短缺问题，主要原因就是没有按资金运动规律把资金合理、有效地配置于企业经营活动、投资活动、筹资活动等各种企业生产经营及价值增值活动。实际上，企业要保证资金周转顺利，就必须做好资金收支在数量上和时间上的协调平衡，也就是企业需要通过有效的调配实现购产销活动的平衡。

2. 缺乏应有的资金管理意识

（1）缺乏资金控制制度。由于企业缺乏对资金循环过程的认知及有效控制，导致企业的资金比例失调，具体表现为三方面：① 或储备资金过多，或半成品、产成品过多，或产销不适，或市场出现供大于求；② 部分企业不能根据资金控制过程，及时地反馈市场产品供求、价格、质量及售后服务等信息，进而在市场层面做出调整，如及时更新产品、调整相对价格、加大市场营销力度、改进产品质量、提高售后服务水平等；③ 不注意防范资金被人为侵占、流失。企业因为无法对资金控制过程中所反馈的信息及时做出反应，造成生产和流通严重脱节，出现调整措施滞后。

（2）企业的资本结构不合理。资本结构是企业投资中各种资产的构成比例，主要是指固定投资、证券投资及流动资金投入的比例等。

目前，多数企业面临现金流不足的问题，一个很重要的原因就是没有处理好固定资金和流动资金投入比例的问题。实际上，从盈利性角度来看，基于流动资产和固定资产盈利能力的差别，企业净营运资金（即流动资产减去流动负债所得）少意味着企业以较大比例的资金运用到了盈利能力较高的固定资产投资上，从而使得企业的整体盈利水平上升；但从风险性的角度来看，较少的营运资金意味着流动资产和流动负债的差额小，可以理解为到期无力偿债的危险性较大。在实际工作中，企业如果将过多的资金投入前期的固定资产，则极有可能面临流动资金紧张、无力进货、拖欠货款、拖欠职工工资、短期偿债能力下降等影响企业有效运营的问题，这就要求企业不能因为盲目地追求利益，而打乱其原有的整体经营思路，因此企业资产结构管理的重点在于确定一个既能维持企业正常进货、周转等经营活动，又能在减少或不增加风险的前提下，给企业带来更多利润、更高流动资金水平的资本结构。

3. 企业财务管理过程中造成资金短缺

（1）企业资金筹集过程导致资金短缺的原因分析。当前，多数企业面临筹资渠道单一、筹资方式不灵活等问题，很多企业的筹资渠道仍以银行信贷为主，而其普遍采用的筹资方式是银行借款或依赖商业信用等，不能满足企业筹集到足额资金的现实需求。

与此同时，部分企业在筹集资金时，因为缺乏对资金成本及筹资风险的有效认识，不能有效规避负债经营管理风险。而且，多数情况下，企业没有充分考虑各种筹资方式对资本成本、财务风险等的影响，未能选择最佳的筹资方式、筹资组合等，进而降低成本和风险。

（2）资金投放过程导致资金短缺的原因分析。如果企业无法对其投资的项目进行科学的决策，缺乏对预期投资收益、投资风险的科学决策，那么企业必将面临一系列由此引发的问题。事实上，企业投资都是以盈利为目的的，也就是说企业往往是以投资的盈利性和风险性相比较为基础进行投资决策的，这就从客观上要求企业必须深入考虑其规模、效益和风险等诸多因素，而实物资产的投资更受到投资的时间性、整体不可分割性、流动性等多方面因素的影响和制约，所以对于多数企业而言，当其进行投资决策时，尤其是在财务资源有限的情况下的投资决策，必须考虑工期、资金到位情况、投资规模等诸多因素。

（3）资金耗费过程中导致资金短缺的原因分析。当前，诸多企业在运营过程中资金耗费现象严重，其原因首先是缺乏成本费用定额，使得很多企业在编制资金支出预算时，对成本费用的考核和生产经营中的一切重大决策没有依据，导致资金预算支出高估冒算、资金占用过多等问题产生。加之，部分情况下企业的生产经营和市场营销中会产生或存在重大决策失误，从而也会造成巨大浪费。其次，是企业的管理者没有充分意识到成本费用指标在降低资金消耗方面的作用，也未关注到对成本费用的控制。最后，是企业不采用新技术、不改进工艺流程、不搞好劳动组织等，从而导致企业的生产运行过程中出现材料浪费、能耗高等诸多问题。

（4）资金收入环节导致资金短缺的原因分析。很多企业的管理决策、战略决策等仍以静态为主，没有或很少根据市场的动态性制定并实施正确的营销策略以影响、占领市场，尚无法根据自身经营情况形成合适的、有效的销售政策、收回货款的信用政策等。部分企业在收回销售货款等日常管理工作中，不注意调查客户信用状况、未建立客户信用台账等，没有对客户及时进行账龄分析。在资金收入环节，企业难以确保商品既要有一定的市场占有率，又能够及时收回货款，降低风险。企业处理积压商品不及时，从而导致其资金占用的增加，使其不能及时、准确、科学地根据订单等进行进货决策。如一次进货量过大，极易引起库存积压,一方面占用大量的资金,增加了资金的使用成本;另一方面增加了存货的管理成本,同时其毁损的可能性也随之增大,而且承担了更大的降价风险。相反,如一次进货量不足,则会增加后续采购次数、采购成本和因商品不足而带来的商业机会损失等。例如采购服装、鞋帽等季节性较强的商品,稍一疏忽要么就会因商品积压造成损失,要么就会因商品不足而错过了销售良机。

现实中,企业在运营过程中合理运用促销策略有助于其稳定销售渠道,进入、拓展甚至控制市场,但由于企业的促销行为在严格意义上并不等同于销售行为,它会直接产生应收账款,因此企业如果对促销行为及策略的使用或管理控制不当、对应收账款的管理不严,都会影响企业流动资金的正常周转。调查显示,在发达经济体中,企业间的应收账款逾期发生额占贸易总额的 0.25%~0.5%;而在我国,应收账款逾期发生额占贸易总额的比例则高达 5%以上。对企业而言,应收账款的增加不仅占用了大量资金,导致流通中资金沉淀,降低资金周转速度,而且由于企业信誉、偿债能力的差异,不可避免地会产生一些坏账,在很大程度上导致资金彻底损失。近年来,困扰企业的一个重大问题就是应收账款难以及时收回,有的企业的应收账款甚至达到了流动资产的 30%~50%,使企业不得不面临流动资金几无可用的窘境。这一情形的发生很大程度上是由追求利润产值指标的倾向所导致的,当然与企业对资产的无序管理也有密切关系。目前,在一年内或一个财年内不进行往来账目核对的企业比比皆是,再加上企业购销行为频繁发生,稍一放松管理,势必会造成应收账款错误百出、坏账成堆等问题出现。即使有的企业积极催收,也可能因对方业绩不佳而增加清账成本或费用。由此可见,应收账款的增加也是企业资金短缺的一个重要因素。

(5)资金分配环节导致资金短缺的原因分析。很多企业在进行战略决策时没有合理确定分配规模、分配方式等,使企业难以实现利益最大化。部分企业由于积累资金少,难以满足企业发展的需要。分配现金的股利过多等也会影响债权人的利益。另外,由于投资者的预期报酬没有实现,使得企业声誉下降,制约了企业后续资金的筹集,从而进一步放大了资金分配环节问题对资金短缺的不利影响。

2.1.2 产业组织形势分析

1. 银行贷款分布不均衡

自我国实行改革开放政策以来,基础建设规模呈现迅速增长的态势,尤其是我国商业银行基于信用体系的贷款构成呈现典型的 80/20 分布特征,即 80%的贷款集中在基础设施建设领域内的少数大型国有企业,而针对中小企业的贷款市场则极不发达(只占 20%)。

随着我国总体经济持续快速的增长,银行越来越难以承受这种依靠投资推动经济增长的模式所带来的压力和风险,持续的宏观调控更让银行对于基础设施建设类的贷款所遭遇的政策风险和不确定性望而却步,监管部门等也已经充分意识到了贷款集中度过高所带来的潜在风险,这也在一定程度上促使银行需要通过更多的金融创新改变当前风险过于集中的状况。

2. 我国产业资金缺口较大

(1)物流产业资金缺口。总体上,我国企业的物流成本较发达国家甚至中等发达国家高，而且我国物流成本约占 GDP 的比重与发达国家和中等发达国家相比也较高。当前，我国物流产业居高不下的成本及落后的成本管理体系在一定程度上加重了物流产业的资金缺口。此外，伴随着我国电子商务产业的高速发展，物流产业也处于快速发展阶段，物流基础设施建设、物流信息系统建设及国际贸易的开展都急需大量资金投入。目前，我国的许多物流园区面临建设资金不足的巨大压力，部分物流园区作为平台企业承担了大量的基础设施建设任务，但是与之配套的诸多政策仍无法落地、实施，如许多地方的物流园区建设无法享受工业用地政策，具体表现为由于土地价格畸高导致园区往往处于高负债运营的境地。

例如，我国港口物流行业的诸多企业在开展国际物流、货运代理等业务时，按照物流金融体系的运营要求需要垫付运费，这种经营模式在一定程度上增加了国际贸易风险，也限制了企业规模和发展。因此，借助供应链金融业务控制风险，使用"提单"等融资解决资金缺口问题成为物流行业关注的热点之一。

（2）航运业资金缺口。航运业作为与物流及供应链管理高度相关的产业，属于资金密集型产业，航运业的企业往往面临所需投资额巨大、投资回收期较长以及风险高等诸多现实问题。航运金融涉及航运企业、港口、造船企业、银行、保险公司、证券公司、金融商品及衍生业务的经销商、金融租赁公司等各类别的机构，以及从事船舶融资、海上保险、货币保管、兑换、资金结算、融通、航运价格衍生产品、集装箱运价衍生品等业务的企业。一般而言，航运服务类企业在出口旺季会有较大的资金需求，这种资金需求一般会持续 1～2 个月；在其余时间，航运企业自有流动资金就可以维持其日常运营，这就使得部分航运企业希望银行、保险公司等金融机构能够推出更具针对性的、定制化的贷款类型和产品，以满足企业垫付各种流动资金的需求。

2.1.3 供应链金融对资金缺口的对策

通过前文的分析可知，企业在运营过程中可能存在资金缺口，因此对于诸多企业而言，急需借助供应链金融提供一体化的解决方案，从而加快企业资金周转。纵观供应链过程，如下几个阶段需要供应链金融改善可能产生的资金缺口及问题。

1. 企业采购阶段

对于企业而言，其在采购原材料、零部件等过程中所面临的价格的波动或其他风险将会影响整个供应链的运营，所以需要借助供应链金融承担风险管理的职能，从而降低采购风险，如采购期出现资金缺口，可采用供应链金融的"先货后款""预付款保函"等业务来解决融资问题。

2. "支付现金"至"卖出存货"阶段

这一阶段企业的大部分资产以库存资产等动产形式存在，因此企业通过应用动产进行融资将大大减少自身的资金压力，但是出资方必须考虑流动中的动产监管等问题。供应链金融的核心模式是通过物流监管作为融资质押物或抵押物的动产来解决企业的资金缺口问题。

3. "卖出存货"至"收到现金"阶段

这一阶段中企业拥有应收账款的单据，因此企业可采用供应链金融的"应收账款融资"等典型业务来解决资金缺口问题。

2.2 信息技术分析

对于供应链金融而言，其最重要的服务目标是帮助供应链实现物流、资金流和信息流的有效协调和管理，同时这种服务也推进了其自身的发展。随着我国信息技术及相关产业的飞速发展及广泛应用，我国的供应链金融及体系的发展具备了较为适宜的技术环境。

2.2.1 银行业信息化

近年来，随着信息技术的发展，其在银行业的应用也从原来的单一环节逐步发展为趋于全面化、高端化，信息技术越来越成为银行业发展及其业务创新实践的关键支持和技术基础。

1. 银行业信息化演变

随着信息技术的不断演进，银行业信息化建设经历了四个主要的发展阶段。

第一阶段是脱机批处理阶段。20 世纪 50 年代初，一些国外的银行开始利用计算机进行票据的集中录入等实践与操作，初步实现了账务管理的批处理，这种集中录入与处理在很大程度上提高了银行账务处理效率，实际上这一信息技术的应用使银行账务管理模式由传统的分散型逐渐呈现向集中型发展的趋势。

第二阶段是联机实时处理阶段。随着网络技术和计算机分时操作系统的出现，20 世纪 70 年代初，国外的部分银行开始通过联机实时交易实现异地的"通存通兑"业务，诸如 ATM（automatic teller machine，自动取款机）、POS（point of sale，销售终端）等新型自助服务渠道应运而生，这些新兴技术的出现使银行业务迅速超出传统的存、贷、汇范畴，也显著推进了金融服务、产品和渠道等的革命性变革。

第三阶段是经营管理信息化阶段。随着数据库技术和现代网络通信技术的发展和深入使用，20 世纪 80 年代，诸多银行开始利用现代信息技术进行客户关系管理（customer relationship management，CRM），同时推出了更具个性化的家庭银行、企业银行、电话银行等产品或服务，在这一阶段部分银行初步建立了电子银行体系，基于信息技术的现代银行产品服务体系也趋于完整。

第四阶段是银行业务的虚拟化阶段。进入 20 世纪 90 年代后，随着互联网技术突飞猛进的发展，国外银行开始基于互联网技术探索对银行服务渠道、产品及服务体系等的不断创新，出现了网络银行、电子商务等以提供虚拟化、个性化服务为主要表现形式的新型服务渠道，在这一阶段发达国家也开始逐步尝试、探索和推进银行业务的虚拟化。

基于上述四个发展阶段，银行业的信息化发展从最初单纯应用于业务操作，到后来应用于系统管理，再到现在信息技术改变了银行的经营模式、组织结构、决策过程等银行业务的各个方面，使得如今的银行正不断走向电子信息网络化，不断走向虚拟化的发展阶段，并缔造了一个全新的组织体系与经营形态。

2. 信息技术给商业银行带来的变革

信息技术推动了金融业务创新与业务拓展，从银行业务创新的历史可以看到，几乎所有金融产品或服务创新的背后都有技术因素的有力支撑。

（1）网上银行的出现是信息技术带来银行业创新的最直接的成果之一，尤其是网上银行的出现使商业银行原有的组织结构、网点布局、业务流程、服务途径、服务范围等都发生了巨大的变化。网上银行通过使用信息技术实现了交易无纸化、业务无纸化和办公无纸化发展。所有传统银行使用的票据、单据等实现了全面电子化，使用了网络货币等，不仅可以使银行节约使用现金的业务成本，而且可以减少传统业务的资金滞留和沉淀。越来越多的银行利用计算机和数据通信网传递信息，利用电子数据交换进行结算，从而简化了业务流程，提高了银行的运营效率。

（2）信息技术为商业银行等金融机构的间接合作提供了技术平台和支撑。技术型金融创新可以有效地规避传统的企业经营模式对商业银行金融创新的限制。利用互联网的交互性、即时性等特征，银行只需雇用少数专业技术人员就可以解决客户购买保险、证券、基金等金融产品的各类疑问，顺利地实现金融产品或服务的分销。

从某种意义上说，互联网模糊了金融业中各业务领域的截然分别，实现了不同领域的有机合作，给客户提供了一站式服务，即越来越多的客户可以在柜台上享受保险、证券、基金等金融服务。从发达国家已经建立的网上银行看，它已经成为"一站购足"的金融超市，各类金融服务和相关信息可以得到充分利用。

（3）信息技术为商业银行向客户提供个性化服务奠定了技术基础。随着网络银行的出现并且被广泛使用，网络银行突破了传统银行所无法解决的客户地域跨度大的问题，同时也使得传统的大众营销模式已经不适合新的客户结构，因此如何根据客户需求提供个性化的服务和解决方案是信息技术时代网络银行竞争成败的关键所在。借助网上完善的交易记录，网络银行可以对客户的交易行为进行分析和数据处理，从中发现重要的客户并形成更加具体、有效的细分服务市场，从而为银行针对特定的客户确立有效的营销策略和服务内容提供基础。

（4）由信息技术推动的金融创新为传统商业银行开辟了更加广阔的发展空间，越来越多的银行借助信息技术可以更快地实现资金的流动。信息技术的广泛应用推进了银行集中各式各样的经济和金融信息并向社会发布，从而引导社会商品运动和资金运动，以实现金融资源在社会各经济部门间的最优配置。

2.2.2 物流企业信息化

1. 物流管理信息化提高了银行的物流控制能力

近年来，物流企业的信息化程度不断提高，一些专业化程度较高的监管公司建立了专门的物流信息监管系统,各类别银行的高层、中层管理者以及从总行到分行、支行的业务管理人员都可以随时通过互联网登录物流信息管理系统,实时监督检查质押品的品种、数量和位置等情况,实现质押监管的规范化、实时化、远程化,提高了供应链金融的风险管理水平,降低了供应链金融的潜在风险及其影响。

2. 物流管理信息化拓展了供应链金融的业务空间

借助现代信息技术、网络技术以及电子商务模式等,越来越多的大宗商品的现货批发市场探索并建立了中远期仓单市场,形成全新的流通方式,实现了交易仓单标准化;与此同时,信息技术的使用也使得报价机制准确、登记交割灵活快捷,从而大幅降低了物流成本,有效满足了业务参与者规避价格风险和违约风险的需求,也为银行仓单融资业务提供了拓展空间。

2.2.3 生产型企业信息化

多数的生产型企业在供应链中扮演着核心企业的角色,通过与供应链中处于不同位置的企业,如供应商、分销商等不同角色共享订单、市场需求等信息进行库存管理和生产计划,从而推进供应链系统高效运行。

1. 管理信息系统的应用

随着相关技术的发展,管理实践上也呈现向好的变化,如生产型企业利用仓储管理系统(warehouse management system,WMS)、物料需求计划(material requirement planning,MRP)、制造资源计划(manufacturing resources planning,MRP 2)、企业资源计划(enterprise resource planning,ERP)、供应链管理(supply chain management,SCM)对采购、生产、配送、销售等进行有效整合。管理信息系统的应用,使得企业的库存降低、资金周转率提高、生产周期缩短,克服了"牛鞭效应"[①]和"信息孤岛"[②]等传统形式下问题的发生及影响,为生产型企业建立战略联盟、业务外包提供了技术支持。

2. 自动识别技术的应用

近年来,越来越多的新兴技术被用于供应链企业及物流企业中,诸如条形码、RFID(radio frequency identification,射频识别)、互联网技术的发展与应用,使得原材料、零部件、在制品和产成品等均实现了可追踪,企业管理者可以查询到库存、生产、销售等实时的、准确的数据,进而为其进行科学的决策提供了技术支撑。

由此可见,信息技术提供的强大支持可以促使各方提高管理水平,便于开展供应链金融业务。

[①] 供应链上的信息流从最终客户向原始供应商传递的时候,由于无法有效地实现信息的共享,信息失真扭曲且逐渐放大,导致了需求信息出现越来越大的波动。这种波动在图形上显现时如同挥舞的牛鞭,因此被称为"牛鞭效应"。

[②] 所谓的"信息孤岛",是指相互之间在功能上不关联互助、信息不共享互换以及信息与业务流程和应用相互脱节的计算机应用系统。

2.3 质押标的物的综合分析

2.3.1 质押标的物的特点分析

质押是担保物权的一种，它的主要特点体现在以下三方面：其一是质押标的物的质量可控，其二是大多数质押标的物的价格波动小，其三是质押标的物的适用性广。

1. 质押标的物的质量可控

在质押融资中，特别是存货质押等动产质押中，债务人或借款人的存货等质押标的物交由债权人或物流企业进行监管，债权人或物流企业监管其"占有"的质押标的物，负有妥善保管质押财产的义务。因此，在实际操作中，质押标的物通常由一些容易保管且质量比较稳定的物品来充当，而易腐烂、易燃、易爆等存货不宜作为质押标的物。

质押标的物的这一特点在标准的"仓单"质押中体现得最为明显。标准仓单所对应的货物的等级、质量、有效期等指标由交易所统一制定标准。在标准仓单的质押中，质押标的物的品质是透明的、可控的。标准仓单质押减少了由质押标的物的质量衡量标准不一致、质量下降等产生的纠纷，降低了质权人的风险。

2. 大多数质押标的物的价格波动小

无论是债权人还是债务人都希望质押标的物的价格波动小，从而降低质押的风险。对于债权人来说，在债务履行期内占有的质押标的物，当债务人不履行到期债务或者发生当事人约定的实现质权的情形时，债权人有权就动产优先受偿。《中华人民共和国民法典》第四百三十八条规定："质押财产折价或者拍卖、变卖后，其价款超过债权数额的部分归出质人所有，不足部分由债务人清偿。"但是，价格的波动增加了债权人收回贷款的风险。对于债务人来说，其也倾向于选择价格波动小的物品作为质押标的物。例如，价格波动会造成物品贬值，物品市场价格上涨时转移给债权人，当债务履行期届满后，质押标的物价格倾向于走低，在这种情况下，债务人产生了经济损失，从而失去了市场的主动性。

3. 质押标的物的适用性广

质押标的物的适用性较为广泛，在作为供应链金融业务主体的银行与产业合作中，质押标的物可以是原材料、零部件、半成品或产成品等，如铜精矿（原材料）、阳极铜板（半成品）、阴极铜板（产成品）、钢材、粮食、煤炭、PTA（对苯二甲酸）、塑料原料（如PVC、PP、PE、PS、ABS）、机电设备、电子产品等；合作的典型行业包括兖煤等能源行业、鞍钢等钢材行业、格力电器等家电行业、电子通信行业、汽车、粮食、机电、化工、交通运输、港航造船行业等。

在实际操作中，质押物的选择以及风险控制对供应链金融业务的开展至关重要。供应链金融业务中质押物的选择主要考虑质押物的变现能力、销售能力等因素，在风险评估过程中可以使用供应商经常采用的层次分析法（analytic hierarchy process，AHP）进行定性与定量相结合的评估。

2.3.2 质押标的物管理

1. 质物的真实性

在供应链金融业务的运作过程中,确保质物的真实、有效是业务开展的前提和保障。具体来看,在存货质押融资业务中,质物必须是所有权明确的动产,如借方企业所拥有的生产原料、存货、商品等可流动的货物商品等。出于真实性的考虑,在仓单质押融资业务中,要防范仓单的假冒,具体的操作措施包括指定印刷、固定格式、预留印鉴、由指定专人送达等,并在协议中声明该仓单的业务。在核实质物的真实性方面,物流企业可以提供如查询、证明及担保等有关的服务。

2. 质押商品的管理

为了防范和控制风险,现实中一般选择价格波动小、易变现、易保管的商品作为质物。在复杂多变的市场环境下,商品价格的波动和变化等情况更加频繁,因此针对不同的质物商品分别进行细化管理是非常必要的。贷款价值比是借方企业在其商品质押后能得到的借款金额与其商品的评估总价值的比值。显然,贷款价值比的高低对银行控制贷款风险和提高客户满意度等均会产生直接的影响。制定恰当的贷款价值比的关键是掌握商品的一般价值情况和变化的价值情况。对于大型物流企业来说,其在运营过程中往往掌握着大量的行业交易信息,诸如商品每日到货数量、库存数量、销售数量等,它们往往比银行掌握更多的关于宏观与微观经济状况等的信息。物流企业可以向银行等贷款机构提供动产质押商品价值的历史资料分析、定期商品价值报告,特别是减值报告等信息,帮助银行和借方企业确定质押商品的范围和估价、贷款价值比、贷款期限和变现等级等内容。

3. 质押商品的监管

质押商品的监管是存货质押融资中非常重要的环节之一。动产质押为担保物权而非用益物权,质权人没有对质物的使用收益权。质权人占有质物的目的在于限制出质人使用或处分质物。为了充分、有效地利用质物,并且发挥质物的效益,各国民法准许质权人有限度地使用或者授权其使用质物。具体的质押内容可以在信贷合约中进行约定。物流企业受银行的委托对质押商品进行监管,根据信贷合约要求来制定存货管理的具体办法等,银行可以定期或不定期地进行监管。

在企业实践中,常用的监管办法是冻结资产,这种操作简便、易于控制。首先,借方企业要与银行认定的物流企业或仓库签订"仓储协议",明确质押商品的入库验收和养护要求等,指明商品在入库后即开具专用动产证明,同时明确专用动产上所标明商品已属抵押给银行的货物,在出库前必须征得银行同意。其次,物流企业要向银行做出书面承诺以保证质押商品的手续完备、账物相符;且在商品质押期间无银行同意不得向借方企业或任何第三人发货;不以借方企业未付有关保管费等为理由,试图阻挠、干涉、妨碍银行行使其质权。但是,对借方企业而言,由于存货往往会占用较多的企业资金,而且存货具有周期短、周转速度快等特点,冻结存货会影响借方企业的业务。针对这一情况,一些金融机构推出"追加部分保证金赎出部分质押物"等方式以满足借方企业正常的生产、经营需要,顺利解决其融资和资金占压等问题。在信贷合约中，银行要与借方企业签订"账户监管协议"，明确借方企业要在该银行开立专用的监管账户，补充相应数量的保证金或者将动产项下的商品销售回款按比例打入账户。物流企业应根据不同情况，对货物出库、销售等环节向银行提供监管服务。

4．质押商品的处置

在存货质押融资中，质押商品的处置是非常重要的内容。质押商品的处置通常包含两种情况：① 贷款未到期的情况下，由于市场价格的下跌，银行会通知借方企业追加风险保证金，如果对方仍未履行追加义务，则物流企业可以接受银行的委托，对尚未销售的商品尽快实现销售，从而收回贷款本金；② 贷款到期的情况下，监管账户内的销售回款不足以偿还贷款本息且无其他资金来源作为补充时，物流企业可接受银行的委托，对储存的相应数量商品进行销售处理，直到收回贷款本息。

以上两种处置方式和有关要求均需在贷款前以书面的形式与借方企业做出明确的约定，其中折价处理的平仓限额是信贷合约设计的关键内容之一。物流企业既可以协助银行进行质押商品拍卖以收回资金，也可以提供质押担保等服务。

5．质押商品的信息管理

供应链金融业务是一种典型的多方参与、优势互补的业务形态。为了推进供应链金融业务的有效开展，应该广泛地采用信息系统技术。一方面，可以加快参与各方的信息交流，简化作业环节，缩短作业时间；另一方面，如货物实时跟踪监控等专业化信息技术的运用，确保了质押标的物的安全，有利于商业银行的风险控制。

2.4 资金流管理

资金流（fund flow）是企业正常生产运营的血液。资金流可通过企业的经营转化为产品，经过企业的销售，产品可产生更多的现金，而企业的净现金流的状况决定了企业的命运。

企业的资金流管理主要包括计划、筹集、运用、管理和效益评估等，包含资金从产生到终结的整个生命周期，是一项系统工程。

在供应链运营过程中，资金流的循环与增值活动是由现金转化为储备资金、生产资金、产成品资金、结算资金等，最终又转化为现金的过程。通过对资金流、物流与信息流的协调与整合，可以保证供应链运营的顺畅以及资金的增值。

2.4.1 传统资金流管理

传统的供应链管理主要关注供应链体系运行过程中所涉及的物流、信息流的管理、设计和优化等问题。然而，在供应链管理实践中必然存在着资金流的循环，强调资金流与物流和信息流的整合和协调的供应链，即供应链金融。

传统供应链管理主要关注可触及的物流成本部分，如运输成本、仓储成本等，而贯穿整个供应链的金融服务成本则往往被忽视,这些成本不仅包含库存融资成本,还包含金融信用风险、贸易信用风险,以及其他保险等方面的成本。供应链金融成本是指那些受物流活动驱动的金融服务程序以及由这些活动所引发的成本。

1. 资金流管理的内容

(1) 资金的筹集。这相当于资金的产生,企业通过一定的资金渠道,利用适宜的筹资方式筹集生产、经营所需要的资金。企业在筹集资金时应当根据需求量和筹集的可能性,合理确定资金的筹集数额、控制资金投放的时间,按照适量性和适时性的原则,实现节约资金和提高资金效益的目标。

(2) 资金的使用。企业要将筹集的资金用于购置生产资料,从而为企业的生产经营活动创造物质条件。企业在资金使用之前要做出详尽的预算,关注资金的投入产出效率以及资金投资回收期等,并在资金使用时要进行财务管理,从而控制资金收支。

(3) 资金的回收。企业倾向于在产品生产出来之后进行销售,将生产出来的产品销售给购货单位,并从购货方取得货款,即为销售收入。

(4) 资金的分配。企业需要将其所取得的销售收入进行分配,一部分资金用于补偿生产中的资金费用、重新购买生产资料、支付劳动报酬等,从而保证企业再生产过程的有效开展;另一部分资金则用于股东分红等。

2. 资金流管理存在的问题

在实际运营过程中,供应链中的资金流管理水平已经远远落后于供应链管理的其他方面。

供应链资金流管理正处于变革的关键期。自动化解决方案显示了减少流动资金的极大潜力,它们能够加速资金的流动,使其流动更加可靠,更加具有可预测性,同时具有更低的成本。它们能够提高运营过程的透明度,降低应收账款与应付账款的不确定性,减少运营资金。另外,这种自动化解决方案加快了采购进程,提高了支付与发票的协调速度,缩短了应收账款的回收期等。

2.4.2 资金流控制与管理

供应链金融的资金流管理是银行通过对流程模式、产品运用、商务条款约束等要素的设定,对授信资金循环及其增值进行管理与控制的过程。资金流管理的目的是实现信贷资金投入后的增值回流。资金流管理并非传统意义上的资金流预测,而是在区分资金性质后,对资金进行包括出发点、流量、流向、循环周期等的全面管理。资金流管理旨在保障银行授信资金进入供应链的经营循环后,能够产生足够的现金流以清偿到期债务。对于企业而言,控制住现金流也就控制住了还款来源,增强了还款来源的可预见性、操控性和稳定性。

1. 影响供应链金融成本的因素

从总体上看,影响供应链金融成本的因素包括三个方面:时间、风险和流程。

(1) 时间会影响供应链金融成本。例如,库存成本与整个交易时间的长短是高度相关的,通过减少供应链各个环节的库存,可以降低库存融资的利息以及机会成本。另外,应收账款周期越长,交易支付资金成本就越高。

(2) 风险会影响供应链金融成本。库存融资具有较高程度的风险,风险程度可通过供应链中支付的保险金来反映和衡量。另外,银行短期库存融资的贷款利率也可作为关键指标,用于反映和衡量供应链金融的风险。

(3) 供应链金融业务流程会影响供应链金融成本。供应链金融的模式多种多样,如回购担保方式供应链融资、标准仓单质押融资、应收账款质押融资等涉及的授信额度申报、开具信用证、办理银行保函、开具商业汇票等流程,都产生了劳务成本、管理成本、信息处理成本等。

2. 降低供应链金融成本的途径

供应链金融成本是由供应链所涉及的物流、信息流和资金流的不断循环活动产生的,有效控制供应链金融成本的关键在于将供应链金融服务整合到供应链管理体系中。因此,供应链管理过程中存在着降低供应链金融成本的机会。

(1) 传统供应链效率的提升途径为:① 合理的库存策略。通过供应商管理库存(vendor managed inventory,VMI)模式减少生产商、经销商等中间商的库存压力;通过经济订货批量(economic order quantity,EOQ)科学确定订货点以及安全库存量;通过提高订货、运输响应速度,缩短订货提前期;通过对销量、需求的共享,采用订单驱动模式,开展"即时制"(just in time,JIT)生产。这些供应链管理的新理念都是降低库存成本的有效途径。② 提高客户服务水平。虽然降低成本和提高客户服务水平存在"此消彼长"的效益背反现象,但是供应链企业在追求客户服务水平和管理模式的创新、提高服务附加值的同时,增加了企业效益,供应链整体也向着精简成本的方向发展。例如,柔性生产(flexible production)即通过系统结构、人员组织、运作方式和市场营销等方面的改革,使生产系统能对市场需求的变化做出快速的适应,同时消除无用的损耗,帮助企业获得更大的效益。另外,汽车行业逐步开展的精益物流(lean logistics)通过消除生产和供应过程中的非增值浪费,以减少备货时间,提高客户满意度。③ 加强战略合作。通过建立战略联盟(strategic alliance),共享利益、共担风险,增强企业的核心竞争力;通过协同计划、预测与补货(collaborative planning, forecasting and replenishment,CPFR)来应对需求的波动,减少缺货的可能性。

(2) 供应链金融资金流的控制重点为:在资金流动过程中,应收账款与应付账款是资金比较特殊的存在形式,同时,它们对企业的生存与发展往往产生决定性的影响。应收账款占用了企业大量的资金,经常导致企业资金周转不灵,使得企业的后续发展无从谈起;而长期存在的应付账款则会影响到企业与上游供应商的关系,长期积累则极有可能导致企业因资不抵债而破产。

3. 资金流管理的要素

(1) 资金流的流量管理。流量管理主要是控制授信限额,重点考察现金流量与借款人的经营规模、授信支持性资产的匹配关系;借款人的采购或销售网络、上游的供货能力、下游的支付能力等因素。其一,单笔贸易现金流量的计算需要综合考虑交易双方的履约意愿、履约能力、申请人自身的承债能力等,估算业务申请人自有资金和银行投入资金的比例。其二,对于授信企业在一定期限内现金流量的计算,主要依据授信企业过往交易记录及其业务合理发展程度来核算。

(2) 资金流的流向管理。流向管理是对现金流去向和来向的控制，即在具体操作环节上落实贷款用途。回流的现金是银行关注的重点，其中包括回流现金的路径、回流量以及回流时间。

(3) 资金流的循环周期管理。现金流管理的重点在于保证授信企业与上下游之间顺利完成资金流、物流的相对运动。现金流的周期管理要综合考虑行业内通行的结算方式及平均销售周期，以此判断一个完整的资金循环所需的时间。对于资金流循环周期的控制不当会导致资金提前回流或滞后回流，使银行与企业在资金使用的安全与效率等方面产生冲突，甚至引发不良贷款。

4. 资金流管理的手段

(1) 金融产品组合的运用。根据金融产品的特征及其对资金走向和回收的组合，可较好地控制资金流的循环。例如，指定银行的承兑汇票、商业承兑汇票的收款人以及指定付款账号可控制资金的去向，直接将资金支付给上游企业；通过国内的保理业务、指定商业承兑汇票贴现人、协议约定或购销合同上注明回款账号的唯一性等手段，确保现金及时回流。以上操作和控制手段可作为审批意见中的限制性条款，在授信出账前落实和监督执行。

(2) 信息文件的约束和控制。资金流的信息文件可以约束现金流向，也可以客观地反映资金流运动，如资金的去向可以在汇票上载明收款人，或指定付款账号，在发货单或提单上的收货人、提货人位置注明为银行或银行指定的收货人以监控货物；发货单、提单、物流流向及不同节段上某一时间货物所处状态的证明。

(3) 业务流程模式和商务条款的控制。通过合同中的商务条款、协议中的多方约定来确保或保障现金回流的路线；通过给企业设定保证金账户、封闭授信来处理应付、存货的管理；办理业务时要求必须提供相关合同、发票/收货证明等资金流物化载体。

(4) 发挥财务报表在资金流控制中的作用。授信人连续的财务报表可以勾画出一个相对完整的资金流向图。财务报表是资金流在数据上的表现形式，贸易链条的各参与者在每一时点的财务报表都体现了资金的静态状况以及与其有关的资产负债项目的相关关系。对企业应收账款、应付账款、存货、货币资金及销售收入的监控和管理等是控制和监视资金流的有效手段。

2.4.3 资金流管理新趋向

现代意义的资金流管理是银行针对客户的收款、付款、融资、理财、资金进行综合一体化管理，是银行利用其覆盖广泛的，包括物流网点、网络银行等在内的网络，以及先进的货币资金管理经验等优势，为跨国公司、大型客户或中小企业提供个性化、全方位的资金管理服务和解决方案。

1. 资金流管理新趋势

(1) 全球化。银行依托其全球现金管理服务体系、全球分支机构和合作银行网络等实现现金管理服务在不同国别、银行和时区间的突破，为跨国企业提供"一站式"现金管理，服务内容涵盖全球账户信息管理、收付款管理、风险管理等。

(2) 注重客户服务水平。现金管理的服务越来越多地考虑客户的多样化现金管理需求，既包括内部现金管理和外部现金流控制，也包括人民币现金管理和外汇现金管理，还涵盖了满足多元化客户类型需求；通过对企业集团、政府机构、事业单位等客户类型的客户细分，根据其特点量身定制服务。事实上，现金管理服务不是简单的收付款服务，而是银行为特定客户量身定制的个性化现金管理方案，协助客户对现金流入、流出及存量等进行统筹规划，在保证流动性的基础上，实现客户效益最大化。对银行而言，现金管理服务既可锁定大客户的存贷款、获取中间业务收入，又可提高客户忠诚度、稳定优质客户群。

(3) 集约化。集约化包括纵向集约化和横向集约化两方面。横向集约化表现为银行资金流管理逐步克服跨银行资金管理流程、费用、信息等方面的技术壁垒。例如，通过采用跨银行现金管理系统（cross-bank solution for cash management，CBS），解决了大型企业在多家银行开设多个银行账户的难题。

(4) 技术优势明显。银行所设立的遍布全球的物理网络、计算机网络使数据得以实时处理、共享；高效运行的清算系统，包括人民币资金汇划清算系统和外汇汇款清算系统，实现了境内同城、异地本外币资金汇划的实时到账；多元化的服务渠道支持，实际上除了传统的银行网点，电子银行和银企互联这两种渠道还可以通过网上银行、电话银行、手机银行、自助银行等形式为客户提供多元化的接入渠道，一定程度上突破了时间、空间障碍，进而实现了 24/7（24 hours a day，7 days a week）服务，为客户提供了高度自动化的现金管理服务。通过专线将企业 ERP 系统与银企互联系统实现有效连接，客户可以通过提交账户信息查询、收付款等指令实现综合收付款等多种功能，满足企业客户资金流入、资金内部流转、资金流出的全方位现金管理需求。

2. 资金流管理创新业务

(1) 采购卡（purchasing card）系统。采购卡是企业与银行联合开发的，通过企业的采购部门对基层或者其他部门的有关人员进行授权，让其能够不通过采购部门自主向合格供应商采购物资。各部门的采购数量、采购折扣、采购金额、缴税情况、供应商状况等有关信息都能够在采购卡的数据库采集、调用，通过相应的发卡银行将这些信息传到企业的上层采购部。诸如此类信息能够实时地直接导入企业的 ERP 系统中运行，实现与企业采购流程的协同。

(2) 分销卡（distribution card）系统。分销卡系统通过对现金、客户信用期以及客户承诺记录的重新设置来设计分销商、批发商等不同渠道参与者的应收账款处理过程。通过把原来的人工处理过程以及从分销商处收集信息的压力转移给银行，分销卡系统把原来的信息收集过程转换成迅捷的无纸化电子收支系统，从而从根本上降低了应收账款成本。

(3) 电子发票出具及支付系统。电子发票出具及支付（electronic invoice presentment and payment，EIPP）系统的出现为企业同时处理资金流与信息流提供了较好的机会。EIPP 能够在传输有关已支付信息的同时传输详细的账单信息（invoice-level information），库存单位号码（stock keeping unit numbers）、数量（quantities）、采购订单号码（purchase order numbers）等。这种电子发票出具及支付系统的存在，在一定程度上能够避免供应链在人工处理过程中经常出现的错误。

（4）应用网络系统的集中化管理。企业的财务管理正在走向集中式管理，网络系统的出现帮助企业的资金管理者实现财务管理的集中化，主要体现在会计核算的集中化、财务控制的集中化和财务决策的集中化等方面。财务网络化的一个特点就是数据传送的时效性和及时性。企业的中、高层管理者，可以直接获取企业的会计信息，监控财务支出和收入，达到提高闲置资金的使用效率、增强内部资金余额调剂能力、杜绝腐败等目的。同时，在财务控制集中化的基础上，企业的决策层可以更方便、更直观地做出决策，保障企业的生产经营实现正常运转。

思考题

1. 供应链金融的综合环境分析框架是什么？
2. 供应链金融对资金缺口的对策有哪些？
3. 供应链金融形成和发展的信息技术主要体现在哪些方面？
4. 供应链金融的质押标的物有哪些特点？
5. 如何实现供应链中资金流的优先管理？

拓展阅读

第 3 章　大数据时代下的供应链金融

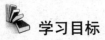 学习目标

从总体上了解大数据与供应链金融之间的关系，理解供应链金融形成大数据的原理，了解大数据时代下供应链金融的发展趋势以及大数据对供应链金融变革的影响，形成供应链金融的风险意识及风险观。

 思政目标

了解我国近年来在大数据、物联网等信息技术影响下供应链金融的运营环境及场景的变化、巨大成就等，以准确识别自身优势及劣势，明确努力方向，树立国民意识和责任感。

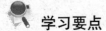 学习要点

◇ 大数据与供应链金融中的大数据
◇ 大数据时代下的供应链金融变革
◇ 供应链金融风险

 引例

云计算应用驱动金融机构实现云化转型

近年来，云计算的发展前景被不断肯定，并成为金融行业数字化转型的必备能力。中国人民银行、国家发展和改革委员会、中央网信办、银保监会等监管部门陆续出台金融行业云计算发展的指导意见，既从宏观战略层面指明云计算的发展方向，也从微观视角引导具体实践内容。同时应用规范和标准的建立也让金融机构上云提供更加"有据可依"的良好环境。

2022 年 1 月出台的《银行业保险业数字化转型的指导意见》明确要求推进传统架构向分布式架构转型；加快推动企业及业务平台建设；加大数据中心基础设施弹性供给；建立能够快速响应需求的敏捷研发运维体系。

2022 年 1 月出台的《金融科技发展规划（2022—2025）》中关于金融云的政策主要为：布局先进高效的算力体系，加快云计算技术规范应用，稳妥推进信息系统向多节点并行运行、数据分布存储、动态负载均衡的分布式架构转型，逐步培育有价值、可落地的金融场景。

2021年6月发布的应用规范《金融云备案管理办法（试行）征求意见稿》提出任何机构和个人未经备案不得从事或变相从事金融业云服务业务，金融机构不得使用未经备案的金融云产品。

2020年10月发布的应用规范《云计算技术金融应用规范 技术架构》主要对云计算的服务类别、部署模式、参与方、架构特性和架构体系等内容提出规范要求。

2020年10月发布的应用规范《云计算技术金融应用规范 安全技术要求》主要对基础硬件安全、资源抽象与控制安全、应用安全、数据安全、安全管理功能、安全技术管理要求、服务能力要求等内容提出规范要求。

2020年10月发布的应用规范《云计算技术金融应用规范 容灾》主要对计算平台容灾能力分级、灾难恢复预案与演练、组织管理、监控管理、监督管理等内容提出规范要求。

资料来源：艾瑞咨询. 中国金融云行业研究报告[R/OL].（2022-09-21）[2023-03-17]. https://www.iresearch.com.cn/Detail/report?id=4064&isfree=0.

3.1 供应链管理中的大数据

作为信息爆炸时代的一种重要产物或生产资料，大数据也称为海量资料，其呈现4V特征，即大量（volume）、高速（velocity）、多样（variety）、价值（value）。实际上，随着供应链全球运营的不断深化，信息化从客观上要求海量数据作为供应链内部实现价值增值的一种重要途径或手段，使得大数据的获取、使用成为企业获得持续竞争优势的源泉和战略选择。

3.1.1 什么是大数据

伴随着信息技术及应用模式的涌现，数据管理不仅面临着指数级数据量的挑战，还需要解决数据类型繁多、增速快、价值性高等多重因素的挑战。因此，越来越多的专家学者、企业管理者开始关注大数据背后的应用价值，试图借助大数据分析与管理实践实现对消费者的数据分析、偏好预测等，进而为企业生产经营活动创造更大的价值。

随着供应链业务在全球范围内的深入推进，全球化背景下的供应链组成越来越复杂，众多企业也意识到大数据分析与整理对其战略制定、竞争优势保持的重要作用，普遍认为数据科学、预测性分析、大数据将进一步实现与供应链业务的有机融合，并成为供应链效率提升、供应链业务内信息协同与优势互补的重要战略性资源。

在供应链管理实务中，有效使用大数据的基础是建立大数据库，并且强化分析、整合大数据的能力，主要包括数据类型、数据质量、大数据分析技术、大数据分析的人力资源因素等。

1. 数据类型

数据类型的核心是数据形态、获取途径和方法等。总体上，供应链业务形成的大数据主要包括结构数据、非结构数据、传感器数据、新类型数据四种类型。主要数据类型如

表 3.1 所示。

表 3.1 主要的数据类型

序 号	数据类型	具体的数据表征
1	结构数据	交易数据
		时间段数据
2	非结构数据	库存数据
		社会化数据
		渠道数据
		客户服务数据
3	传感器数据	RFID 数据
		温度数据
		QR 码
		位置数据
4	新类型数据	地图数据
		视频数据
		影像数据
		声音数据

结构数据是电子表格或关系型数据库储存的数据，包括交易数据、时间段数据等，这类数据约占数据总量的 5%左右。当前，供应链所涉大数据分析多以此类数据为基础。具体地，以 ERP 数据为主要表现形式的结构数据因其是存储于企业数据系统的大时间段数据，所以对企业经营决策、预测及战略分析意义重大。

非结构数据主要由库存数据、社会化数据、渠道数据以及客户服务数据等组成。尽管业界和管理学者均意识到非结构数据对供应链运营的重要作用，但对其实际的影响或作用机制的研究仍显不足。当前，针对社会媒体数据与供应链管理之间的关系已经形成一致，重点集中于如何利用社会媒体数据指导企业诸如供应链规划、新产品开发与设计、供应链风险管理、市场预测、供应链绩效分析等方面，在一定程度上推进了社会媒体数据研究的深入，诸如描述性统计分析、内容分析、网络分析等。

传感器数据亦称传感数据，是由感知设备或传感设备感受、测量及传输的数据，主要包括 RFID 数据、温度数据、QR（quick response，快速反应）码以及位置数据。感知设备或传感设备可以包括一个或多个传感器。这些感知设备或传感设备可以实时和动态地收集大量的时序传感数据资源，这类数据增长很快，能为供应链金融带来巨大商机。

新类型数据包括地图数据、视频数据、影像数据、声音数据等多用于可视化领域的数据，此类数据被普遍认为是随着大数据被视为重要数据源后而广泛采用的数据。其中，地图数据、影像数据等能够提高数据质量，强化数据的实时性，提高数据分析的精准度等。

2. 数据质量

数据质量是指在业务环境下数据符合数据使用者的使用目的，能满足业务场景具体需求的程度。在大数据分析中，对于数据质量的要求比较高，因为低质量的数据不仅会影响企业决策，也存在导致企业经营损失的可能。随着大数据重要性的提升，数据质量、数据有用性也显著提升，使供应链经营企业等对高质量数据的需求显著增加。当前，针对数据质量的评价尚未形成统一标准，但总体上可构建涵盖多维指标的数据质量分析框架，诸如数据内在要求、数据情境要求等。一般地，数据内在要求体现在数据本身的准确性、及时性、一致性、完整性等客观属性上；数据情境要求多依赖于数据获取、使用的情境，包括数据关联性、数据增值性、数据总量、数据可信性、数据可达性、数据声誉度等。

3．大数据分析技术

当前，对于大数据分析技术的关注主要体现在其应用场景上，包括数据分析和供应链分析两个方面。

（1）数据分析。数据分析是由分析学衍生出来的，是构成大数据分析的基础，是提供数据决策、定量分析、预测模式乃至决定企业盈利能力的重要手段。实际上，相比于传统数据分析，大数据的优势就在于其通过数据挖掘技术、数据统计分析技术等对海量数据进行分析、处理，获得新的见解，提高分析结果的有效性、准确性等方面。数据分析与大数据的有机结合不仅推进了分析学的应用，改变了其传统的数学、统计分析工具的属性，使其更具备实践价值，也在一定程度上强化了大数据自身的应用价值。

（2）供应链分析。作为大数据应用的重要场景，供应链业务本身能够提供海量数据，其链条内部、外部的数据通过与分析工具、分析技术的结合，很大程度上将数据本身的价值增值体现得淋漓尽致，不仅降低了供应链内部的成本和风险，也提升了供应链运营的敏捷性及质量。但是，当前有效利用大数据指导供应链管理实践的学术研究、案例分析并不多，尚未形成相关的理论推演或操作模式等，因此仍面临大数据分析方式、效率等方面的问题。

4．大数据分析的人力资源因素

通过先前的分析发现，对于诸多企业而言，其借助大数据提升运营能力、强化效率等重点在于如何有效使用大数据，这也成为当前大数据分析与使用的一个重要限制因素。实际上，无论是数据获取、数据分析还是供应链决策等，都是建立在相关人员的基础上的，相关人才的缺乏导致众多拥有大数据资源的企业无法有效利用数据指导管理和运营实践。如何在企业内部找寻、培养具备大数据分析能力、供应链管理知识的复合型人才也成为推进相关企业提升运营效率和管理模式的重要突破口。总体上，相关数据分析人才应当具备的技能包括定性或定量预测、数据收集、数据操作与数据分析、数据挖掘分析、结构化数据与非结构化数据的定量描述与分析、数据建模等大数据分析层面的技能，也包括供应链运营、经济学知识、人际沟通、业务流程梳理等供应链管理方面的知识素养。

3.1.2 供应链金融中大数据的作用

相比于传统意义上的数据及数据分析，大数据因其对企业运营、战略决策的重要作用而越来越受到关注。以大数据为基础，通过定性与定量分析的有机结合，借助大数据分析技术可以进一步明确供应链金融业务的目标、风险等，促进供应链金融业务决策效率的提升和目标的实现。

供应链金融业务中明确的目标有助于对数据类型、获取渠道、分析方法等的选择,借助大数据基础上的数据分析可以不断优化供应链金融业务及流程、供应链整体及核心企业的经营行为等。一般地,大数据分析能够有效识别供应链金融业务的目标对象,尤其是通过对融资对象的经营状况、潜在能力、预期风险的有效分析、预测,将有助于供应链金融业务目标的实现。

基于大数据的经营状况分析主要涉及相关企业的市场或产业的地位、市场竞争力等。一般地,供应链金融管理实践多倾向于从"软""硬"两方面考察。"软"的方面多表现为企业的隐形能力,即无法明确衡量的、内隐的能力,包括领导力、创新能力、文化影响力、团队建设能力、外部形象、利益相关者的协调能力等;"硬"的方面主要是企业的外显能力,抑或是可以明确衡量的、记录的能力,具体表现为技术、产品、工艺、流程的设计与研发创新能力,生产控制、组织管控、财务、供应链运营、信息化系统建设等运营能力,渠道设计、品牌影响力、客户关系管理等市场营销能力等。

基于大数据的潜在能力分析多倾向于关注融资对象的非外显或未来趋势性的潜在能力,以及诸多长期表现的技术能力、动态学习能力等,重点在于对融资对象长期能力、发展势头等的考察上。

基于大数据的预期风险分析是大数据分析本身的重要表征,通过对融资对象的大数据分析,可以有效预测、分析出其可能发生的负面事件及其影响的可能性、破坏性等,针对运营风险、资产风险、竞争风险、商业风险、战略风险等进行有效的风险预测、衡量,有助于供应链金融业务的核心企业、商业银行等进行风险规避、风险转移等。借助大数据基础上的风险评估,可以有效降低实现供应链金融业务目标过程中的各种风险与挑战。

3.1.3 供应链金融分析"谁的数据"

在明确大数据分析的目标后,重点考察的是搜集、分析"谁的数据",这也就构成了大数据分析的基础。一般地,供应链金融业务参与主体主要包括融资企业、商业银行、平台参与者以及对上述主体作用的环境。

融资企业是供应链金融业务的直接参与者,也是受益者,其直接决定了业务风险,供应链金融业务运营中的部分风险即来源于与其发生交易或合作的核心企业的行为失当;为获取充足、低成本的资金,并有效地管控供应链金融业务的各种风险,核心企业倾向于与商业银行等展开合作,但处于供应链金融业务的任何参与者、合作者的信用缺失无疑会直接对供应链产生负面影响;供应链金融业务的平台参与者为融资企业提供相应服务,如果出现失误,则一定会对供应链的有效运行产生影响,甚至导致供应链运营中断;供应链金融业务的各参与主体所处环境的竞争性、动态性对供应链参与主体会产生巨大的影响,因此也成为大数据分析的基础。

3.1.4 供应链金融分析的数据类型

作为企业战略分析、目标实现的重要基础,供应链金融分析的数据需要确保其所使用的大数据能够真实、有效地表征分析对象的状况及其行为的合理性、有效性，因此要求数据具有准确性、一致性、及时性、完整性。具体地，准确性要求用于进行大数据分析的数据能够准确刻画、表征融资对象的关键特征，确保核心企业对融资对象的真实状况的掌控；一致性要求数据类型、形式具有稳定性的特征，而不能因为对象、时间、地域等的差异导致海量数据之间呈现不同的形态，使得一致性分析无法实现；及时性从客观上要求所使用的数据必须是及时获取的、动态的数据，在最短的时间内反映融资对象的最新状态，而不是基于较长时期的或静态的数据等；完整性要求数据能够综合性地表征融资对象的总体、全貌，将多来源、多形式的数据整合到大数据中。

为实现大数据分析的准确性、一致性、及时性、完整性等目标，当前大数据分析多侧重于以下类型的数据信息，如表 3.2 所示。

表 3.2 大数据分析的数据信息

序 号	数据信息	主 要 内 容
1	时间数据	时间序列数据，即同一主体、现象在不同时间的数据序列
	空间数据	事物位置、分布等数据类型，多使用点、线、面等空间数据结构描述
2	主体数据	供应链金融业务活动的参与者情况，包括资源、能力、信用情况、风险偏好等
	客体数据	主体的作用对象或主体的目的物，如商品、工具等，从侧面反映主体的信息
3	要素数据	确保供应链体系及相关企业正常运行的基础，既包括土地、资金、人力等传统的生产要素，也包括信息、技术、知识等新的生产要素
	情感数据	供应链业务参与企业所呈现的感受、意向等
4	单点数据	某一特定供应链业务的参与主体的数据
	网络数据	某一特定供应链业务的参与主体参与的网络等多主体数据

1．时间数据和空间数据

时间数据更多地体现为时间序列数据，即同一主体、现象在不同时间的数据序列，主要反映事物在时点上的变化；空间数据是反映事物位置、分布等的数据类型，多使用点、线、面等空间数据结构来构建、描述事物。

2．主体数据和客体数据

主体是供应链金融业务活动的参与者，供应链金融业务中常见的主体数据包括资源、能力、信用情况、风险偏好等，因此主体数据对分析主体能力、主体间关系、主体经营决策等十分重要；而客体多为主体的作用对象或主体的目的物，如商品、工具等，客体数据往往可以从侧面反映主体的信息。由于供应链金融业务的特点，不同场景下主客体之间的关系会呈现一定的差异，如库存管理、运输管理或关系管理，因此需要结合具体业务分析情境来确定主客体，进而实现有效的数据分析，指导供应链金融业务实践。

3．要素数据和情感数据

要素是供应链金融业务运营过程中所涉及的、运用的各种社会资源，即这些要素是确保供应链体系及相关企业正常运行的基础，这些要素既包括土地、资金、人力等传统的生产要素，也包括信息、技术、知识等新的生产要素；情感数据主要是供应链业务参与企业所呈现的感受、意向等，是态度的一部分，往往呈现较为复杂、稳定的体验。一般地，情感数据多用于特定情境下的场景再现，通过供应链金融业务的核心企业进一步了解各参与主体的体验、行为特征及环境状态等，以做出定性的分析与决策等。

4. 单点数据和网络数据

单点数据多是关于某一特定供应链业务的参与主体的数据，如供应链核心企业的交易数据、融资企业的资金流数据、第三方物流企业的物流数据等，往往是特别具体的数据；网络数据则关注某一特定供应链业务的参与主体参与的网络等多主体数据，从这个角度看，对供应链金融业务中参与主体所在的网络、集群、系统等的政策、结构类型、业务状态、竞争程度的网络数据的收集、分析，有利于对相关产业、目标企业竞争力的分析。

3.1.5 供应链金融数据的来源

通过前述内容可知，当大数据应用于供应链金融业务时，除了明确获取何种类型的数据，大数据的来源，即从何处获得数据同样重要。一般地，大数据的来源主要有直接渠道和间接渠道两种。直接渠道是供应链金融业务的核心企业与参与方为推进供应链业务顺畅运营所构建的系统、网络、平台等，如供应链运营系统、商业银行信贷网络等；间接渠道则是供应链金融业务的核心企业与参与方依托其他组织、平台，借助特定手段、途径获得的数据来源。

供应链运营系统包括供应链业务的所有参与方。一般地，可以通过供应链上游供应商、中间商、下游客户等获得供应链运营系统内的交易数据。除了上下游企业，参与供应链业务的第三方物流企业、商业银行、信托公司、理财公司、保理公司也是获取直接数据的重要来源，这类参与主体可以帮助核心企业分析物流状态及监管状况，进行融资对象征信，调查验资对象的能力和声誉状况等，对于供应链金融业务分析具有重要意义。

为供应链业务运营提供支持、协助的平台，如第三方支付、保险公司、政府管理部门、经营/生活服务部门等作为供应链业务的关联服务组织也可以形成大数据的直接数据基础。供应链业务流转过程中，利益方需要通过相关平台完成交易或业务，因此会产生大量的平台数据。第三方支付多为具备一定实力和信誉保障的独立机构与商业银行签约后，通过与银联或网联对接而促成交易双方进行交易的网络支付模式，在供应链金融业务中其往往为交易方提供信用增强的平台，因此促成买卖方交易的第三方支付平台是大数据的一个重要来源，供应链业务参与者的实力和资信状况、经营状况等都可以通过支付情况得到反映。与第三方支付平台类似，保险公司也是数据的重要来源之一，从保险公司的数据可以了解到企业的风险程度和健康状态。

在供应链业务中，部分政府部门会作为监督、管理企业经营活动的角色参与进来，因此相关政府部门往往拥有大量的、可以清楚地反映企业状况的数据。一般来看，政府部门掌握的数据包括商品货物通关状态、外汇核销单状态、进口付汇证明、出口退税证明、出口结汇证明、商品税率、知识产权备案信息等；按照业务操作类型不同，国家质监部门掌握着以组织机构代码为标识的企业信息、生产许可、强制性认证等行政许可信息，同时也能够形成政府奖励等良好行为记录、质量不合格或违法违纪等不良行为记录；外汇管理部门掌握着货物贸易、服务贸易、直接投资及一些资本项下的交易、物流、资金流信息以及企业名录、跨境结售汇等数据信息；而税务监管部门则拥有企业涉税数据等。

为企业生产经营提供基本服务、保障的公共服务部门同样掌握着大量的企业数据，如供水公司、电力公司、物业管理等，在大数据分析的框架下，这种类型的企业也可以借助其掌握的大量企业数据，从侧面分析、识别企业的经营状态和能力等。

另外，诸如行业协会、标准化组织、专利管理部门等公共机构作为独立组织或平台机构，也可能间接为相关企业提供服务，因此也可以通过相关合作协议等方式获取、收集或审核企业的相关数据，这部分机构也构成企业间接数据的主要来源。

3.1.6　供应链金融分析的数据时间点

既然大数据分析是供应链金融分析与决策的重要基础，那么其对于数据的时间点选择就在一定程度上决定着其指导实践的效果。鉴于大数据不仅可以收集大量的历史数据，也可以获取实时数据，甚至可以借助大数据分析技术对将产生的数据进行预测等，这就可以确保对融资对象的能力、潜力和风险进行通盘分析、全面辨识。

历史数据可以准确描述、反映相关企业的经营状况，成为企业能力分析的基础，但由于相关产业、市场都是不断动态变化的，这种历史数据和状态等只能反映过往经营情况，而无法覆盖现在或未来的状况；实际上，企业的资源、能力也是动态变化的，仅仅依靠历史数据无法满足供应链金融业务分析的现实需求。出于以上考虑，越来越多的供应链金融实践与数据分析均考虑将实时数据和即期数据作为重要的数据组成部分。

实时数据分析是利用大数据分析技术高效、快速地完成对海量数据的分析，以达到接近实时的效果，从而即时反映数据价值、意义，帮助供应链核心企业实时更新数据，因此实时采集、实时计算、实时查询是数据实时分析的前提。在具体实施上，实时数据可以完整地收集日志、实时应用等确保提供实时数据，以缩短响应时间，降低数据的延迟性；通过实时计算、实时查询、实时分析，确保数据信息的价值以供供应链相关业务部门查询、使用，进而辅助其进行决策。

3.1.7　供应链金融获得大数据的方法

数据获取是供应链金融业务中大数据分析的重要方面，其要求供应链金融业务的核心企业必须考虑采用多样化途径、手段获取相应的海量数据。总体上，大数据的获取方法有四种：① 通过业务底层化运营积累数据；② 通过第三方平台获得数据；③ 通过公共渠道、平台获得数据；④ 通过物联网及云计算等模式获得数据。

物联网（internet of things，IoT）是通过各种信息传感器、射频识别技术、全球定位系统、红外感应器、激光扫描器等各种装置与技术，实时采集任何需要监控、连接、互动的物体或过程，采集其声、光、热、电、力学、化学、生物、位置等各种需要的信息，通过各类可能的网络接入，实现物与物、物与人的泛在连接，实现对物品和过程的智能化感知、识别和管理。简而言之，物联网即"万物相连的互联网"，它是在互联网基础上延伸和扩展的,将各种信息传感设备与网络结合起来而形成一个巨大的网络,可实现在任何时间、任何地点,人、机、物的互联互通。

物联网涵盖三项关键技术,即传感器技术、射频识别技术和嵌入式系统技术。传感器技术是计算机应用的关键技术,包含了众多的技术,被众多的产业广泛采用,是现代科学技术发展的基础条件。传感器技术通过各类传感器获取信息,利用被识别对象与特征信息间的关联关系模型对输入的特征信息集进行辨识、比较、分类和判断,传感器把模拟信号转换成数字信号供计算机进行信号预处理、后置处理、特征提取与选择等信息处理。射频识别技术是自动识别技术的一种,其通过无线射频方式进行非接触双向数据通信,利用无线射频方式对记录媒体(电子标签或射频卡)进行读写,以达到识别目标和数据交换的目的;通过无线电波不接触快速信息交换和存储技术,以及无线通信结合数据访问技术,然后连接数据库系统,加以实现非接触式的双向通信,从而达到识别的目的,用于数据交换,串联起一个极其复杂的系统。射频识别技术是融合了无线射频技术和嵌入式技术的综合技术,被广泛应用于自动识别、物流管理等方面。嵌入式系统技术综合了计算机软硬件、传感器技术、集成电路技术、电子应用技术,目前其被广泛运用于智能终端产品中。如果将物联网视为人体,则传感器相当于人的眼睛、鼻子、皮肤等感官,网络是用来传递信息的神经系统,而嵌入式系统则是人的大脑,在接收到信息后要进行分类处理。由此可见,传感器技术、射频识别技术及嵌入式系统技术在物联网中具有重要作用。

云计算以互联网为中心,在网站上提供快速且安全的云计算服务与数据存储,让每一个使用互联网的人都可以使用网络上的庞大计算资源与数据中心。云计算的核心是将很多计算机资源协调在一起,使用户通过网络就可以获取到无限的资源,同时所获取的资源不受时间和空间的限制。

通常,云计算的服务类型可分为三类,即基础设施即服务(infrastructure as a service,IaaS)、平台即服务(platform as a service,PaaS)和软件即服务(software as a service,SaaS),分别在基础设施层、软件开放运行平台层、应用软件层实现,具体内容如表3.3所示。

表3.3 云计算的服务类型

序 号	服务类型	主要内容
1	基础设施即服务(IaaS)	向云计算提供商的个人或组织提供虚拟化计算资源
2	平台即服务(PaaS)	为开发人员提供通过全球互联网构建应用程序和服务的平台
3	软件即服务(SaaS)	通过互联网提供按需软件付费应用程序

IaaS 向云计算提供商的个人或组织提供虚拟化计算资源,主要通过网络向物理机、虚拟机等提供存储空间、网络连接、负载均衡和防火墙等计算资源,用户以此为基础部署操作系统和应用程序等。

PaaS 为开发人员提供通过全球互联网构建应用程序和服务的平台,PaaS 也是 SaaS 模式的一种应用。PaaS 为开发、测试和管理软件应用程序提供按需开发环境。PaaS 可以加快 SaaS 的发展,尤其是加快 SaaS 应用的开发速度。平台通常包括操作系统、编程语言的运行环境、数据库和 Web 服务器等。

SaaS 通过互联网提供按需软件付费应用程序,用户无须购买软件,而是向提供商租用基于 Web 的软件来管理企业经营活动，云提供商在云端安装和运行应用软件，允许其用户连接到应用程序并通过全球互联网访问应用程序，云用户通过 Web 浏览器等云客户端使用软件，云用户不能管理应用软件运行的基础设施和平台，只能做有限的应用程序设置。

通过上述分析可知，云计算是以大数据为基础，使海量数据得以保存在云平台上，云储存为大数据分析提供了充足的数据准备，云服务与云计算则有助于数据挖掘及数据分析。

3.2 大数据时代下的供应链金融的发展趋势

随着供应链金融管理实践的深入发展和相关产业生态的日益成熟，诸多创新要素渗透到供应链金融业务及其管理实践中，一方面促进了供应链运营的智能化、高效率；另一方面也推动了供应链金融业务的拓展、升级，使供应链金融的运行模式、风险管控、技术支撑等均产生了巨大的变化。

3.2.1 供应链金融与物联网

物联网是物物相连的网络，其通过射频识别装置、传感器、全球定位系统、激光扫描器等信息传感设备，按约定的协议，把物品通过互联网或通信网连接，进行信息交换和通信，以实现对物品的智能化识别、定位、跟踪、监控和管理。

当前，金融管理学者普遍认同物联网可视跟踪技术，因为它极大提高了供应链金融的运营效率，有效控制了金融风险等。与此同时，物联网推进了商业银行的供应链金融平台建设，辅助商业银行、保险公司等金融机构对供应链金融业务相关企业的信用调查、风险识别、贷款审批、贷后管理、质押物保管等。物联网在供应链金融业务领域的深入应用，进一步拓展了供应链金融业务的范围和产业生态体系。具体地，物联网技术在供应链金融业务中的应用实现了核心企业与商业银行等金融机构、第三方物流企业等的资源整合，实现了三流合一，提升了供应链管理效率及其灵活性，降低了供应链金融体系的运营成本，提高了客户满意度，成为供应链金融业务范围扩大的技术基础。

3.2.2 供应链金融与大数据

供应链金融业务在大数据分析及相关技术的推动下发生了根本性的、质的变化。麦肯锡全球研究所将大数据定义为一种规模大到在获取、存储、管理、分析方面大大超出了传统数据库软件工具能力范围的数据集合，具有海量的数据规模、快速的数据流转、多样的数据类型和价值密度低四大特征。

首先，大数据对供应链金融业务变革的影响体现在信息的收集、处理与分析上，大数据拓宽了供应链金融业务的外延，通过大数据分析技术，供应链金融业务体系的核心企业或参与主体可以实时动态地分析掌握系统的交易历史、交易习惯等数据，从而实现对交易信息的跟踪，掌握交易行为及趋势。

其次，大数据技术的应用降低了供应链金融业务成本，提高了贷后管理能力。商业银行等供应链金融业务企业可以利用大数据对质押物信息进行跟踪,辨别质押物的权属,降低实地核查、单据交接等操作成本,掌握质押物的品质,减少频繁的抽检工作等操作环节及可能的操作风险;借助大数据,商业银行等金融机构与供应链核心企业之间可以实现信息互动,在一定程度上转移了质押物的监管风险,节约了监管成本。

最后,大数据技术的应用提高了供应链金融业务中核心企业、商业银行等对客户筛选和精准营销的能力。借助大数据分析,可以将客户行为数据、资金信息数据、物流数据等关键数据相结合,实现商流、物流、资金流、信息流的统筹与协调,从而提高供应链金融业务的核心企业及商业银行等对潜在客户的筛选和精准营销的能力。

因此,随着大数据技术深度参与供应链金融业务实践,未来供应链金融将会朝着供应链业务的核心企业、商业银行、政府管理部门、物流企业等多方合作的平台模式发展。

3.2.3　供应链金融与区块链

区块链技术是一种高级数据库机制,是一种去中心化的分布式账本数据库,其允许企业在网络中透明地共享信息,数据在时间上是一致的,因为在没有网络共识的情况下,无法删除或修改链条,这就确保了区块链技术具有数据隐私保护、防篡改、可追溯、多点数据一致等显著的技术优势。目前,区块链技术应用已延伸到数字金融、物联网、智能制造、供应链管理、数字资产交易等领域。

区块链技术在供应链金融领域应用的优势在于分布式去中心化、无须信任系统、防篡改和加密安全性。

分布式去中心化是指区块链中每个节点都必须遵循相同的、基于密码算法的记账交易规则,每笔交易需要网络内其他用户的批准,因此区块链技术的分布式去中心化的交易就确保了不需要第三方中介机构或信任机构的背书。当前,区块链技术在金融领域的应用主要是支付清算和数字票据。具体地,在支付清算层面,当前供应链业务的清算支付需要开户行、对手行、央行、境外银行等多家银行参与,清算支付过程需要各机构都有独立的账务系统、建立代理关系且有授信额度,交易信息在本行记录,与交易方清算、对账等,从而导致供应链业务交易速度慢、成本高。当区块链技术介入后,清算支付活动仅在交易双方间进行,不涉及任何中间环节或机构,通过建立基于区块链技术的分布式银行间金融交易协议,就可以便捷、成本低廉地进行实时支付清算。

数字票据是利用区块链技术,按照票据属性、法规、市场开发的一种全新票据形式。与传统电子票据体系不同,数字票据的核心优势主要表现在以下四方面:其一,数字票据实现了票据价值传递的去中介化,区块链技术可以实现点对点交易,减少了传统票据的中介环节;其二,数字票据可以有效防范票据市场风险,区块链技术的防篡改和数据共享的特性有效规避了赖账现象以及纸票"一票多卖"、电票打款背书不同步等问题;其三,区块链系统的搭建和数据存储不需要中心服务器,不仅节省了传统系统的开发、维护和优化成本,也减少了系统中心化的风险;其四,区块链技术有助于规范市场秩序,降低监管成本,区块链技术的防篡改属性降低了监管成本,其构建的可信任追溯途径和共用约束代码机制实现了有效的监管、控制。

在供应链金融业务实施方面，区块链技术还可以运用在权益证明和物流运作证明上。权益证明可保证供应链运营中的产品或货物权属清晰、往来可溯。区块链技术的应用可以确保各节点获得一份完整的数据记录，实现对权益的所有者确权；区块链技术可以对供应链中的物流活动进行记录、证明，对物流环节的订单、作业时间、地点、数量等加盖时间戳，利用其防篡改的属性实现物流数据信息的永久记录，全面反映在不同时间节点的变化、去向等，确保整个供应链运营过程的物流信息清晰、明确，而且这种永久性记录的数据信息也有助于相关环节形成供应链金融业务的大数据，为后续经营管理决策提供数据支撑和参考。

3.3 大数据时代下供应链金融的变革

3.3.1 大数据对供应链金融的影响

在互联网条件下，由于信息爆炸式增长，如何有效地获取、整理和应用这些信息、数据，充分挖掘大数据的潜在价值，准确反映海量规模市场的重要信息，指导供应链金融业务实践变得愈发重要。供应链金融系统是由众多要素整合而成的复杂系统，整个供应链任一环节的问题都会对系统各参与方造成破坏性影响，因此借助大数据技术对供应链金融的数据、信息进行系统、科学和精准的分析是实现供应链金融风险管理与控制的重要手段。

1. 大数据分析有助于需求分析

由于供应链金融业务的参与方之间存在着紧密关联，因此供应链业务内部的需求量等信息的变动必然引起各环节的变动与响应。大数据可以将区域、渠道、市场等关键信息作为基础信息和数据，从而实现对供应链业务的动态分析、预测，为供应链企业提供决策支持和依据。

2. 大数据分析促成目标客户资信评估

在供应链业务实践中，利用大数据对参与方的财务数据、生产数据、能耗、工资水平、订单量、现金流、资产负债、技术水平、研发投入、库存水平、销售分配等进行全方位分析，有助于客观反映相关企业的经营状况，提高资信评估和业务推进速度，从而提升整个供应链的业务水平和效率。

3. 大数据分析有助于风险分析与管控

在供应链金融业务实践中，借助大数据对相关产业、企业的风险评估和分析有助于做出预警，尤其是随着外部经济环境、政策因素等的变化带来的产业趋势变化等，海量、动态、实时的数据分析相较于传统的数据及定性分析有明显的优势，也在很大程度上降低了整个供应链的业务风险。

4. 大数据分析有助于对金融和物流业务的精准分析

随着供应链金融业务的开展和深入推进，大数据可帮助供应链金融业务的参与方借助海量数据实现对贷款时间、规模、用途、流向等资金流信息,以及仓储、运输、代采、集采、货代等物流信息等供应链金融业务的核心信息的掌控,有助于实现对金融及物流等业务的精准分析,提升供应链运营效率。

3.3.2 信息时代对供应链金融的影响

随着越来越多的企业深入参与到全球供应链业务运营中,加上我国"互联网+"的快速发展,供应链金融业务得以迅速推进,展现出新的功能、特征及模式。

首先,参与供应链金融服务的主体不仅限于传统的商业银行等金融机构,越来越多的拥有市场势力、资金优势、客户资源的企业逐步成长为供应链核心企业,更多的主体不受制于资金实力、金融服务牌照等,成为供应链金融业务的重要参与者、服务提供商。

其次,在供应链金融体系中,其业务流程从"1+N"转变为"M+1+N"①。大数据和信息时代深刻影响着相关业务活动的开展,以往的以商业银行等金融机构为主的授信操作、提供服务等逐步发展为由核心企业对供应链上下游企业与整个流程建立直接联系;与此同时,核心企业也可以通过自有资金或其他金融机构的相关融资促进供应链金融业务的开展,因此供应链金融的业务流程转变为"M+1+N",核心企业的价值突显。

最后,供应链金融业务的相关产品、配套服务方式实现了由传统方式向网络环境方式的转变。伴随着供应链金融业务被广泛接受,众多参与方均意识到供应链金融业务模式下的产品、服务的优势和发展空间,通过推进传统服务方式向供应链金融模式的转变一定程度上降低了资金配置过程的时间成本与风险,提升了融资效率和运营收益。而且,由于供应链金融可以对传统服务模式中无法获得相应资金流的企业提供更多服务,服务范围扩展到占市场主体的中小微企业,一方面实现了供应链上下游相关产品以及配套服务的多元化发展,另一方面也显著提高了相关核心企业的市场占有率。

3.3.3 区块链对供应链金融的影响

区块链的去中心化和不可抵赖的特性为供应链金融业务流程、交易提供了全新的交易认证方式,为其融资业务流程创新提供了技术基础,不仅有助于优化相关业务流程,也有助于建立新业务范式以及优化现有业务功能。区块链技术对供应链金融业务的影响主要体现在重塑供应链金融业务模式、提高相关产业透明度、降低交易成本、催生新的商业模式等方面。

1. 区块链重塑供应链金融业务模式

区块链技术作为一种被业界普遍认同的底层基础设施重构社会的突破性变革技术,有助于改变供应链金融业务的现有交易模式,也显示出解决现有供应链金融业务中的问题的潜力。区块链技术通过建立强信任关系,发挥其作为分布式账本技术的作用,借助分布式

---

① "1+N"的模式中,"1"代表核心企业,"N"代表参与供应链的分销商、客户等中小微企业;"M+1+N"的模式中,"M"代表供应链中的供应商,"1"代表核心企业,"N"代表参与供应链的分销商、客户等中小微企业。

部署存储，解决了单一中心化问题，也使得任何参与方均无法按自己的利益操控数据，从而形成较强的信任关系；另外，区块链技术建立透明的供应链，保证了供应链信息的可追溯性、金融级别加密的安全性；与此同时，其也满足各类参与方的个性化需求；加上区块链的可审计性，记录每次数据更改的身份信息，通过审计跟踪解决了数据风险问题。

2. 区块链提高相关产业透明度

射频识别技术等被应用于供应链金融业务，提升了供应链运营的透明度，区块链技术进一步将分布式记账过程中存在的转移过程记录为交易过程，记录整个供应链金融业务过程中参与方提供的各类需求数据，确保物品从物理世界向虚拟世界映射的透明度和安全性。在区块链技术下，分布式记账过程中的子节点记录、数据、信息在整个流程中被加密传输，子节点数据信息等无法篡改，因而用户交易、财产信息被篡改的可能性极小，也不可能被他人借助漏洞进行数据窃取，数据安全性的增加将有助于供应链金融业务参与方的核心企业、商业银行等将融资过程的风险最小化，这对供应链金融业务具有重要意义。

3. 区块链降低供应链金融业务交易成本

区块链技术的时间戳、不可逆性和可追溯性对供应链金融业务而言是至关重要的组件。区块链技术的应用可以显著解决供应链金融业务不同交易主体间的信任鸿沟问题，降低供应链金融业务的交易成本。当前，供应链金融业务实务中多采取签署复杂的纸质文档的形式规避交易主体、商业银行等面临的风险，这为交易带来了诸多不便和成本。随着区块链技术的应用，各交易方可将所有文档都放到区块链上，利用区块链数据共享且防篡改的特性解决相关风险问题。在实务中，一旦出现问题，可通过区块链快速定位相关合同文档，因为区块链上的所有文档对所有人提供完全平等的访问权，参与方可以快速访问目标材料，并且利用强信任关系以及交易记录实现交易信息的追溯、验证。

4. 区块链催生新的商业模式

区块链技术作为一种全新的技术变革与实践，越来越多地影响供应链金融交易过程中的合同、交易及其记录等方面，在一定程度上为新的商业模式的产生提供了现实技术基础。在区块链技术下，交易行为可由第三方平台进行信任认证，其去中心化和不可抵赖性的特征在一定程度上起到了融资借贷服务金融平台的作用，如在区块链技术下可以建构新型供应链金融平台，包括供应链金融平台、保理机构、金融机构、算法公司等。其中，供应链金融平台负责提供供应链信息、客户信息等基础信息服务。保理机构、金融机构等第三方中介机构侧重于平台信息的整合等，提供定制化、精细化、个性化的供应链金融服务，根据供应链金融业务参与方不同节点的状态建立金融风险模式，结合应收账款推出不同的金融产品；也可以利用区块链的可追溯能力对供应链实时状态进行数据更新，对标的资产或业务参与方的风险进行评估。算法公司可依托供应链金融平台提供的 API（application programming interface，应用程序接口），开发金融模型，并按照现实需求定制、出售给保理公司、金融机构等第三方中介机构。

3.4 大数据时代下的供应链金融风险管理与控制

3.4.1 供应链金融风险的定义及特征

1. 供应链金融风险的定义

供应链金融风险是指商业银行和第三方物流企业在对供应链企业进行融资的过程中,由于各种事先无法预测的不确定因素带来的影响,使供应链金融产品、物流、信息流和资金流的实际收益与预期收益发生偏差,或者资产不能收回,从而遭受损失的可能性。

供应链业务具有多主体、跨地域、多环节等特征,因此供应链金融业务往往被视为复杂的动态系统。供应链系统内的企业作为众多独立经营的主体,其各自的经营战略、目标市场、技术水平、管理方式以及企业文化等显著不同,这些因素无疑增加了供应链管理的复杂性、不确定性,从而导致供应链风险的产生。

随着全球化进程的持续推进,供应链金融业务中不同国家、政治和经济环境的企业等主体广泛参与,使得作为复杂系统的供应链面临文化、距离、需求、多样性及单据管理等各种不确定性因素的冲击。在供应链金融业务实践中,资金流与信息流、物流的管理同样重要,作为传统供应链管理的延伸,供应链金融强调资金流与物流、信息流的整合和协调,降低资金流运作成本,为供应链创造价值。

2. 供应链金融风险的特征

作为一种潜在风险,供应链金融风险可能通过供应链系统和金融系统的脆弱性对供应链金融系统造成影响,甚至是破坏。由于供应链金融风险涉及物流、信息流和资金流等方面的预期偏差,因此物流、信息流和资金流也构成了供应链金融风险的主要方面。物流风险是指由于各方面原因导致的物流资源不能如期配置和流动,从而使供应链上的企业蒙受经济损失的可能性;资金流风险是指贷款资金和收益不能如期、保质回笼而导致金融服务组织遭受损失的可能性;信息流风险是指信息在整个供应链传递过程中出现失真的情况,从而导致逆向选择和道德风险,最终损害供应链整体利益。

总体上,供应链金融风险主要呈现以下三方面特征:其一,供应链金融风险具有传导效应。供应链各企业间相互依存、相互作用的机制使得其需要从供应链金融创新活动中获得利益。但是,当供应链金融业务中的某一企业出现问题后,风险的传导效应会影响到上下游企业,使其他企业受到牵连,最终导致整个供应链的金融参与者集体受到损失。其二,供应链金融风险具有动态性。供应链金融风险不是一成不变的,会随着供应链业务规模、融资模式创新、运营状况、外部环境等因素的变化而产生动态变化。其三,供应链金融风险具有高度复杂性。供应链金融风险是供应链风险和金融风险的叠加,因此供应链系统和金融系统的运行过程中存在的某些问题、因素都可能导致供应链金融产生危机。

3.4.2 供应链金融风险的影响因素

一般地，对于供应链金融风险的影响因素的考察多集中在经济因素、信息资源因素、人力资源因素、制度因素以及系统性因素等诸多方面。

1. 经济因素

经济因素多表现为宏观经济状况和经济实力等，其往往直接影响供应链金融的全球化趋势，也影响供应链金融的管理和运作。当前，普遍关注的经济因素包括金融市场（诸如货币量、汇率变化、利率波动、通货膨胀率、经济增长率、股市汇市波动等）、地区性贸易协议、税收状况、进出口配额和劳动力成本费用等因素。与供应链金融业务相关的微观经济因素主要体现在供应链管理的延伸上，包括相关产业发展情况、资金流运作成本、供应链业务各成员关系等。

2. 信息资源因素

信息资源对供应链金融风险的管理与控制至关重要。随着全球供应链一体化的持续推进，在供应链规模日益扩大的同时，供应链结构也日趋复杂，并且供应链金融业务系统的信息和数据传递量显著增加，与之相伴的无疑是信息传递错误的机会增加，由于"牛鞭效应"的存在，也可能导致供应链金融风险扩大，这就从客观上要求供应链金融业务系统内的企业互相合作、共享资源，提供必要的信息技术支持。

3. 人力资源因素

随着供应链金融业务的国际化进程不断加快，诸多的供应链业务企业所面临的劳动力成本、技术工人数量、管理人员水平等人力资源因素及作用愈加突显。全球价值链、供应链体系涉及不同国家，各国的国民教育水平、人力资源培训等方面的差距造成了各国的人力资源水平也存在差距。与传统发达国家不同，随着越来越多的不发达国家企业参与到全球供应链体系，这些国家的熟练技术工人和有丰富经验的管理人员的缺乏无疑就形成了供应链业务开展的短板。因此，如果供应链金融业务中涉及这部分国家，那么由于相关人力资源的缺乏，尤其是供应链金融风险管理人员的严重缺失，就会增大供应链金融风险发生的概率，继而产生破坏性的影响。

4. 制度因素

在供应链金融业务深入推进的当前，供应链金融风险的相关制度是否健全、适应全球供应链一体化的金融监管制度是否建立等制度因素均在一定程度上影响着国际资本的自由流动，一旦供应链金融业务的资金流产生冲击，就会产生供应链金融风险。另外，供应链各主体之间的激励与协调机制是否完善、是否建立实时和动态的供应链金融风险预警机制等也影响着供应链金融业务的市场主体是否能积极、有效地控制和处理供应链金融风险，因此建立供应链金融风险相关的制度体系就成为降低风险、避免恶性循环、降低供应链金融风险的破坏程度的重要保障。

5. 系统性因素

供应链金融风险中所涉及的系统性因素主要表现在供应链系统结构复杂以及系统性金融风险造成的供应链金融风险。供应链金融业务系统由于其自身的复杂性，加上各市场主体间的紧密联系，微小的扰动就会无限制地扩展下去，使供应链金融系统内部的不确定性、随机性增加，导致供应链金融风险的发生。另外，商业银行等金融机构受其流动性、债权不良率、利率波动、操作失误、混业经营等系统性风险因素的影响，也增加了供应链金融风险发生的概率和风险程度。

思考题

1. 供应链管理中的大数据是什么？其主要来源有哪些？
2. 大数据时代下供应链金融的发展趋势如何？
3. 大数据如何驱动供应链金融的发展与变革？
4. 如何理解大数据时代下供应链金融的风险防控？

拓展阅读

第4章 金融科技与供应链金融

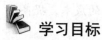
学习目标

了解供应链金融的时代特征及其发展阶段,掌握金融科技的内涵、生态,结合金融科技的发展趋势、发展路径、基础设施及核心要素等,深入理解金融科技对供应链金融的影响。

思政目标

培养学生的金融职业道德意识,以及利用金融科技手段和金融工具实现金融产品或服务创新的能力,形成从事金融业务操作的职业素养,树立诚信意识、风险意识等。

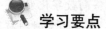
学习要点

◇ 供应链金融发展的时代特征
◇ 金融科技的内涵
◇ 金融科技的基础设施及核心要素
◇ 金融科技对供应链金融的影响

引例

供应链金融的发展趋势分析——金融科技的视角

2023年,供应链金融正处于迅速发展和变革的阶段。随着电子商务的崛起、全球化贸易的增加、金融科技的不断发展,供应链金融的需求不断增长,未来还将出现诸多创新和变化。

1. 区块链技术将成为供应链金融的基础

区块链技术可以实现供应链上的数据共享和资金流动,为金融机构提供更安全、透明和高效的服务。区块链技术将成为供应链金融的基础,因为它可以提供分布式的、不可修改的、可追溯的数据库,使得供应链中的各个参与方能够更高效地共享信息、进行信任验证和智能合约的执行,降低运营成本、缩短交易周期,从而实现供应链金融的自动化和数字化。同时区块链技术也可以提高供应链金融的安全性和透明度,降低金融风险,助力供应链金融市场更好地发展。

2. 云计算技术将被广泛应用于供应链金融

云计算可以实现供应链金融的数字化和自动化，有效地提高供应链运行效率、降低成本。云计算技术具有高效的数据存储和处理能力，可以帮助供应链金融企业快速处理海量数据，提高数据分析和决策效率。云计算平台可以提供更高级别的安全保障，包括数据备份和恢复、数据加密和防火墙等措施，为供应链金融业务的数据安全提供全面保障。云计算平台可以根据业务需要动态分配资源，为供应链金融业务的数据处理提供强大的支持。通过使用云计算技术，供应链金融企业可以减少硬件、软件、维护等方面的成本，提高整体效益。

3. 人工智能技术将成为供应链金融决策的重要工具

人工智能可以利用大数据分析、机器学习和预测模型等技术，为供应链金融机构提供更准确的信息和决策支持。人工智能技术可以通过分析大量数据和模拟不同的情况，提供准确的预测和决策支持。在供应链金融中，人工智能可以帮助企业监控和预测货物流动，从而确保供应链融资的安全性和可靠性。此外，人工智能还可以识别潜在的风险和机遇，帮助企业做出更明智的金融决策，从而提高企业的效益和竞争力。因此，人工智能技术将成为供应链金融决策的重要工具，为企业带来更多机会和价值。

4. 供应链金融将迎来数字化转型

随着技术的进步，数字化转型已经成为必然趋势。未来供应链金融也将向数字化发展，通过智能化技术实现业务的精细化和优化，从而提高效率和效益。因此，现有的金融科技企业将不断创新并崛起。未来供应链金融将更多采用金融科技平台的方式为企业提供服务，企业可以通过金融科技平台方便快捷地获得融资服务，并提高自身的金融管理和风险控制能力。

资料来源：中国贸易金融网. 未来五年内供应链金融十大发展趋势[EB/OL]. （2023-03-28）[2023-05-17]. https://baijiahao.baidu.com/s?id=1761574183664687980.

4.1 供应链金融的时代特征及其发展

供应链金融是商业银行等金融机构基于供应链金融业务实践的真实交易场景，为核心企业及其供应链金融业务所涉及的上下游企业提供一体化融资解决方案的综合性金融服务。总体上，按照其发展脉络，供应链金融经历了从以商业银行为主体的供应链金融 1.0 时代，到以核心企业为主体的供应链金融 2.0 时代，再到以供应链金融平台为主体的供应链金融 3.0 时代。虽然，供应链金融业务已经在缓解中小微企业融资难、融资贵等方面发挥了至关重要的作用，但数据质量、系统安全、法律制度等问题仍然制约了供应链金融的发展。因此，加强信息技术、大数据技术等的应用，提高供应链金融风险管控能力，完善供应链金融业务的相关法律制度、体系建设对提升供应链金融乃至其服务实体经济的能力、水平等均非常重要。总体上，供应链金融的时代特征及其比较如表 4.1 所示。

表 4.1　供应链金融的时代特征及其比较

项　　目	供应链金融 1.0 时代	供应链金融 2.0 时代	供应链金融 3.0 时代
业务主体	商业银行	核心企业	供应链金融平台
业务模式	简单	多元化	透明高效
风险管控能力	不强	显著增强	强

4.1.1　供应链金融 1.0 时代

商业银行是供应链金融业务发展早期阶段的重要推动主体，承担了供应链金融业务的全流程管理工作。总体上，供应链金融 1.0 时代呈现以下特征，即：商业银行是供应链金融业务的推动主体，供应链金融业务模式简单，供应链金融业务风险管控能力不强。

1. 供应链金融业务的推动主体是商业银行

经济全球化的深入发展打破了国际贸易的壁垒，越来越多的企业参与到全球化分工体系中，使得企业在采购、生产、扩大再生产等领域的融资需求增加，但因受制于自身规模、资信尚不健全，缺乏担保，难以通过传统信贷渠道获得商业银行授信，导致众多的中小微企业虽然有机会参与到全球供应链系统中，但仍面临融资难、融资贵等突出问题。为了有效缓解以商业银行为主的金融机构与中小微企业间的信贷摩擦，满足供应链运营过程中企业的融资需求，金融市场急需一种具有灵活、安全、高效等特征的融资模式，因此以商业银行为主体的金融机构适时地推出了供应链金融业务，供应链金融业务进入 1.0 时代。此时虽然部分商业银行推出了创新的金融产品来满足市场需求，但由于大多数核心企业对供应链金融业务本身并不了解，银企结合度也不高，供应链金融业务只在少数商业银行与核心企业间展开。在供应链金融 1.0 时代，比较著名的是深圳发展银行（平安银行前身），其创新性地推出了供应链金融业务实践，主导并推动了我国供应链金融业务的发展。

2. 供应链金融业务模式简单

作为供应链金融业务主导的商业银行在供应链金融 1.0 时代多将重心置于供应链业务的核心企业的确定上，试图通过核心企业的资源优势切入供应链业务，并依此与核心企业的上下游中小微企业建立业务联系。商业银行通过参与供应链业务的各企业的应收账款、存货、未来提货权等流动资产分别办理融资业务，形成了供应链金融早期的"1+N"模式，在此模式下，商业银行需要对各节点企业独立完成业务推广、产品设计、风险识别、风险管理等全流程管理。

3. 供应链金融业务风险管控能力不强

在供应链金融 1.0 时代，商业银行虽然创新性地推出了金融业务产品，成为供应链金融业务的推动主体，但其不参与供应链生产经营等业务活动，无法了解供应链运营状况，对于影响供应链金融业务的物流、信息流、资金流等关键信息、核心数据等往往需要向核心企业获取，由此造成商业银行与核心企业间存在严重的信息不对称，导致商业银行无法实时监控供应链运营情况，无法对可能产生的风险采取及时、有效的分析、预测及防控措施。

4.1.2 供应链金融 2.0 时代

随着供应链金融业务的深入推进和实践,核心企业逐渐取代了商业银行,成为供应链金融业务的推动主体;商业银行作为供应链金融业务的参与者,则专注于提供业务解决方案和资金支持。供应链金融 2.0 时代的主要特征表现为:供应链金融业务的推动主体为核心企业,供应链金融业务模式呈多元化,供应链金融业务的风险管控能力显著增强。

1. 供应链金融业务的推动主体为核心企业

随着供应链金融业务的进一步发展,越来越多的供应链核心企业意识到主动参与供应链金融业务对供应链运营的优势,逐步发展成为供应链金融业务的推动主体。此时,众多的核心企业为巩固与供应链上下游企业的业务关系、降低供应链整体运营成本,通过企业资源管理系统加强供应链业务系统的管理。同时,为了解决供应链上下游企业,尤其是中小微企业融资难、融资贵的问题,这些核心企业开始有选择性地与商业银行等金融机构开展合作。随着商业银行参与到供应链金融业务中,其有针对性地推出了供应链金融业务解决方案,为核心企业及其上下游企业提供了融资便利,与此同时,供应链金融业务呈现明显的线上化发展趋势。

2. 供应链金融业务模式呈多元化

供应链金融业务的核心企业通过构建企业资源管理系统可以掌握供应链的运营情况,进而可以实现整体性、有针对性地提出供应链金融的业务需求,向商业银行等金融机构定制、获取供应链金融业务解决方案和流动性支持。借助企业资源管理系统和商业银行等金融机构的供应链管理系统的对接,核心企业实现了与商业银行间在信息流、资金流上的互联互通,推进其供应链金融业务不再仅限于供应链上下游企业之间,对供应链金融业务及产品体系的多元化发展起到了推动作用。

3. 供应链金融业务的风险管控能力显著增强

由核心企业主导的供应链金融业务在风险管控方面较供应链金融 1.0 时代有了显著提升,具体表现在以下三个方面。

(1)参与程度更高。在供应链金融 2.0 时代,核心企业直接参与供应链的经营活动,其对产业状况、供应链各企业经营情况了解得更为全面,对产业信息、供应链风险信息的反应更敏捷,这种较高的参与度使得供应链金融业务的风险管控更加科学,措施也更及时、有效。

(2)信息获取更全面。企业资源管理系统的建立使业务操作转移到线上,大量业务单据实现了无纸化,企业资源管理系统可以帮助核心企业更加快捷、及时、准确地获取业务数据,并通过数据异常波动等实现风险信息的量化分析,预测并控制可能发生的风险。

(3)管控手段更丰富。在供应链金融 1.0 时代,商业银行为供应链金融业务风险管理的主导,供应链各节点企业发生信贷违约时,商业银行只能通过传统手段追偿,各企业的违约成本不高。在供应链金融 2.0 时代,供应链金融业务风险由核心企业把控,由于核心企业与上下游企业间的业务联系紧密,对任何出现信贷违约的企业,核心企业一方面可以与商业银行提起司法程序追偿其违约欠款,另一方面可以利用其供应链中的核心地位对违约企业在价格、合作等方面加以限制、约束,提高了企业的违约成本。

4.1.3 供应链金融 3.0 时代

随着供应链金融业务的创新及持续推进,供应链金融业务进入 3.0 时代。供应链金融 3.0 时代的业务驱动主体由核心企业升级为供应链金融业务平台,此时的供应链金融业务呈现的主要特征包括:供应链金融业务的推动主体进一步转换为平台,供应链金融业务模式透明高效,供应链金融业务的生态环境更为完整,供应链金融业务中信息技术广泛应用。

1. 供应链金融业务的推动主体进一步转换为平台

随着越来越多的主体参与到供应链金融业务中,其组织形式呈现明显的线上平台化发展趋势,驱动主体由核心企业转变为供应链金融业务平台,此时的平台构建者不再参与供应链经营活动,而是作为供应链金融业务的推动者和管理者,成为独立的第三方机构,职责为管理供应链金融业务平台,梳理供应链金融业务流程,制定、维护供应链金融业务平台运行的秩序和交易规则,并且通过信息技术为供应链金融业务参与者提供技术支持。

2. 供应链金融业务模式透明高效

以互联网化、平台化为主要特征的供应链金融 3.0 时代为企业参与、嵌入供应链金融业务系统提供了大量机会,构建了一个相对公平的竞争环境。相比于供应链金融 2.0 时代,供应链金融 3.0 时代的供应链金融业务参与者不再局限于以核心企业为中心的某一特定供应链上下游企业或商业银行等金融机构,全球相关产业符合条件的企业、商业银行等金融机构均可以参与供应链金融业务,使供应链金融业务变得更加透明、高效。

3. 供应链金融业务的生态环境更为完整

供应链金融服务平台显著提升了相关产业中企业对供应链金融业务的参与度,由于更多符合条件的企业、商业银行得以参与供应链金融业务,在一定程度上强化了平台的资源整合能力,也提升了供应链金融业务的竞争性,进一步提高了运营效率。同时,由于不同的产业平台、机构、企业的广泛参与,极大地促进了主体间的信息共享,逐步形成完整的供应链业务生态环境,真正实现了商流、物流、资金流、信息流的"四流统一"。

4. 供应链金融业务中信息技术广泛应用

进入供应链金融 3.0 时代,外部成熟的、先进的信息技术推动了供应链金融服务平台的发展,大数据技术、数字签名技术、云计算和云存储技术等显著促进了供应链金融业务平台的发展及其效率提升。

(1)大数据技术。大数据作为多样化的数据和信息,在获取、管理、分析、存储方面超出计算机软件分析能力的数据集合。大数据拥有海量的数据规模、迅速的处理能力、精确的数据分析技术。供应链金融 3.0 时代的供应链金融服务平台基于庞大、复杂的交易信息进行运营决策,大数据技术支持供应链金融服务平台收集并整理海量的、结构化和非结构化的交易数据等信息,利用大数据分析技术将其转换为用户行为信息、价值信息,实现"数据增值"。大数据技术的趋势分析、预测市场变化、评估金融风险等能力对供应链金融业务具有重要意义。

（2）数字签名技术。数字签名又称公钥数字签名，是只有信息的发送者才能产生的、别人无法伪造的一段数字串，这段数字串同时也是对信息的发送者发送信息真实性的一个有效证明。数字签名就是附加在数据单元上的一些数据，或是对数据单元所做的密码变换。这种数据或变换允许数据单元的接收者用以确认数据单元的来源和数据单元的完整性并保护数据，防止被伪造。在供应链金融 3.0 时代，企业大量的日常交易通过互联网实现，数字签名技术保障了交易方信息的完整性、安全性。数字签名技术得到了国家权威机构的认可，因此数字签名可作为处理法律纠纷的有利证据而获得支持、采纳。

（3）云计算和云存储技术。云计算以互联网为中心，在网站上提供快速且安全的云计算服务与数据存储，让每一个使用互联网的人都可以使用网络上的庞大计算资源与数据中心。云计算的核心是将很多计算机资源协调在一起，使用户通过网络就可以获取到无限的资源，同时获取的资源不受时间和空间的限制。云存储是在云计算概念上延伸和衍生发展出来的一个新的概念，它是指通过集群应用、网格技术或分布式文件系统等功能，使网络中各种不同类型的存储设备通过应用软件集合起来协同工作，共同对外提供数据存储和业务访问功能的一个系统，它可以保证数据的安全性，并节约存储空间。在供应链金融 3.0 时代，云计算和云存储技术为供应链金融业务平台管理、分析海量业务信息提供了新的解决方案。供应链金融业务平台客户可在任何时间、任何地点通过互联网与供应链金融业务平台连接并存取数据，因此云计算和云存储技术为供应链金融生态平台提供了有力的技术保障。

4.2　金融科技的内涵、发展趋势与发展路径

金融科技已经成为研究学者和业界讨论的热点，由于人们对金融科技的内涵及核心的看法不一，往往导致将金融科技与互联网金融等概念混为一谈。从实务上看，2016 年以来，许多科技公司进军金融领域，转型成为金融科技企业，而传统金融机构也开始谋划设立科技部门，加强大数据、云计算、区块链技术在金融领域的应用，呈现相向而行的态势。从本质上看，金融科技仍隶属于金融业，并且金融科技正在通过新技术的应用影响、改变着金融业，使得金融服务效率更高、成本更低，也使得金融的可获得性、普惠性增强，金融与科技融合发展的趋势愈发明显且不可逆。

4.2.1　金融科技的内涵与生态

1. 金融科技的内涵

金融稳定理事会将金融科技定义为由大数据、区块链、云计算、人工智能等新兴前沿技术带动，对金融市场以及金融服务供给产生重大影响的新兴业务模式、新技术应用和新产品服务等。金融科技是技术驱动的金融创新，是通过运用大数据、云计算、人工智能等新兴前沿技术，对传统金融服务或业务进行改造和创新所产生的新兴金融产品、金融服务或金融模式。金融科技的内涵如表 4.2 所示。

表 4.2 金融科技的内涵解析

序 号	主 要 方 面	核心内容
1	资产获取	使用大数据分析技术进行精准营销、信用评估以获取高质量的基础资产，包括消费金融和供应链金融等
2	资产生成	与金融机构共享、合作处理各类资产
3	资金对接	在投资领域将客户资金进行自动对接，形成诸如量化投资等智能金融
4	场景深入	生物识别、支付结算、互联技术、分布式技术和安全技术

金融稳定理事会金融创新网络和世界经济论坛曾以具体业务形态为基础对金融科技进行了界定，指出金融科技活动分为支付和清结算，存款、贷款和融资，保险，投资管理和市场支持五类金融服务，但这一划分忽视了金融科技以金融业务流程为主形成的产业链。通过对产业链的划分，艾瑞咨询从四个方面对金融科技的内涵进行了界定，包括资产获取、资产生成、资金对接和场景深入。其中，资产获取中侧重使用大数据分析技术进行精准营销、信用评估以获取高质量的基础资产，包括消费金融和供应链金融等；资产生成环节中，金融科技企业可以与金融机构共享、合作处理各类资产；在资金对接方面，金融科技能够确保在投资领域将客户资金进行自动对接，形成诸如量化投资等智能金融；场景深入方面主要包括生物识别、支付结算、互联技术、分布式技术和安全技术等。

2. 金融科技的概念基础

金融科技作为金融与科技的融合，因场景不同导致主体对其解读存在显著差异。

部分金融科技的概念强调金融科技的技术本质，认为技术是金融科技的本质内容，是推动金融领域及金融业务发展的重要手段，强调利用技术本身对模式创新的作用，将金融科技等同于大数据、区块链等数据挖掘、数据分析和其他技术在金融领域的应用。新金融论认为金融科技是将金融与科技融合的、新的金融模式，如英国政府在其发布的《金融科技未来》报告中将金融科技定义为"通过金融与科技的融合，创新、颠覆传统金融模式和业务，为企业和个人提供一系列全新的金融业务"。

巴塞尔委员会认为金融科技由四个核心应用领域构成，即存贷款与融资服务、支付与清结算服务、投资管理服务、市场基础设施服务。其中，存贷款与融资服务指提供直接或间接融资的服务，包括移动银行、网贷和众筹等形式；支付与清结算服务指提供个人与个人或商家之间的支付服务以及对商家的清结算服务，包括第三方支付、P2P（Peer-to-Peer，点对点）汇款、数字货币等业务服务；投资管理服务指提供基于信息和数据的分析服务，包括高频量化交易、程序化跟单交易、智能投顾和投研等；市场基础设施服务指为金融科技提供数据挖掘收集、分析、网络安全等基础服务，包括大数据、云计算、机器学习、预测模型、安全技术、物联网、征信等。金融科技的核心应用领域如表 4.3 所示。

表 4.3 金融科技的核心应用领域

序 号	核心领域	主要内容
1	存贷款与融资服务	提供直接或间接融资的服务
2	支付与清结算服务	提供个人与个人或商家之间的支付服务以及对商家的清结算服务
3	投资管理服务	提供基于信息和数据的分析服务
4	市场基础设施服务	为金融科技提供数据挖掘收集、分析、网络安全等基础服务

3. 金融科技的生态

金融科技由不同层次的参与主体组成，因此其不是孤立存在的，已经形成以金融科技企业为主体、监管机构和投融资机构并存的"一体两翼"的金融科技生态。目前，活跃在市场中的金融科技公司主要由三部分组成，包括：以科技为主业、逐步依托科技进军金融行业的金融科技公司，如谷歌、亚马逊、阿里巴巴等；传统金融机构通过设立科技事业部门形成的金融科技公司，如兴业银行、平安银行、招商银行、中国光大银行、中国民生银行等；通过技术外包等方式与科技公司或传统金融机构等主体开展业务合作的中小型金融科技公司，如恒生电子、长亮科技等。

金融科技生态中还包括金融科技监管机构、金融科技投融资机构等。其中，金融科技监管机构包括金融监管机构、科技监管机构和网络运营商等其他监管机构，如中国人民银行、网信办、通信管理局等；金融科技投融资机构包括各类孵化器和从事一级市场投资的私募基金公司等。

4.2.2 金融科技的发展趋势

1. 金融与科技间的界限逐渐明晰

2016年7月，中国人民银行条法司明确要求划清互联网金融与金融科技的界限，随着金融监管逐步趋严，按照监管机构对金融科技的要求，金融与科技区分、明确界限的趋势愈发明显。

按照中国人民银行及监管机构的要求，金融科技公司越来越强调技术与金融的结合、技术对金融的赋能、技术对金融效率的提高和对风险的降低；加速降低金融资产占比，减少直接从事金融业务，定位为信息中介或科技赋能，如蚂蚁金服、京东等纷纷专注于做好科技，服务金融机构，逐步实现了去资产化的目标。

金融科技公司与传统金融机构或持牌金融机构以监管机构的要求为指导，调整为融合性增强、强调解决方案的合作模式，金融科技实现了更好地服务金融业、提高金融服务效率的愿景和目标。

2. 推进科技赋能金融

传统金融机构意识到科技对金融业务模式的颠覆性影响，逐步强化金融机构与科技公司的合作，通过科技为金融赋能，发挥金融机构风险管控的优势，也提升了客户获取能力、客户转化能力等。

通过与科技公司的合作，传统金融机构充分利用其突出的获取客户能力，并且借助科技公司的客户转化能力，大幅提高客户转化度和存量客户的挖掘度。传统金融机构虽然不缺乏基础数据，但大多面临着数据结构单一、数据相互隔离，不能形成完整用户画像的问题，通过与科技公司的联合，可以形成更全面、更精准的客户画像，实现金融数据的科技化，进一步实现数据价值的最大化。区块链技术、物联网技术等在金融领域的应用也助力了金融机构结合客户的投资目标、收入情况等为客户定制专业的、理性的投资组合。区块链技术在支付清算、资产交易、供应链金融等领域对传统金融业务产生了颠覆性的影响。而物联网技术在提升金融机构风险识别能力、风险控制能力,以及供应链金融、融资、保险标的管理、融资租赁设备等方面得到广泛应用,这些新兴技术无疑为金融业务开展提供了便利。

3. 金融监管更加严格

金融科技本质上属于金融行业,金融属性使其被列入相关机构的监管工作中,因监管机构对非银行业金融机构监管的逐渐加强、细化,金融科技的生存环境被压缩。与此同时,在监管科技深入应用后,技术使金融企业由以往的被动应对风险变为主动预防风险。

4. 资本市场更加理性

随着金融与科技的深度融合,传统的资本市场、金融机构对金融科技投资的总额和增量都趋于减少。波士顿咨询公司的研究显示,2017年全球资本市场上金融科技企业吸引的股权投资较2015年和2016年均显著下降;而全球主要经济体的金融科技投资呈现分化的趋势,中国、美国的金融科技领域投融资活动大幅下降,而欧洲和南美地区的金融科技投资却纷纷创下新高,总体上,各国因金融科技领域的发展及资本市场的不同而呈现更加理性的态势。

4.2.3 金融科技的发展路径

1. 进一步强化风险防控

由于金融科技的本质仍然是金融,所以其在发展过程中需要进一步加强风险防控能力。其一,防范信用风险,包括金融竞争带来的信用风险,以及由于风险控制模型不全面出现的误导、信用风险放大等问题;其二,防范合规风险,当前的金融犯罪呈现科技化、高端化的倾向,监管机构对合规要求越来越多,由此带来的合规风险也越来越大;其三,防范科技风险,科技是金融科技的重要载体和推动因素,其发展也会带来网络安全、数据安全等技术风险;其四,防范市场风险,主要表现为过度投机和泡沫化倾向;其五,防范系统性风险,金融科技具有范围广、全天候、应用人群多等特点,如若发生风险,则其传播快、风险累积程度高、波及面广的特性有将小风险演化成系统性风险的可能性,因此这也成为需要重点防范的方向。

2. 依托监管强化业务创新

在金融监管趋严的大背景下,应有效利用监管发现业务的漏洞、问题,提高金融业务领域的风险防控能力;依托大数据分析技术、区块链技术等从风险分析与预测、风险管控、模型设置、信息监测、资产处置、客户赔付等领域强化业务创新,实现多主体共赢。

3. 强化科技对金融业务的赋能

随着金融科技逐步实现以赋能金融为发展目标的转变,进一步明确了科技如何更加高效地应用于数据分析、用户画像、风险管控模型优化等核心业务领域,推进了区块链技术、大数据技术、云计算技术、云存储技术等在应用领域的实施效果,推进了数据收集与分析、基础设施及金融业务平台建设、风险分析与管控等的赋能效果及能力提升。

4. 进一步明确服务社会的定位

金融科技领域的发展及定位应赋能金融，服务社会发展，即为传统金融机构、持牌金融机构、金融监管机构等提供技术服务，利用技术优势提供风险可控的、定制化的金融服务，加强社会联系，利用金融科技等技术挖掘、创造更大的商业价值。

4.2.4 金融科技的基础设施与核心要素

1. 金融科技的基础设施

金融科技的发展是金融基础设施不断推进的结果，当前对于金融科技基础设施的关注主要体现在信息基础设施、支付和市场基础设施、监管基础设施等方面。

信息基础设施主要包括金融业务过程中所产生的信息记录与收集、数据分析方法和计算能力三个层次，征信是信息基础设施的重要组成部分。支付和市场基础设施处于金融系统底层，影响着资金融通、金融资源配置、金融风险转移以及金融政策传导等，是金融系统顺畅运行的渠道和通路。监管基础设施主要由金融监管、竞争监管和数据隐私监管等基础设施构成。金融科技正是依托信息基础设施、支付和市场基础设施、监管基础设施的跨时空的经济资源配置，形成了不同商业模式、应用、流程和产品等。

2. 金融科技的核心要素

信息基础设施作为金融科技的关键基础设施，其所涉及的数据要素、隐私保护显著影响着金融科技和互联网商业模式。由于数据类型和特征的不同，其存在四种不同的配置机制。第一，作为公共物品的数据多由政府部门利用税收收入的方式提供；第二，作为准公共物品的数据，若产权清晰并且具有排他性，可通过俱乐部产品式的付费模式提供；第三，网络经济中个人数据的所有权难以界定，往往通过PIK（pay-in-kind）模式提供；第四，非排他性或非竞争性的数据则不适合参与市场交易。

数据产权界定是数据要素有效配置的基础，由此借助可验证计算、同态加密和安全多方计算等密码学技术支持的数据确权，确保了在不影响数据所有权的前提下交易数据使用权成为可能。当前，部分国家或地区通过设立相关制度解决数据产权问题，如《通用数据保护条例》引入了数据产权的精细维度，包括被遗忘权、可携带权、有条件授权和最小化采集原则等，建立了数据管理的制度范式。对于个人数据，其面临的核心问题是隐私保护，当然隐私保护并不排斥共享个人数据，而要有效控制共享过程、规模和范围等，寻求对个人数据的共享和保护间的平衡。

随着金融科技的深入发展，其对金融活动的组织形式产生了深远的影响。一些金融机构通过市场分工网络将传统的"一站式"金融服务"化整为零"到多家机构，借助商业银行等机构的竞争优势演化出复杂的资金流通和风险分担模式，如银行业务平台化便是市场演化的一个模式或成果。商业银行、非银行金融机构间展开合作，强化了各自的技术优势和风险分担，信贷供给和受托监督功能由非银行金融机构执行，期限转化功能由商业银行执行。通过向第三方机构开放资金、账户、客户、数据、技术、场景和声誉等核心要素，商业银行与这类机构形成市场化分工网络。在银行业务平台化过程中，监管机构继续承担着对商业银行的监管，并加入了对商业银行与第三方合作机构的监管，从而实现了风险分析、风险预测、风险转移和分担。

4.3 金融科技对供应链金融的影响

供应链金融业务的难点在于如何降低、防范中小微企业融资的金融风险，随着大数据技术、区块链技术、云计算技术等金融科技核心技术的发展，金融科技主要从两方面改善了供应链金融业务的风险。

一方面，金融科技借助交易征信信息及相关贷款数据完善融资借贷链条，利用相关企业财务数据发展到互通交易环节。在传统的金融业务流程中，财务数据只能从某一侧面支撑相关交易行为，而在金融科技模式下，数据的多维呈现、海量数据分析实现了对相关企业数据、财务数据、融资租赁数据等的系统分析，利用数据全面、多样、有效地展现其运营情况，在降低风险的同时也提升了供应链金融业务的效率。

另一方面，大数据技术的应用解决了供应链金融业务的开放性问题。供应链金融业务的核心问题是核心企业、商业银行如何解决中小微企业的融资难问题。传统的金融业务过程中，依靠核心企业的业务数据提供的相关支持难以完成目标。区块链技术安全、便捷地将相关产品、服务部署在参与供应链金融业务的中小微企业的生产运营流程中，实现了数据融合、数据共享，解决了数据多方验证的问题，提升了授信效率，降低了风险，有效推动了供应链金融业务系统的运行。

4.3.1 金融科技对金融业的影响

1. 金融科技为金融业发展带来风险、挑战与机遇

金融科技的发展不仅为金融业带来了诸多风险、挑战，也带来了前所未有的机遇，促进了金融业的转型发展。

金融科技给金融业带来的风险与挑战主要表现在产业风险、运营风险、合规难度增加、网络风险和流动性风险等方面。第一是产业风险，商业银行等金融业企业在金融科技的冲击、影响下，利润水平可能趋于下降，导致商业银行等追逐更高风险的经营活动等，进而影响到金融业的稳定性。第二，是运营风险，从系统层面看，金融科技促使金融机构与金融基础设施间的联系更加紧密，系统内的任何风险都会在金融系统迅速蔓延，导致风险无限扩大。在个体层面上，金融科技的创新产品增加了商业银行等金融机构运营的复杂性，也提升了商业银行等金融机构与第三方机构合作的可能性，间接地增加了数据安全、客户信息泄露等风险。第三是合规难度增加，在金融科技的影响下，金融业的交易更复杂且频率更高，使得商业银行在处理相关交易时面临的合规难度变大。第四是网络风险，基于互联网运营的金融科技无疑会导致商业银行面临的网络安全风险更加严重。第五是流动性风险，金融科技方便了资金在不同账户间的转移，提高了商业银行资金的波动性，也增加了流动性风险。

在金融科技的影响下，金融业虽然面临着诸多挑战，但也可以充分利用金融科技带来的机遇。其一，金融服务更加广泛，金融科技在助力商业银行实现业务拓展的同时，也显著降低了业务拓展成本；其二，服务更加优质，依托金融科技，商业银行可以为细分客户提供更精准的产品和服务；其三，降低运营成本，同时提高运营效率；其四，强化竞争有利于促进金融业的整体稳定性；其五，提供高效、合规的工具。金融科技可以提高金融业的合规程度和合规效率。商业银行可以借助人工智能、区块链和云计算等金融科技提供新的金融产品和服务，也可以降低其运营风险，即金融科技不仅促进了商业银行转型，也通过技术迭代、研发创新出更易触达、更好运营和更佳体验的金融服务和产品。

2. 金融科技促进了金融业务监管

金融科技的发展毫无疑问会对原有的监管范围、监管体系等产生影响，甚至是突破，也可能对数据安全、网络安全、消费者保护和合规处理等产生影响。

在金融科技的影响下，监管机构需要对其范围、体系等进行重新梳理。其一，商业银行的监管机构需要强化与立法机构、反垄断机构和网络管理机构等政府机构、部门的合作，有针对性地制定金融科技监管规则和制度体系；其二，加强金融监管的国际合作，对金融科技的跨境活动进行国际监管合作；其三，监管机构需要强化人力资源因素，通过加强人员培训，使监管人员拥有足够的知识和技能以识别金融科技的潜在风险；其四，监管机构需要借助金融科技强化监管能力、完善监管效率，如借助大数据分析技术实时考察相关业务的潜在风险，利用人工智能技术提高监管效率；其五，实时关注金融科技应用并评估监管框架和体系的管辖范围是否有效；其六，应用创新中心、创新加速器和监管沙箱等新型监管模式实现有效监管。

3. 金融科技改变了金融业的市场结构

金融科技会通过影响市场集中度、竞争性和市场进入、退出壁垒等对金融市场的结构产生影响。首先，金融科技通过去中介化影响市场集中度。金融科技的创新和市场推广显著降低了客户群对中介机构的需求，通过新技术和新工具降低了信息不对称、交易成本，促进了交易方的匹配，削弱了对金融中介机构的需求。其次，金融科技推动了金融业务参与方的合资、并购等战略行为，改变了市场结构。金融科技的范围经济性会促进金融市场的参与方通过横向或纵向一体化等战略决策、战略行为降低成本、提高效率，打破现有金融业务价值链，导致市场结构和竞争性的变化。最后，金融科技改变了金融市场的进入壁垒。金融科技显著降低了运营成本或外部性，降低了市场进入壁垒。相比于传统金融机构，金融科技可以更加灵活地结合业务发展需要、监管规则、用户偏好等推进新产品的开发，利用新技术、新方法在金融服务领域预测市场发展方向，在一定程度上改变了行业规则，使得传统金融机构不得不在选择接纳金融科技或退出市场中做出抉择。

4.3.2 金融科技对金融稳定的促进作用

1. 金融科技促进金融稳定

将金融科技创新应用于金融服务中能够减少金融摩擦，促进金融稳定和经济增长。一方面，金融科技可以更加专注于服务效率和用户利益，促进新产品、新服务的开发和运用，弥补现有体系的不足；另一方面，金融科技也促进了金融产品的多样性和差异化，满足了客户群体的多样化偏好。

金融科技促进了金融去中心化和产品多样化发展。在金融科技的助力下，金融系统的去中心化和多样化可有效缓解某些金融机构出现问题对整个系统的冲击，降低系统性风险的概率。例如，在贷款方面，金融科技通过大数据分析和贷款发放自动化等方式降低了进入壁垒；在智能投顾方面，金融科技利用大数据分析、量化金融模型以及智能化算法促进了去中心化，结合投资者的风险偏好、财务状况、预期收益目标、投资风格等要求，提供多元化、自动化、个性化的服务，使得中小微企业也可以占有一定的市场份额。

金融科技提高了金融服务的效率。人工智能、算法技术等金融科技的应用显著提升了金融业务服务水平及效率。其中，人工智能技术的使用提升了金融机构及投资者决策的科学性和效率；算法技术的应用提升了评估信用资质和投资回报，降低了金融平台及系统的运作成本；金融科技建构的各类平台降低了业务和服务的搜索成本、交易成本，实现了更好的资源配置；分布式记账技术提高了交易执行的效率和速度，减少了结算时间，降低了交易风险。

金融科技增加了金融市场的透明度。金融科技促进了海量数据的获取、收集、积累和使用，减少了金融业务领域各参与者之间的信息不对称，有助于更好的价格发现和更优的风险管理。

金融科技促进了金融业务的包容性和便利性。金融科技可以提升金融服务的可得性，如移动支付业务促进了消费者快速、有效地获得信贷、进行消费等；智能投顾利用大数据分析、量化金融模型以及智能化算法，结合投资者的风险偏好、预期收益目标等提供多元化、自动化、个性化的服务，增加了其创富机会；保险科技扩大了保险覆盖面，也提高了保险业务的针对性和效率；支付系统则提升了非银行金融机构批发支付的便利性。

金融科技解决了传统金融体系的金融包容性、跨境支付等问题，实现了包容性增长、减少贫困、减少不平等、增加经济机会和促进繁荣等。基于互联网的支付手段促进了跨境支付的使用，也保证了网络支付的安全性、便捷性，使得金融业务不仅限于某一国家或地区内部，促进了经济全球化过程中的供应链业务的发展。

2. 金融科技放大宏观金融风险

金融科技推进的金融活动和发展方式在一定程度上会对金融系统的稳定性带来影响，金融风险来源的相关性导致宏观金融风险对整个金融系统的冲击被放大。

金融科技可能导致金融风险传染效应。其一，当金融科技应用于直接面向居民、企业的业务模式时，金融科技可能通过声誉风险传染导致金融风险被放大；其二，自动化、人工智能等金融科技的使用可能带来新的金融风险；其三，交易权限、网络风险等薄弱环节、问题等也可能增加金融风险的传染性。

金融科技增加顺周期性。首先，金融科技贷款平台参与者间的互动可能加剧市场波动和羊群效应等；其次，金融风险模型可能由于依赖类似的算法而高度相关，导致增加了资产价格波动的幅度；最后，债务和股权融资的可得性提高而导致价格降低，使得金融机构低估竞争风险，这种风险会因激励问题或网络效应而加剧。上述因素可能增加金融的顺周期性，在金融系统遇到冲击时进一步扩大冲击的效应。

金融科技导致过度波动。首先，金融科技使得市场竞争加剧，一方面提升了金融服务的便利性，另一方面则使得客户根据金融服务价格和相对表现的变化进行调整成为可能，引发资产价格过度波动，进而影响商业银行的流动性状况；其次，金融科技显著提高了金融交易速度，可能导致金融资产价格的波动加剧。

金融科技催生出具有系统重要性的金融实体。随着金融科技的应用，可能催生出市场基础设施等具有系统重要性的金融实体，分布式记账、数字货币等都在一定程度上改变了传统金融机构的业务模式，另外金融科技也促进了收集、处理、使用客户信息等的机构的出现。

在微观层面上，金融科技可能导致三类风险。其一是期限错配风险，随着网络贷款业务的推进，网络贷款公司大量使用证券化或者利用货币市场的融资行为极有可能加剧期限错配风险；其二是流动性风险，如第三方支付机构将客户滞留在电子钱包中的资金投向货币市场，则可能带来流动性风险；其三是运营风险，由于部分金融科技业务尚无监管，其业务的增长可能导致金融系统运营风险的增加，如建立在云服务上的金融科技存在引致网络攻击的风险。

4.3.3 金融科技的发展和监管政策

为推进金融科技和金融市场健康、有序的发展，金融稳定理事会（Financial Stability Board，FSB）建议各国结合金融市场结构、发展程度等核心要素权衡金融科技的收益和风险，制定相应的监管规则。总体上，金融科技的监管主要涉及监管科技、监管模式以及国际监管合作和协调三个问题。

1. 监管科技

监管科技也称监管技术，国际金融协会（Institute of International Finance，IIF）将监管科技定义为"能够有效解决监管和合规要求的新技术"，是将科技运用于金融监管中，优化监管框架，提升监管手段，降低监管成本。简而言之，监管科技就是"以科技规范科技"。

德勤公司从敏捷性、速度、集成、分析四方面归纳了监管科技的特点，其中敏捷性是对错综复杂的数据组进行快速解耦和组合；速度即能够及时生成报告、解决方案；集成是共享多个监管机构的数据结构，并对多项规定、要求形成统一的合规标准；分析是指监管科技利用分析工具挖掘、释放数据潜力。英格兰银行强调要充分认识监管科技在生成金融监管报告、降低交易成本、实现普惠金融、增强金融领域反欺诈和反洗钱能力等方面所发挥的重要作用。

总体上，监管科技的本质是通过使用区块链、大数据、人工智能等技术，用比传统手段更为高效的方法和低廉的成本来不断满足金融机构的监管和合规性要求，即"用技术实施监管"。

2. 监管模式

对于监管模式，普遍采用的是监管沙箱、创新中心和创新加速器三种金融科技监管模式。

监管沙箱模式下，监管机构允许金融科技在特定环境中进行金融创新实验。监管机构在法律授权范围内，根据业务风险程度、影响范围，按照适度简化的准入标准和流程，允许金融科技企业在有限业务牌照下,利用真实或模拟的市场环境开展业务测试。对于测试结果表明适合全面推广的业务,依照现行法律法规获得全牌照,并纳入正常监管范围。

创新中心模式已在英国、新加坡、澳大利亚、日本、以色列和我国香港等国家或地区实施,主要通过支持和引导金融机构理解金融监管的框架,识别创新中的监管政策和法律事项,一般不涉及创新产品和服务的真实或虚拟测试。创新中心模式因可操作性较强,可能会成为多数国家或地区广泛采用的制度安排。

创新加速器模式下,政府部门或监管部门与金融业建立合作机制,通过提供政策扶持或资金扶持等方式,加快金融科技创新的发展和运用,鉴于监管部门的职责,这一模式多为政府部门采用,一些国家的孵化器属于创新加速器模式。

监管沙箱、创新中心和创新加速器等监管模式设立的目的是加强监管机构与金融科技业务企业的沟通、交流,提早介入并全程了解金融科技的信息、提供政策辅导等,在监管机构和被监管机构之间建立起可信赖、可持续、可执行的监管协议与合规评估机制,提高监管效率,降低金融机构的合规成本。

3. 国际监管合作和协调

随着经济全球化的持续推进,金融业务、金融科技实现跨境发展,在一定程度上对各国监管规则、制度带来了挑战。金融稳定理事会通过比较 26 个国家或地区对金融科技的监管机制,发现各国对金融科技的监管机制存在较大差异,因而建议各国监管当局推进国际合作和协调。实际上,监管机构顺应金融科技的发展趋势,完善监管框架,加强国际合作,对金融科技的跨境活动进行国际监管合作,有助于进一步提升监管效率,促进金融业务的有效推进。

自 2016 年 3 月以来,多国的监管机构签署了合作监管协议,分享各自市场上的新兴趋势、监管问题等金融服务创新信息,在一定程度上促进了金融科技企业在全球范围内的业务扩张。

金融稳定理事会指出金融科技的国际监管合作领域应优先包括管理第三方服务提供商的运营风险、监管网络风险的保障措施以及监控宏观金融风险三方面。结合跨境金融业务的实践,其他值得关注的监管问题包括跨境法律问题和监管安排、大数据分析的治理和披露框架、评估监管范围并及时更新、专业知识的新领域的工作人员培训、数字货币的替代方案等。

思考题

1. 供应链金融的时代特征分别是什么?
2. 简述金融科技的概念界定、发展趋势及路径。
3. 金融科技对供应链金融发展的影响有哪些?

拓展阅读

第5章 供应链金融与互联网金融

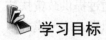 学习目标

从总体上理解和把握互联网金融，了解互联网金融的核心业务及监管机制，通过对互联网金融发展趋势的学习，分析互联网金融与供应链金融融合的实现机制，深入理解客户归属、共同进化的产业价值生态网等对供应链金融的影响。

思政目标

将价值取向、社会责任和职业道德等思政元素融入互联网金融与供应链金融的专业知识中，培养学生的家国情怀和民族自豪感，培养学生的金融职业素养和个人道德修养，帮助学生树立正确的世界观、人生观和价值观。

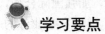 学习要点

- ✧ 互联网金融的概念与主要特点
- ✧ 互联网金融的核心业务
- ✧ 互联网金融与供应链金融的融合
- ✧ 供应链服务的底层化
- ✧ 共同进化的产业价值生态网

 引例

易宝支付的供应链金融业务发展与运营实践

易宝支付（YeePay.com）是中国第三方支付公司先行者，于2003年成立于北京，全国设有31家分公司，2011年首批获得中国人民银行颁发的《支付业务许可证》，并于2016年与2021年分别续展成功。

易宝支付于2006年率先创立B端行业支付模式，业内率先推出网上在线支付、信用卡无卡支付、POS支付、一键支付、电子钱包等产品。公司秉承"交易服务 成就客户"的初心，持续围绕产业链上下游的支付或资金处理需求提供行业定制的支付解决方案，先后为航空旅游、政务、教育、通信、零售、跨境、电力、电商、金融等众多行业提供服务，帮助行业客户降本增效，促成交易，加速企业数字化进程。

作为"更懂客户的交易服务专家",公司通过支付科技渗透至产业链上下游各个环节,与企业合作的同时,深入企业上下游的厂商、经销商、品牌商等各个环节,通过支付服务、账户服务、供应链服务,并联合物流服务平台、金融服务机构帮助企业疏通产业链的各个堵塞环节,帮助整个产业链实现效能提升,进而达到改善交易量、交易效率的效果,促成交易,赋能企业数字化转型升级。

2013年,易宝支付首批获得外管局批准的跨境外汇支付业务试点许可,并完成全国首笔由第三方支付公司处理的跨境外汇支付业务;2016年,易宝支付成为首批苹果公司认证通过的安全支付服务提供商,支持商户App实现Apple Pay服务;2018年,易宝支付支持国航电子钱包上线;2020年,易宝支付为央企消费扶贫电商平台提供一站式支付解决方案,助力脱贫攻坚;2021年,易宝支付为民航业提供数字人民币受理服务的第三方支付机构。

通过多年持续深耕,易宝支付已成为银联、网联、中国银行、中国农业银行、中国工商银行、中国建设银行等近百家金融机构的战略合作伙伴,服务商家超过百万,在业界树立了良好的口碑,曾获得2021年中国数字化转型先锋企业、2021年度优秀金融科技机构、2021年度最佳金融服务先锋奖、2021中国产业互联网优质服务商、2020卓越第三方支付平台、领先金融科技服务商、北京金融业十大品牌助力实体经济奖、最佳金融科技创新奖、战疫先锋机构、最佳电子支付平台、中国互联网100强、金融产业十大创新力企业、新金融十佳诚信服务机构、普惠金融优秀解决方案等200余项殊荣。

易宝支付在提升交易便捷性的同时,始终将交易安全性放在首位,通过自上而下坚定执行绿色经营的理念、采用先进的风险控制管理技术,依靠专业化的风险控制管理团队及标准化的风险运营流程,实现全风控场景的覆盖,确保商户和用户的资金安全。

易宝支付多年来积极践行企业社会责任,用实际行动推动公益事业发展。易宝公益是民政部指定的20家慈善组织互联网公开募捐信息平台之一。2004年,易宝公益为北京市红十字会开通了网络捐款通道。2008年汶川地震发生后,通过易宝公益平台募捐的总额达到1850万元,易宝公益因此被媒体称为"汶川地震网络捐款三大平台"之一,这也是推动"互联网+公益"的历史性创新变革与体现。秉承"公益触手可及"的理念,易宝公益已陆续和300家慈善组织建立合作,发起超1000个公益项目。截至2022年12月,易宝公益已累计募捐善款超2亿元,影响范围覆盖100万爱心企业及用户。

资料来源:易宝支付官网的公司介绍。

5.1 互联网金融的概念解析

5.1.1 互联网金融的概念界定

互联网金融是近年来随着互联网在金融业的深入应用所产生的新兴的金融业务形式,它是传统金融机构与互联网企业利用互联网技术和信息通信技术实现资金融通、支付、投资和信息中介服务的新型金融业务模式。

实际上,按照互联网金融的定义,它就是互联网技术和金融功能有机结合,依托大数据和云计算在开放的互联网平台上形成的功能化的金融业态及服务体系。互联网金融包括基于网络平台的金融市场体系、金融服务体系、金融组织体系、金融产品体系以及互联网金融监管体系等，并具有普惠金融、平台金融、信息金融和碎片金融等相异于传统金融的金融模式。但是，从本质上看，互联网金融不是互联网和金融业的简单结合，而是在实现安全、移动等网络技术后，被用户熟悉并接受，为适应新的需求而产生的新模式、新业务，是传统金融行业与互联网技术相结合的新兴领域。

5.1.2 互联网金融的主要特点

互联网金融作为一种新兴领域，其呈现出成本低、效率高、覆盖广、发展快、管理弱和风险高等主要特点。

1. 互联网金融的成本低

互联网金融模式下，资金供求方借助互联网平台自行完成信息甄别、匹配、定价和交易，不涉及传统中介机构、无交易成本、无垄断利润。一方面，参与互联网业务的金融机构可以避免或降低营业网点的资金投入和运营成本；另一方面，互联网金融业务的用户可以在开放、透明的平台上快速、高效地寻找、确定适合自己的金融产品，降低了信息的不对称性，省时省力地推进了金融业务。

2. 互联网金融的效率高

互联网金融模式下，金融业务由计算机进行操作、处理，相关的业务服务及操作流程完全实现了标准化，用户不需要排队等候，由此使得业务处理速度更快，用户体验更好。在互联网金融业务模式下，业务参与方借助大数据构建的相关数据库，利用数据挖掘和分析，引入风险分析、评估和资信调查模型，可以显著提升金融业务效率。

3. 互联网金融的覆盖广

互联网金融模式下，客户能够突破传统金融业务的时间和空间限制，借助互联网寻找、获取金融资源，金融服务更直接，客户基础更广泛。互联网金融客户以中小微企业为主，覆盖了部分传统金融业的金融服务盲区，有利于提升资源配置效率，促进实体经济发展。

4. 互联网金融的发展快

在互联网金融业务模式下，依托大数据和电子商务的发展，互联网金融得到了快速发展。以余额宝为例，余额宝上线 18 天累计用户数已达 250 多万人，累计转入资金达到 66 亿元。

5. 互联网金融的管理弱

互联网金融模式虽然充分发掘、利用了互联网技术，但是由于其未接入中国人民银行的征信系统，且尚不存在信用信息共享机制，不具备传统商业银行的风险控制、合规和清收机制等，可能导致各类金融风险问题，如众贷网、网赢天下等 P2P 网贷平台宣布破产或停止服务后无疑导致了风险的传递和转移；另外，由于互联网金融在我国尚处于起步阶段，尚未形成有效的金融监管和法律约束，缺乏准入门槛和行业规范，使得整个行业处于诸多政策和法律风险之中。

6. 互联网金融的风险高

由于互联网金融不同于传统的金融业务体系，其面临的信用风险和独特的网络安全风险较高。在信用风险方面，由于我国当前的信用体系尚不完善，互联网金融相关的配套法律尚未健全，使得互联网金融业务的违约成本较低，容易诱发恶意骗贷、卷款跑路等风险问题。作为互联网金融业务的一种典型形式，P2P 网贷平台由于准入门槛低且缺乏监管，使得其成为不法分子从事非法集资、诈骗等犯罪活动的温床。例如，近年来我国就出现了淘金贷、优易网、安泰卓越等 P2P 网贷平台曝出"跑路"事件。在网络安全方面，由于我国互联网安全方面的问题突出，导致利用网络实施金融犯罪的问题依然存在，黑客攻击等网络安全问题的发生对互联网金融的正常运作的影响较大，可能存在危及用户资金安全和信息安全等的网络安全风险。

5.1.3 互联网金融的发展趋势

随着互联网和大数据技术在金融相关领域的应用、普及及发展，互联网企业跨界涉足金融业成为常态，新创企业的涌现对传统金融业的多个领域形成冲击，对支付结算、投融资服务以及传统的商业银行、保险、证券、基金等金融机构及业务领域的影响范围逐渐扩大，并趋于向金融业务核心领域拓展。

从发展路径上看，互联网金融业务的新创企业往往是由金融业的潜在进入者发展而来的，它们多借助互联网、电子商务等信息科技领域的技术创新和技术进步等，从金融业的技术薄弱环节切入，通过破坏性产品或破坏性商业模式等颠覆性创新进入市场、打破原有市场结构，并不断结合市场需求，提供定制化、升级的金融产品或服务，进而成为金融业产业链的顶端。

总体上，我国互联网金融的发展趋势体现在：互联网金融向多行业多领域渗透，移动互联网金融加速发展，互联网金融模式、产品创新多样化，互联网金融的综合金融服务趋势明显，互联网金融和传统金融加速融合，线上、线下模式深度融合，农村及欠发达地区快速发展，互联网金融运行方式优化，商业银行存款业务缩减，大数据技术助力风险管控，互联网金融长尾效应明显，全渠道的客户体验成为常态。

1. 互联网金融向多行业多领域渗透

随着互联网技术的应用及其在金融领域的渗透，我国进入"互联网+"驱动时代，互联网金融与农业、文化、医疗等诸多传统产业领域深度融合，形成农业金融、文化金融、科技金融、生态金融等新的融合性业态。

2. 移动互联网金融加速发展

随着移动互联网金融时代的来临，移动支付逐渐占据了支付市场的主导地位，无论是支付宝还是微信都成为提高用户黏性的重要手段。与之相伴的是移动互联网的理财产品，其种类也已由货币基金的活期理财发展为期限更长、更加稳定的定期理财。除了移动支付和理财等业务领域，保险业、证券业等金融业务领域也纷纷通过移动互联网金融拓展业务渠道，推进了移动互联网金融业务的加速发展。

3. 互联网金融模式、产品创新多样化

伴随着互联网金融模式和产品、服务的创新，互联网金融将朝着专业化、垂直化、细分化、定制化和个性化的方向发展，互联网金融商业模式也将日趋丰富。互联网企业将进一步结合市场需求及自身优势等开发金融或类金融的产品或服务，如在线旅游、垂直门户金融等，推进定期类的互联网理财产品，新的互联网保险产品将呈现细分化、简约化的发展趋势，以满足单一的、个性化的需求，互联网基金产品的设计将进一步定制化、细分化。

4. 互联网金融的综合金融服务趋势明显

随着互联网金融的发展，其平台化的发展趋势将促进互联网金融企业热衷于通过系统性、综合性的发展，将所有相关业务融为一体的全面性综合服务，通过构建综合性的金融账户实现客户所有的金融资产的集成与融合，以满足客户投资、消费、支付、理财、信贷、保险等一站式金融业务服务的需求。

5. 互联网金融和传统金融加速融合

在互联网金融模式的驱动下，以商业银行为代表的传统金融机构或泛金融机构与网上平台的合作会进一步加强，可以预见的是，我国良好的互联网金融的发展基础在一定程度上将推进互联网银行的发展，但是从实务上看，互联网银行不太倾向于成为完全建立在互联网上的、纯虚拟的银行模式，更有可能以传统的商业银行为基础，通过其与互联网金融企业开展业务合作或者将商业银行的金融业务拓展到互联网上，借助互联网平台实现传统营业网点向网络用户的转移。

6. 线上、线下模式深度融合

目前，我国互联网金融所呈现的线上与线下相结合、实体与虚拟体系相结合的创新趋势愈发明显。实际上，与传统的零售业相比，金融业的产品或服务更适宜也更容易借助线上与线下相结合、实体与虚拟体系相结合的商业模式实现。金融产品或服务的虚拟性特征使得其不需要借助实体的物流运输、仓储保存等环节，因此也不涉及物流损耗、运输风险等问题。

7. 农村及欠发达地区快速发展

当前，我国农村地区和欠发达地区仍然面临金融供给不足的问题，调查数据显示，我国多数县镇的金融网点为个位数，且服务的居民、受众众多，也为相关互联网金融业务的开展提供了一定的发展基础。随着互联网与手机网络的普及率迅速上升，互联网金融在农村及欠发达地区应用的技术基础也得以完善。借助互联网金融的高效、便捷、低成本等特征为农村及欠发达地区提供金融服务的同时，互联网金融企业也可以实现自身商业运营的可持续性。随着互联网金融在农村及欠发达地区市场的深度普及，及时地利用互联网金融助力农产品贸易及服务的可能性也随之提升，这在一定程度上成为推进农村及欠发达地区

发展的支持性因素。

8．互联网金融运行方式优化

互联网金融的使用将有助于相关企业在支付方式、信息处理、资源配置等方面的运行方式的优化。具体地，在支付方式上，互联网金融的发展将形成以移动支付为基础的运行模式，现金、证券等金融资产的支付、转移和交易清算可以依赖移动网络高效地完成；在信息处理上，"大数据+搜索引擎+云计算"将促进信息处理方式的改变；在资源配置上，互联网金融可以提高金融相关资源的配置效率。总体上，在云计算技术的保障下，资金供求信息能够通过互联网低成本、高效率、广泛地传播，借助搜索引擎以组织化和标准化的方式形成有序的信息序列，以较低的成本得出资金需求的风险定价或动态违约概率。

9．商业银行存款业务缩减

商业银行等传统金融机构着重服务于 20%的大客户；而互联网金融企业则以中小微企业客户为重点，其服务对象集合了更为广大的客户群体。随着互联网平台的客户流量和沉淀资本规模的增加，互联网金融业务逐步向代理基金、余额理财等领域拓展，商业银行的基础性存款的分流压力越来越大。由于互联网金融的监管机制不完善，一些互联网企业将"支付交易"与"资产增值"相结合，推出了一批低门槛、随用随取、连通消费的资产服务类产品，吸引了大量客户的理财资金等，在一定程度上也抢夺了传统商业银行的存款，导致其存款业务缩减。

10．大数据技术助力风险管控

大数据技术的应用助力互联网金融企业更好地实现业务扩展、精准定位，通过对客户结构化和非结构化数据的分析、应用，准确预判业务的潜在需求群体，并根据不同客户群的特征设计差异化、定制化的业务拓展策略，从而提高客户忠诚度和运营效率，为企业的风险管控策略提供有力支持。

11．互联网金融的长尾效应明显

互联网金融的长尾效应相对明显，而传统的商业银行等金融机构往往以高收益群体作为目标客户群体，为其提供贷款等优质服务，这种差异就使得互联网金融契合了客户碎片化、低层次的需求。随着互联网金融的相关监管机构、监管措施逐步建立、形成、发挥作用，其先前所面临的的监管空白将被填补，传统金融机构的监管、安全性优势将无从发挥，消费低、数量大的互联网金融的长尾效应将凸显，从而形成广阔的普惠金融市场。

12．全渠道的客户体验成为常态

随着互联网普及率和社交媒体参与度的提高，加上大数据等金融科技的广泛应用，客户和企业间的关系正在发生着变化，使得客户和企业间的"触点"越来越丰富，客户也迎来多元化、差异化的渠道体验。客户除了能够在互联网平台上找寻到差异化的商品或服务，在整个商品或服务的购买和售后服务过程中，各类实体店、网站、计算机等移动设备与终端、社交媒体等多种渠道都将在不同环节、不同程度地参与到该过程中来，从而有效提升用户的消费体验，也使得全渠道的客户体验成为互联网金融模式下的常态。

5.2 互联网金融的核心业务及监管机制

5.2.1 互联网金融的发展模式与核心业务

随着我国互联网金融相关业务的深入推进与广泛开展,其呈现出多样化的发展模式,主要表现为众筹、第三方支付、数字货币、大数据金融、信息化金融机构以及互联网金融门户等形式。

1. 众筹

众筹(crowdfunding)即大众筹资或群众筹资,由发起人、支持者和平台构成,是指用团购或预购的形式,向网友募集项目资金的模式。众筹通过利用互联网和 SNS(social networking services,社交网络服务)传播的特性,让新创企业或小企业、艺术家或个人向公众展示他们的创意及项目,争取大家的关注和支持,进而获得所需要的资金援助。一般地,众筹平台的运作模式大同小异,需要资金的个人或团队通过将项目策划交给众筹平台,经过相关审核后,便可在平台网站上建立属于自己的页面,用来向公众介绍项目情况。众筹具有低门槛、多样性、依靠大众力量、注重创意等特点。具体地,低门槛是指无须考虑发起人的身份、地位、职业、年龄、性别,只要有想法、有创造能力都可以发起项目;多样性体现在众筹的方向上,国内众筹的项目类别包括设计、科技、音乐、影视、食品、漫画、出版、游戏、摄影等;依靠大众力量主要是因为众筹的支持者通常是普通的民众,而非公司、企业或风险投资人;注重创意是强调发起人必须先将自己的设计图、成品、策划等创意达到可展示的程度,才能通过平台审核,不可仅是一个概念或者点子,创意要有可操作性。

2. 第三方支付

第三方支付是指具备一定实力和信誉保障的非银行、独立机构借助通信、计算机和信息安全技术,通过与银联或网联对接,采用与各大银行签约的方式,在用户与银行支付结算系统间建立连接,促成交易双方进行交易的网络支付模式。根据 2010 年中国人民银行在《非金融机构支付服务管理办法》中对非金融机构支付服务的定义,第三方支付是指非金融机构作为收付款人的支付中介所提供的非金融机构支付服务,主要包括网络支付、预付卡的发行与受理、银行卡收单以及央行确定的其他支付服务,其中网络支付行为包括货币汇兑、互联网支付、移动电话支付、固定电话支付、数字电视支付等。

第三方支付的特点主要体现在三个方面:第一,第三方支付平台提供一系列的应用接口程序,将多种银行卡支付方式整合到一个界面上,负责交易结算中与银行的对接,使网上购物更加快捷、便利。消费者和商家不需要在不同的银行开设不同的账户,可以帮助消费者降低网上购物的成本,帮助商家降低运营成本;同时,还可以帮助银行节省网关开发费用,并为银行带来一定的潜在利润。第二,利用第三方支付平台进行支付操作更加简单而易于接受。SSL(secure socket layer,安全套接层)协议只需要验证商家的身份,SET(secure electronic transaction,安全电子交易)协议中各方的身份都需要通过 CA(certificate authority,证书授权)进行认证,程序复杂,手续繁多,速度慢且实现成本高。第三方支付平台较之 SSL、SET 等支付协议,商家和客户之间的交涉由第三方来完成,使网上交易变得更加简单。第三,第三方支付平台依附于大型的门户网站,且以与其合作的商业银行作为信用依托,因此第三方支付平台能够较好地突破网上交易中的信用问题,有利于推动电子商务的快速发展。

3. 数字货币

数字货币是电子货币形式的替代货币,是一种不受管制的、数字化的货币,通常由开发者发行和管理,被特定虚拟社区的成员所接受和使用。欧洲银行业管理局将虚拟货币定义为价值的数字化表示,不由央行或当局发行,也不与法币挂钩,但由于被公众所接受,所以可作为支付手段,也可以电子形式转移、存储或交易。数字货币作为一种基于节点网络和数字加密算法的虚拟货币,其核心特征主要体现在三个方面:首先,由于来自某些开放的算法,数字货币没有发行主体,所以没有任何人或机构能够控制它的发行;其次,由于算法解的数量确定,数字货币的总量固定,所以从根本上消除了数字货币滥发导致通货膨胀的可能性;最后,由于交易过程需要网络节点的认可,所以数字货币的交易过程足够安全。

按照其与实体经济、真实货币间的关系,数字货币可分为三类:一是完全封闭的、与实体经济毫无关系且只能在特定虚拟社区内使用的数字货币,如魔兽世界黄金;二是可以用真实货币购买但不能兑换回真实货币,可用于购买虚拟商品和服务的数字货币,如 Facebook 信贷;三是按照一定比率与真实货币进行兑换、赎回,既可以购买虚拟的商品和服务,也可以购买真实的商品和服务的数字货币,如比特币[①]。

数字货币的特点主要体现在交易成本低、交易速度快和高度匿名性三个方面。首先,与传统商业银行所涉及的转账、汇款等方式相比,数字货币交易不需向第三方支付费用,其交易成本更低,特别是相较于向支付服务供应商提供高额手续费的跨境支付而言,其交易成本低的特征就更为重要;其次,数字货币采用区块链技术进行去中心化处理,不需要任何类似清算中心的中心化机构处理数据,交易处理速度更快捷;最后,除了实物形式的货币能够实现无中介参与的点对点交易,数字货币相比于其他电子支付方式的优势在于支持远程的点对点支付,不需要任何可信的第三方作为中介,交易方可在完全陌生的情况下完成交易而无须建立直接信任关系,具有更高的匿名性,保护交易者的隐私,但这种机制也给网络犯罪创造了便利,容易被洗钱和其他犯罪活动等所利用。

4. 大数据金融

大数据金融是指通过对所收集获取的海量、非结构化数据的实时分析,为互联网金融机构提供客户的全方位信息,通过分析和挖掘客户的交易和消费信息掌握客户的消费习惯、消费偏好等,准确预测客户行为,进而实现对金融机构和金融服务平台的营销和风险控制。基于大数据的金融服务平台是指拥有海量数据的电子商务企业开展的金融服务。大数据分析技术的关键是从海量数据中快速获取有用信息的能力或利用大数据资产实现快速变现利

[①] 2017 年 9 月,中国政府关闭交易平台充值和取款功能,禁止比特币交易。

用的能力。因此，基于云计算技术的大数据的信息处理也使得大数据金融成为互联网金融业务的重要模式。

5. 信息化金融机构

信息化金融机构是利用信息技术对传统金融业务的运营流程进行改造或重构，实现经营、管理全面电子化的银行、证券和保险等金融机构。金融信息化是金融业的发展趋势之一，而信息化金融机构则是金融科技创新的结果。

从金融业的发展看，商业银行的信息化建设处于领先水平，不仅具有国际领先的金融信息技术平台，建成了由自助银行、电话银行、手机银行和网上银行构成的电子银行立体服务体系，而且以数据集中工程推进业务发展，在基于互联网的创新金融服务外，形成"门户""网银、金融产品超市、电商"的一拖三的金融创新服务模式。

6. 互联网金融门户

互联网金融门户是利用互联网进行金融产品的销售以及为金融产品销售提供第三方服务的平台。互联网金融门户的核心是"搜索比价"模式，通过采用金融产品垂直比价的方式，将各金融机构的产品放在平台上，有助于潜在用户通过对比挑选合适的金融产品。

互联网金融门户的多元化、创新性发展形成了提供高端理财投资服务和理财产品的第三方理财机构，提供保险产品咨询、比价、购买服务的保险门户网站等。因为互联网金融平台既不负责金融产品的实际销售，也不承担任何不良所产生的风险，同时资金也完全不通过中间平台，所以互联网金融门户模式不存在太多政策风险。

5.2.2 互联网金融业务的监管机制

互联网金融业务从本质上看仍属于金融业务领域，使得其面临着金融风险的隐蔽性、传染性、广泛性和突发性等，因此加强互联网金融相关业务的监管是促进互联网金融健康发展的内在要求。作为新生事物和新兴业态，针对互联网金融制定形成适度、宽松、适宜、有效的监管政策及机制不仅有助于相关互联网金融企业在金融产品或服务上的创新，也将有利于其借助监管机制实现互联网金融的健康发展，更好地服务实体经济的发展。

针对互联网金融业务的主要模式，以下将从互联网支付、股权众筹融资、互联网基金销售、互联网保险、互联网信托和互联网消费金融等角度分析互联网金融的监管机制。

1. 互联网支付的监管机制

互联网支付是指通过计算机、手机等互联网移动终端或设备，依托互联网发起支付指令、转移货币资金等相关服务。在互联网金融的业务模式下，互联网支付坚持服务电子商务发展和为社会提供小额、快捷、便民的小微支付服务的宗旨，相关业务所涉及的银行业金融机构、第三方支付机构需要在遵守现行法律法规和监管规定的基础上，实现有效的运营。在实务上，针对与其他机构开展合作的第三方支付机构，可以进一步清晰界定相关业务的各参与方的权利与义务关系，通过建立有效的风险分析、预测、隔离机制和客户权益保障机制，降低风险发生的概率，减少风险造成的影响；通过互联网向客户充分披露相关业务及服务信息、提示业务风险等，实现互联网金融业务体系下互联网支付服务的中介性质和职能,通过由中国人民银行负责互联网支付相关的监管确保互联网金融的健康发展,以更好地服务实体经济的发展。

2. 股权众筹融资的监管机制

股权众筹融资主要是指通过互联网形式进行公开的、小额股权融资的活动,通过互联网网站或其他电子媒介等股权众筹融资中介机构平台开展的股权众筹融资及相关中介机构需要确保在符合相关法律法规的前提下,通过对互联网金融的相关业务模式、产品或服务等进行创新探索,发挥股权众筹融资作为多层次资本市场有机组成部分的作用,以更好地满足新创企业或小企业的融资需求。考虑到股权众筹融资方多为小微企业,在互联网金融业务的开展过程中需要通过股权众筹融资中介机构向投资人如实披露企业商业模式、经营管理、财务状况、资金使用状况等关键信息,实现对相关业务参与方的有效监管,确保不得误导或欺诈投资者。由于涉及股权的交易,因此需要以证监会为基础进行监管,借助相关的政策及监管机制确保投资者充分了解股权众筹融资活动风险,并且具备相应的风险承受能力,以进行有效的股权众筹小额投资业务。

3. 互联网基金销售的监管机制

在互联网金融业务中,涉及基金销售机构与其他机构借助互联网合作销售基金等理财产品的情况下,按照证监会的监管要求,相关基金销售机构等需要切实履行风险披露义务,以基金销售的监管机制为指导,不得通过违规承诺收益方式等方式吸引客户;在互联网基金销售过程中,基金管理人应当采取有效措施防范资产配置中的期限错配和流动性风险等;如果涉及基金销售机构及其合作机构通过其他活动为投资人提供收益的情况,在监管机制设计的过程中应当对收益构成、先决条件、适用情形等进行全面、真实、准确的表述和列示,不得与传统的基金产品收益混同。第三方支付机构在开展互联网基金销售的支付服务过程中,应当遵守中国人民银行、证监会等关于客户备付金及基金销售结算资金的相关监管要求,确保第三方支付机构的客户备付金只能用于办理客户委托的支付业务,不得用于垫付基金和其他理财产品的资金赎回等。

4. 互联网保险的监管机制

开展互联网保险业务的保险公司应当以银保监会的监管为指导,遵循安全性、保密性和稳定性原则,加强风险管理,完善内控系统的作用,确保涉互联网保险业务的交易安全、信息安全和资金安全。专业的互联网保险公司应当坚持服务互联网经济活动的基本定位和监管机制,提供有针对性的保险服务。互联网保险公司通过建立对所属电子商务企业、平台等的非保险类子公司的管理制度,建立必要的防火墙以实现有效监管。保险公司在借助互联网销售保险产品或服务的过程中,不得进行不实陈述、片面或夸大宣传过往业绩、违规承诺收益或者承担损失等误导性描述。

5. 互联网信托和互联网消费金融的监管机制

通过互联网开展信托、消费金融业务的,应以银保监会的监管为指导,严格遵循相关监管政策及规定,加强风险管理,确保交易合法合规,并在互联网信托、互联网消费金融业务开展过程中确保客户信息不被泄露。信托企业通过互联网进行产品销售及开展其他信托业务的情形，需要严格遵守合格投资者等监管规定，审慎甄别客户身份、评估客户风险承受能力，不得将产品销售给与风险承受能力不相匹配的客户。互联网信托企业与互联网消费金融企业要以银保监会的相关监管政策和机制为指引，制定完善产品文件签署制度，保证交易过程合法合规、安全规范。

5.3 互联网金融与供应链金融的融合

5.3.1 互联网金融与供应链金融融合的概述

随着供应链金融业务及相关市场的发展，商业银行、互联网金融企业等纷纷通过业务延伸逐渐参与到供应链金融领域，使得互联网金融与供应链金融呈现融合的态势，互联网供应链金融将互联网的共享性、高效性以及低成本等优势与供应链金融业务紧密结合，提供创新型的金融产品或服务，在互联网与供应链金融的融合下，资金融通手段、风险控制手段等均有明显的增加和提升，也成为中小微企业拓展融资渠道、提高供应链运营效率的重要途径。

实际上，供应链金融 3.0 时代是金融科技广泛应用的时代，也是推进互联网供应链金融的时代。此时的服务提供者逐渐由互联网供应链建构者承担，它们作为供应链业务流程的建设者、管理者，也是供应链金融业务规则的制定者，它们不仅掌控了多维、复杂且高度融合的信息流，也成为最适宜、最有能力管控供应链金融风险的主体。在互联网供应链金融模式下，其有效解决了供应链金融业务中涉及的交易信息电子化不足导致信用评估缺失的问题，互联网供应链金融通过填补信息空白或盲区，补全金融业务中的信贷缺失等环节，覆盖更多的中小微企业，为供应链金融业务参与者提供针对性、便捷性的服务。在新的系统融合模式下，互联网供应链金融并未颠覆传统供应链金融业务，而是借助互联网及金融科技等实现了相关业务流程及产品服务的拓展、创新，既推进了信息流、资金流、物流等互联网供应链金融的核心资源，也确保了风险控制、IT 服务、进出口代理等成为供应链金融重要的辅助性资源。

从业务领域及技术优势角度看，"互联网+"时代能够掌握实时数据、海量数据的互联网平台相比于传统的商业银行更有资本开展供应链金融业务，尤其是在供应链金融 3.0 时代，金融科技的应用促进了更多相关参与者成为网络节点，即通过相关参与者之间的物流、资金流、信息流、商流的互动与交叉，在控制金融风险的同时，挖掘更多金融产品或服务创新的机会。互联网平台借助其网络优势、技术优势等获取海量的商业数据，并通过与商业银行等金融机构合作获得资金来源，逐渐参与到供应链金融业务体系。互联网金融平台通过多种业务模式参与到互联网金融体系，并通过与核心企业的合作进入供应链金融领域，从而从实务层面实现了互联网供应链金融业务的整合。

1. 互联网供应链金融的网络结构

互联网供应链金融的网络结构呈现平台化、高度关联化的特征，其所涉及的管理流程则呈现高度复杂且互动的特点。互联网供应链金融中的核心企业因其在业务中的重要地位，需要进行横向价值链流程、纵向价值链流程以及空间价值链流程的全方位流程管理。横向价值链是在价值链中处于相同地位、满足相同功能的企业间的内在有机联系，横向价值链的有机集聚有助于形成良好的产业内分工，形成高效、有序的产业集群。纵向价值链是将参与价值链的企业、供应商和顾客视为一个整体，通过价值链参与者的纵向联系、延伸等强化价值链的协同、互动，如向上延伸至原材料的生产商或供应商或向下延伸到产品的最终用户等，实现纵向价值链的上下游企业、用户间的高度协同、有效互动。空间价值链则跨越区域的空间限制，不仅关注产业内以及上下游企业间的有机结合，也强调不同区域间参与者的有机整合，真正实现了价值链生态网络的作用。

在具体业务层面，横向价值链流程、纵向价值链流程以及空间价值链流程间的交互形成了业务价值网，不但拓宽了核心企业的信息来源渠道，而且为核心企业提供额外服务创造了空间，为供应链金融业务创新等开辟了市场。因此，互联网供应链金融业务的核心企业与供应链参与者间不仅存在序列依存，而且存在集合依存，从而促进了企业间借助交互合作获得多样化的知识，并且通过产品或服务等业务参与直接或间接交换知识。另外，互联网供应链金融业务参与者之间的松散合作，在一定程度上促进了相关业务参与者采用新技术和新模式寻求利益和发展，带来了更多的网络外部性。

2. 互联网供应链金融的发展趋势

近年来，随着互联网供应链金融的出现和快速发展，这一新的融资模式满足了供应链中中小微企业的资金需求。总体上，互联网供应链金融随市场变化和经济发展呈现新的发展趋势，主要表现为传统核心企业+互联网平台+供应链金融模式，"SaaS+B2B（business to business，企业间的电子商务）+供应链金融"的三位一体服务解决方案，服务主体多元化、参与主体扩大化，垂直领域的供应链金融服务提供商增加，供应链金融信用状况完成在线数据化，互联网供应链金融服务覆盖范围扩大等。

（1）传统核心企业+互联网平台+供应链金融模式。在互联网供应链金融业务模式下，业务服务将会更多地出现在由传统的供应链核心企业主导建立的互联网金融平台，成为传统实体企业在"互联网+"时代转型升级的重要途径，从而实现服务于传统企业的创新和发展的模式。

（2）"SaaS+B2B+供应链金融"的三位一体服务解决方案。由于企业级 SaaS 服务是 B2B 电子商务的流量入口，其在推动产业信息化建设的同时，有助于解决产能过剩和成本上升的问题。由于 SaaS 服务越来越倾向于免费，而 B2B 交易的利润空间有限，使得其盈利空间多体现在流量增值服务上，即供应链金融变现 SaaS 和 B2B 服务，进而借助利息收入获得高额利润。因此，通过将 B2B 纳入 SasS 流程，再结合供应链金融方案就形成一个壁垒非常高的"三位一体"服务解决方案。

（3）服务主体多元化，参与主体扩大化。在供应链金融业务模式下，商业银行作为供应链金融产品或服务主体的地位已经发生了改变，在"互联网+"浪潮下更多的企业利用自身信息、交易数据以及客户资源优势等转型为供应链金融产品或服务的提供主体。供应链金融业务参与者，无论是直接利益相关方还是如政府管理部门、行业协会等各种间接利益相关者，都倾向于构建整合供应链金融业务体系的系统，进而实现交易、物流、资金、支付、咨询等服务生态系统，借此通过发展客户、保持客户等提升其地位和盈利能力。

（4）垂直领域的供应链金融服务提供商增加。一方面，更多的垂直领域内的核心企业通过与商业银行等金融机构合作参与到供应链金融服务中；另一方面，供应链金融服务提供商为控制风险、降低运营成本，更专注于某一个产业、技术领域等获取、积累供应链数据。目前，在计算机、钢铁、医药等市场空间广、应收账款多、产成品存货金额大的产业、技术领域形成垂直供应链金融服务的可能性更高。

（5）供应链金融信用状况完成在线数据化。为提高效率和降低运营成本，供应链金融服务参与者会利用互联网、信息技术等创新性发展业务，如云计算、大数据、移动互联网、人工智能、区块链等新兴技术在供应链金融领域的普及、强化，使得供应链金融客户信用体系的建立更依赖于新兴技术，通过在线方式实现，获得在线数据，有效降低交易成本和运营成本，提高融资效率，促进整个供应链高效运行。

（6）互联网供应链金融服务覆盖范围扩大。互联网信息技术使得供应链金融业务覆盖了众多中小微企业，改变了以往的供应链金融服务只针对核心企业，并通过核心企业为上下游企业提供金融产品或服务的模式。在"互联网+"金融业务模式下，供应链金融可以将先前无法覆盖的企业纳入业务体系内，利用"长尾效应"扩大自身的市场份额，赚取更多的利润。由此，互联网供应链金融实现了覆盖范围的扩大，真正发展为普惠金融。

5.3.2 供应链多样性融合服务

随着经济活动的发展和客户需求的变化，相关企业的经营重心逐渐从物质产品主导的传统供应链转向服务主导的供应链，在实务层面上实现了服务供应链的内涵与范围的拓展。随着生产制造、产品采购、分销管理等相关的供应链业务服务的不断演化、升级，服务主导的经营活动向生态化、动态化转变，也成为催生互联网供应链金融业务创新的驱动因素。

近年来，随着学术界和管理者们从实践的角度对产品含义的重新梳理，尤其是制造业企业的管理实践中倾向于将产品由单纯的有形产品拓展到产品的增值服务方面，产品的概念呈现服务化趋势。实际上，诸多的大型跨国企业都在进行产品服务化的管理实践，如通用电气的能源管理服务、壳牌石油的化学品管理服务、伊莱克斯的一体化电气解决方案等都成为产品服务化的典型代表。伴随着诸如此类的业务服务拓展与管理实践，服务外包也逐步成为大型企业确立并保持其核心竞争优势的一个重要手段，如通用电气、惠普、IBM（International Business Machines Corporation，国际商业机器公司）等都开始借助全球劳动力资源实现相关服务业务的外包，而国内公司则侧重于获得技术支持、客户服务支持、产品设计服务等服务外包业务的增长，为服务供应链的形成和发展奠定了坚实的基础。

企业借助服务增强其在相关市场活动中的竞争优势，成为其实现战略发展的至关重要的因素。与此同时，传统的客户从被动地接受产品或服务逐渐转变为经营过程和经营活动的主导者和参与者，通过积极主动的参与来实现价值的协同创造。随着供应链逐步转变为以服务业务为主导，以整合操作性资源为主的服务也成为供应链相关业务的核心交易内容，已不再作为物质产品的附属品参与到供应链业务。因此，服务逐渐发展为客户使用过程中产生的服务提供商与客户协同创造的产品,不再以直接交换的产品形式出现。伴随着供应链的转变,企业也开始对其提供的产品或服务进行重新界定、思考、实践,使得越来越多的供应链企业意识到在充分利用物质性能源的基础上,借助知识资源的整合为客户提供优质供应链相关的增值服务业务等成为其在激烈的市场竞争中获胜的关键所在。

1. 供应链运营的线下服务

供应链的线下服务关注在供应链运营管理过程中真实发生的、面对面的、互动产生的供应链相关业务行为和能力,是以实体管理要素为主的供应链管理活动。美国学者埃尔拉姆于2004年发表的《理解和管理服务供应链》一文明确了供应链服务由综合需求管理、客户关系管理、供应商关系管理、服务传递管理、复合型能力管理、资金管理六个流程组成,这些服务流程是构成供应链线下服务的主要途径,重点在于如何在质量、成本、创新中寻求均衡点,在保证质量的基础上有效地控制成本,根据内外部环境变化及时创新,实现与时俱进的供应链运营管理。

(1) 综合需求管理。需求管理是以用户为中心,将用户需求作为出发点,专注于用户需求的估计和管理,利用用户需求信息形成其生产决策,以实现用户效用最大化的经营活动。综合需求管理是平衡相关业务企业的供应链能力与客户需求的流程。因此,良好、有效的需求管理是供需匹配、防止供应链中断的重要前提。服务供应链的综合需求管理是确保服务、产品供给、客户需求之间实现同步化的管理。在当前竞争加剧、动态变化的环境中,传统的历史数据对未来的预测作用受到冲击,但由于需求本身是历史销售情况和需求显性因素的函数,而且需求分析本身致力于提供一种集合式、高度可行且反映未来的情境,而不是单纯的预测。基于此,良好、有效的综合需求管理要求在掌握各种核心数据的同时,加强与客户的沟通,深入了解客户真正的需求、想法、问题及困难等,以契合实际地为客户降低经营成本和风险。

(2) 客户关系管理。客户关系管理是企业用来管理、维系、运营客户关系的工具,通过加强与客户的交流,深入了解客户需求及变化,并结合需求不断对产品或服务进行改进和提高,以满足客户需求。实际上,客户关系管理的关键是与客户的交流,企业的经营活动以客户为中心,而不是传统理念下的以产品或市场为中心。为实现方便、快捷、实时、有效地与客户沟通,客户关系管理可以为客户提供多种交流渠道。在涉及服务供应链管理的客户关系管理中,其提供了一个客户关系维系和发展的框架,通过准确识别不同类型的客户群体,根据客户类型确定其在供应链中的位置和作用;在充分了解客户需求及特点的基础上,提供定制化的服务,实现客户协同价值的创造。

(3) 供应商关系管理。与客户关系管理专注于改善与客户的关系不同,供应商关系管理用来改善与供应链中供应商的关系,致力于实现与供应商建立、维持长久、紧密伙伴关系的管理思想和解决方案。供应商关系管理旨在建立改善企业与供应商之间关系的新型管理机制,用于企业采购业务等相关领域,其管理目标在于通过与供应商建立长期、紧密的业务关系,以及对双方资源、竞争优势的整合共同开拓市场,提升需求满足能力,扩大市场份额,降低产品运营成本,进而实现双赢的企业管理模式与管理实践。服务供应链的供应商关系管理侧重于三方面:首先是服务供应链中供应商的识别,由于供应市场是一个复杂的市场，只有有效协调拥有不同能力、不同资源的供应商才可能获得良好的合作机会，使得供应链识别、供应链网络关系定位等成为重中之重；其次是服务供应链中的供应商管理范围，除了经营体系中的直接供应商，还包括与各经营要素相关的间接供应商；最后是供应商关系管理的核心合作实践管理，即将供应商关系管理视为促进供需合作、不断交流沟通，从而实现供需能力匹配的过程，而不是简单地将供应商关系管理视为降低供应商数量、维系长期合作关系的管理流程。

（4）服务传递管理。服务传递管理是为实现客户的价值诉求，将服务从后方整合到前台，有效地将整体服务交付给客户的过程。在服务传递管理过程中，服务供应商必须最大程度地使消费者满意，有效提高服务组织的运营效率，控制运营成本。在供应链管理实践中，服务传递系统往往被视为对潜在竞争者构成的障碍或壁垒，成为服务供应商的核心竞争优势。服务管理学家肖斯塔克认为服务传递系统可由一个可视图描述，并进行服务设计，如借助服务蓝图表示。服务蓝图又称服务流程，是一种有效描述服务传递过程的可视技术，它是一个涵盖了服务传递过程的全部处理过程的示意图，在服务蓝图中，企业的服务传递系统分为前台区域和后台区域两部分。其中，前台区域是直接与客户接触的区域，而后台区域是不与客户接触、只提供间接服务的区域，设计一个高效率的流程是后台工作的目标，对于决定服务效果的关键性操作，应当确定标准的执行时间。美国学者齐斯认为服务传递系统可分为高客户接触区域和低客户接触区域两部分。在高客户接触区域，为促进客户感受个性化服务，在设施选址上要接近目标客户，设施布局要考虑客户生理、心理需求及期望，对服务过程的设计要考虑到生产环节对客户的直接影响，考虑到客户服务体验的需求，适当设计客户参与；而在低客户接触区域，客户不直接出现在生产过程中，生产经营观念和自动化设施均以工厂运作模式为基础。由上述分析可知，服务内容、价值目标、内部服务及整合管理等内在要素，以及服务传递与外部环境的适应等外在要素构成服务传递管理的重要方面。

（5）复合型能力管理。能力管理是在企业经营管理活动中为更好地执行生产进度及安排，通过建立生产能力的限额或水平，对其进行衡量、监测及调整的职能。在服务供应链中，企业通过其内部系统有效率、有效益地实现稀缺资源、知识的合理有效配置，以满足变动的客户价值、诉求，进而实现有效的资源管理。有学者认为服务中的能力管理难以实现。因为与产品不同，服务无法以先前的经验、需求分析等为基础实现标准化的生产，无法借助前期生产并通过后续的差异化生产和传递等满足客户需求，而且服务过程的非物质化也使得其能力管理呈现高度的人力化和知识化特征。斯图尔特将智力资本定义为企业中所有成员所知晓的、能为企业在市场上获得竞争优势的事物之和，并提出了智力资本的"H-S-C"结构模式，即企业智力资本的价值体现在人力资本（human capital）、结构资本（structure capital）和客户资本（customer capital）三者中。供应链服务的复合型能力管理主要表现在三方面，即对供应链网络中各成员知识和智慧的组织与管理、网络关系体系的协调与建立、供应链体系中各种有形资源和无形资源的整合与运用等。

（6）资金管理。资金管理是供应链服务管理的重要管理流程，作为供应链管理的核心，资金流管理在传统供应链中常被忽略。在经济全球化的背景下，跨国公司的离岸生产和业务外包使供应链出现"低成本区域"，在成本最小化的导向下，供应链融资成本容易出现问题，导致供应链的资金流产生短板效应。事实上，资金使用效率是需要引起重视的一个重要方面，如何在控制系统风险的同时为相关企业提供资金支持是供应链服务管理不可或缺的、独特的方面。

2. 供应链运营中的线上服务

供应链线上服务是利用互联网相关技术实现的一系列没有发生面对面交互的服务。供应链线上服务充分利用互联网的技术优势，借助信息管理实现服务供应链在线的有效管理。供应链运营中的线上服务的原则主要体现为透明、及时、对称。透明要求所有的信息都能被供应链业务的各参与方及时获取或接入；及时要求所有的信息都是实时更新的；而对称则强调交易方基于平等互利的基础合作，一旦出现信息不对称，就会使一方处于信息优势，而一方处于信息劣势，处于信息优势的一方若产生机会主义动机或行为则可能导致整个供应链运行的风险。总体上，供应链线上服务包括交易信息管理、物流信息管理、资金流信息管理、信用信息管理、技术知识信息管理以及环境信息管理六方面。

（1）交易信息管理。供应链交易信息管理是指通过互联网技术将供应链运营过程的细节、状态、单证等及时、有效地通过互联网技术、信息管理技术、数据库技术等得到反映、整合。作为供应链运营中最为重要的信息要素，交易信息直接决定了预测、经营规划、运输规划等管理行为与管理决策的质量。研究表明，供应链中所涉及的交易信息在核心企业、经销商、制造商之间的分享提高了企业的存货水平、商品销售规划水平和新产品开发绩效等。及时、准确地交易信息有助于供应链企业清晰、明确地了解客户的价值诉求，并根据客户需求提供定制化服务，提高服务质量和效率。

（2）物流信息管理。物流信息管理是运用计划、组织、领导、协调、控制等管理的基本职能对信息进行搜集、检索、研究、交流和提供服务的过程，是有效地运用人力、物力和财力等基本要素以达到物流管理目标的活动。物流信息管理作为动态发展的概念，其内涵和外延随着物流实践深化和物流管理发展而不断发展。早期的物流信息管理主要采用人工方式，随着信息技术的发展，基于信息技术的物流信息系统利用计算机技术、通信技术对物流信息进行收集、整理、加工、存储服务等，实现了人机系统的应用。虽然此时的企业信息处理仅限于销售管理和采购管理等，但为适应市场竞争加剧、销售渠道扩大和流通成本降低的需要，物流信息系统逐步完善，特别是计算机技术和数据通信技术的进步显著提高了物流信息的处理能力，促进了物流信息系统迅速实现远距离信息交换、大数据信息处理等，并推进了经营管理的发展。

（3）资金流信息管理。由于供应链运营过程中资金流涉及资本占用、支付情况及资金流转情况等，而资金流的流转既受制于供应链运营，也反作用于供应链运营，使得供应链业务运营过程中各主体间的业务往来、政策等均会影响资金流流转，如出现资金流运转不畅等问题，可能会造成供应链系统的崩溃。因此，及时、有效地跟踪、监控、反映供应链中的资金流信息，实现有效的资金流信息管理是保证供应链正常运行的核心和关键。对供应链业务相关管理者而言，把握资金流在供应链中的方向、数量、速度就显得尤为重要。资金流的方向决定了其在各个主体间的流动情况及影响；资金流的数量与资金占用情况高度相关；资金流的速度体现了资金在供应链中的流转频率，直接影响资金的使用效率。

(4) 信用信息管理。作为供应链运行中的核心要素，信用不仅代表着企业签订合约的价值，也在一定程度上体现了企业承担责任的能力。具体来说，信用因素在供应链运行中的影响体现在两方面：一是微观层面的企业运营或财务管理的影响因素，二是宏观层面的环境因素。当前学术界关注的信用影响因素主要包括销售费用、流动负债比率、相对总资产的借款和应付总额、资本充足率、流动比率以及利息保障倍数等。

(5) 技术知识信息管理。在供应链业务及市场经营活动中，供应链企业需要与合作伙伴通过协同实现技术创新与共享，包括转换性创新、根本性创新、构架性创新以及持续性创新等均需要供应链合作伙伴的知识、技术等作为基础，通过技术知识信息的获取、分析和整合，促进供应链与企业的创新与发展。

(6) 环境信息管理。在供应链运营中，资源环境、生产经营环境等外部环境的变化无疑会导致供应链运营风险的发生，因此及时地监控环境变化、掌握环境变化信息并利用相关信息预测、规避风险就显得十分重要。供应链的线上服务模式可以实现对资源状况、生产经营活动变化的有效监测、分析，通过将数据收集、空间分析和决策综合集成到环境信息管理成为推进供应链业务运营效率提升的重要措施。

3. 供应链线上、线下服务的融合

互联网金融的发展建立在供应链运营的线下服务与线上服务融合的基础上，利用线上、线下的整合消除可能出现的多主体、多行业、多行为产生的业务盲区，通过对可能的业务盲区的准确识别、管理，降低供应链运营风险，消除可能出现的违约行为及其影响。

对大多数传统实体产业而言，其已经建构了完备的线下供应链体系，涵盖了从采购到分销的不同环节、不同地区、不同合作对象、不同交易情况、不同物流、不同环境等供应链运营活动，使得所有与线下活动相关的信息能及时、有效地实现线上反馈成为金融活动开展的基础和前提。实际上，对不同来源的信息进行有效的分析、整合和分享对供应链业务而言极为重要。如果业务参与方出现信息不对称，就存在参与者产生机会主义和道德风险的可能性，进而影响供应链的正常运行；只有将相关信息在不同成员间分享，才有助于提升中小微企业的融资绩效。信息整合同样是推进相关业务的重要手段，只有通过供应链上下游企业间的信息整合，才能充分发挥信息的作用，而线上平台正是实现信息整合的基础。

对新兴的、以线上交易为主的企业而言，线上的所有运营及交易等活动同样需要企业内部和企业之间的流程管理等线下业务的支持。

在企业内部流程管理方面，质量管理大师戴明提出了 SIPOC 组织系统模型，该模型主要用于流程管理和改进技术，也是过程管理和改进的常用技术，成为企业识别核心过程的首选方法。戴明指出任何一个组织都由供应商、输入、流程、输出以及客户这五部分组成，由此构建了 SIPOC 组织系统模型。供应商（supplier）是向核心流程提供关键信息、材料或其他资源的组织；输入（input）是供应商提供的资源等；流程（process）是使输入发生变化并转变为输出的一系列活动，组织追求通过这个流程使输入增加价值；输出（output）是流程的结果，即产品；客户（customer）是接收输出的人、组织或流程等，不仅指外部客户，也可以包括内部客户。

在企业间管理流程方面，主要采用由国际供应链协会开发支持的 SCOR（supply-chain operations reference model，供应链运作参考模型），该模式适用于不同产业领域的供应链运作。SCOR 模型涵盖了所有与客户间的相互往来，包括从定单输入到货款支付、所有物料实体和服务的传送，甚至涉及从供应商的供应商到客户的客户，包括设备、原材料、配件、大批产品、软件等，也考虑了所有与市场间的相互影响，从对累计总需求的理解到每项定单的完成等各项流程。SCOR 模型按流程定义可分为三个层次：第一层为绩效衡量指标，反映供应链性能特征，高层绩效策略可能涵盖多个不同层次的 SCOR 流程；第二层为配置层，由 26 种核心流程类型组成，企业可选用本层中定义的标准流程单元构建它们的供应链，当然每一种产品或产品型号均可以有自己的供应链；第三层为流程元素层，主要用于定义企业能否在特定市场中取得成功的竞争实力，以第二层的每个流程细分形成具体的流程元素信息。总体上，SCOR 模型的三个层次都可用于分析企业供应链的运作，在第三层以下还可以有第四、第五、第六等更详细的属于各企业所特有的流程描述层次，这些层次中的流程定义不包括在 SCOR 模型中。

总体上，线下活动线上融合、线上交易线下融通两类融合机制为互联网供应链金融的健康发展提供了基础。其中，线下活动线上融合为金融服务提供商提供了整合的信息，有助于及时、准确地了解供应链运营中的中小微企业的状态，更好地把握各种信息，建构多渠道、多来源的交易平台；线上交易线下融通为互联网供应链金融的发展提供了系统化的流程和架构，确保了交易信息的真实性，也有效降低了金融活动的风险，为互联网供应链金融的发展奠定了基础。

5.4 客户归属与供应链服务的底层化

市场营销学对客户归属是这样定义的：指客户在人际交往或组织群体交往过程中感到轻松、舒适或熟知的一种正面情绪。客户归属是在服务商与客户互动的基础上产生的，当客户将归属感认定为一种特定关系时，将有助于后续的合作关系，从而促进归属感的建立，并通过归属感改善服务商与客户间的关系，因此通过强化服务商与客户间的互动与关系进而使客户产生归属感是互联网供应链金融建立的前提和基础。

已有涉及客户归属的研究认为：作为一个复杂的过程，客户归属是客户有意识地选择、追求与特定的服务商建立关系的决策及过程，或者是客户希望成为服务商网络成员的意愿，这种意愿是客户倾向于与服务商建立长期合作的动机和信息。其中，动机是客户内心对合作的期待，认为可以通过双方的合作获得回报，而无法合作则可能导致损失；信息是客户对与服务商合作可以降低风险的认知。客户的归属感建立在动机和信息的基础上，以归属和优先表征的待遇因素与以激励和费用表征的经济因素共同决定了客户的预期价值。基于上述分析，服务商只有为客户提供最基础、最低价的经营活动平台并不断进行创业性行为才能让客户对供应链产生归属感，这就构成了供应链服务运营的底层化。供应链金融服务创新的前提是客户归属，而客户归属的前提是供应链服务运营的底层化。

底层作为基础、根本的事实和原则，是置于下面的体系，具有隐形的特征，需要经过细致的审视、分析才能发现。Web应用系统采用的层次架构呈现低耦合与高内聚的特性。按照程序逻辑，可将系统架构分为显示层、程序逻辑层、业务逻辑层、数据访问层四层结构。显示层主要包含为应用程序实现用户交互的组件，主要功能是为用户显示信息和接收用户输入的数据。程序逻辑层是程序的基础，主要包括用户使用程序的导航过程控制，用户输入的数据是否符合业务规则的有效性验证，将业务逻辑层返回的数据转换为显示层的数据格式并向显示层提供显示数据，将用户输入的数据映射为业务逻辑执行所需的数据类型，用户身份认证和权限分配，根据程序执行过程触发相应业务过程等。业务逻辑层处于核心层次，包含了业务实体和业务实体间的关联，是将现实业务模型通过面向对象的分析与设计技术映射到程序空间的实体实现的。业务实体的创建是以数据访问层提供的数据为基础完成的。数据访问层为程序逻辑层和业务逻辑层提供数据访问能力，为系统提供对各种不同数据存储环境的访问能力。

供应链运营由产业呈现层、服务传递层、业务逻辑层、基础数据层四层体系构成。第一层为产业呈现层，由于不同的产业或应用领域有不同的特征和价值诉求，对供应链体系产生了差异化要求；第二层为服务传递层，根据各技术领域以及客户需求形成不同形态的服务活动，诸如进出口贸易服务、虚拟生产组织、销售预测等，是因客户需求而产生的供应链运营业务形态；第三层为业务逻辑层，是整个供应链活动的核心，作为连接数据和传递服务的纽带，业务逻辑层是供应链运营底层化的重要基础，主要形态包括生产服务底层化、交易服务底层化和物流服务底层化；第四层为基础数据层，由于三种不同功能的应用平台生成了大量数据，经过数据挖掘产生了供应链参与者的信用体系，成为互联网供应链金融业务开展的决策依据。

5.4.1 生产服务底层化

作为生产制造企业，供应链运营中的核心企业如何帮助上下游企业与利益相关者共同形成合理、有效的供应链管理方案是供应链金融的重要切入点。实际上，无论是上下游企业还是利益相关者都面临着供应链业务运营的优化问题。

供应链运营涉及的研发过程中产生了技术工程现场服务等底层化服务。生产企业要为客户提供工程现场服务、技术服务、一站式采购服务、云仓储管理服务以及研发应用基础方案，并通过数据信息管理、国际物流管理、金融管理、产业孵化实现供应链业务目标。生产服务底层化还涉及整个生产过程的运营与实施，由于在该实施过程中存在多个痛点，供应链也需要帮助相关企业解决这些痛点。

5.4.2 交易服务底层化

交易服务作为供应链运营中的重要组成部分，包括了供应链业务中所有的交易性管理活动。一般地，按照供应链业务过程中交易活动发生的时间可分为交易前、交易中、交易后三个阶段。其中，交易前的活动主要是各种信息的收集，交易中的活动主要涉及谈判和签约过程，交易后的活动主要是履约过程等，因此交易服务的底层化主要涉及上述活动的组织与管理。

供应链业务中涉及的交易服务底层化的关键服务活动包括市场覆盖、销售接触、管理库存、订单处理、市场信息和客户支持等。市场覆盖是指帮助企业有效地对接分布广泛的市场，对接远距离、分散的客户等；销售接触原本是产品或服务提供商的服务内容，但由于客户过于分散，使得分销服务面临高昂的、难以承受的代价，因此生产商倾向于将交易中的分销服务交由流通商承担，从而实现生产商成本的降低；管理库存是交易服务集成商的核心任务和竞争优势所在，通过帮助生产商储存产品，大大降低了生产商的资金压力和库存压力；订单处理是服务商提供的一种综合性服务，商品交易涉及的烦琐的过程、环节等往往会耗费生产商大量的资金和时间，通过将订单分解与合并、报关、商检等辅助性活动交由专业服务商处理，不仅能降低生产商的生产及运营成本，也能显著加速产品流通，缩短交易时间；市场信息是为生产商带来收益的一项重要信息资源，交易服务商可以将交易信息、物流状态等通过互联网平台传递给生产商，帮助其制订合理的营销计划；客户支持是指通过各种物流组织管理、保险等增值服务活动，帮助生产商提高运营效率。

交易服务集成商的核心业务是为下游客户提供产品可得性、客户服务、信用和金融支持、品种管理、分货、建议和技术支持等分销服务。其中，产品可得性是指集成商利用互联网等手段向客户提供的产品或服务；客户服务是指集成商通过运输配送、产品组合、流通加工等活动实现价值；信用和金融支持是指集成商通过信用管理、金融性支持活动等相关业务，降低交易成本等；品种管理是指服务商通过对产品品种、经营信息分类为客户提供分类信息和相关服务；分货是指集成商按照产品分类将其送达客户指定位置的服务；建议和技术支持更多集中在交易后的阶段，无论是商品还是服务，其都涉及一定的技术建议、技术支持等，也成为促进交易的重要方面。

5.4.3 物流服务底层化

物流活动是为满足客户的需求，以最低的成本，通过运输、保管、配送等环节或方式，实现原材料、半成品、产成品或相关信息由商品的生产地到消费地的全过程。物流系统是一个基于原材料、半成品、产成品和物流信息等构成的运营系统，涉及从供应开始经各中间环节的商品所有权的获得、转让到最终到达消费者手中的实物运动，以实现组织的明确目标。

虽然当前多数企业意识到物流环节在强化其竞争优势中的重要作用，但是由于其涉及环节众多且成本较高，多数企业无法依靠自建物流系统来实现相关产品或服务的生产经营活动，而是通过物流服务外包给专业的第三方物流企业等，利用其竞争优势促进生产经营效率的提升。对于相关企业而言，通过将物流服务外包能够帮助其将更多资源投入自身具有核心竞争力的领域中，从而实现高效率、低成本、低风险的分销服务，获取更高的利润。物流服务的底层化侧重于从三方面考察：一是提供物流的维度特征，二是建立与客户的关系特征，三是物流企业拥有的核心竞争力。这三方面所形成的物流服务底层化是第三方物流企业在供应链金融业务中必须具备的要素。

5.5 共同进化的产业价值生态网络

随着供应链管理实践的深入推进,传统的供应链管理活动作为综合性的管理流程活动,通过信息共享平台的建设、分享实现供应链业务参与者之间的协调、互动,使得综合信息化平台的建设与协调演变为供应链管理活动的核心。近年来,产业生态概念与供应链管理的融合显著拓展了供应链管理的核心,使得供应链管理模式发生了巨大的改变,通过创造供应链业务各方共同参与的业务网络,供应链金融产业生态进一步超越了原有的资产互补,实现了业务主体间的共同进化、共创共享。与此同时,产业价值网络为互联网供应链业务提供了广阔的空间和前提条件,也在一定程度上促进互联网供应链金融成为产业价值生态发展的手段。

5.5.1 产业价值生态网络的特质分析及分析阶段

1. 产业价值生态网络的特质分析

获得持续、稳定的竞争优势和核心竞争力是企业经营活动的重要动机,对企业利润的增长起着关键作用。依托独特的资源、其他企业难以模仿或获取的经营能力是市场导向的组织获取、强化竞争优势的重要手段。在经济全球化和资源全球配置的外部因素的影响下,以服务为核心的价值生态网络越来越受到人们的关注,通过信息分享、流程导向的管理,以及与合作伙伴的协作、知识共享、知识创造和传递、投资行为一体化等建构价值网络体系。与普通的产品不同,在服务的供求及交易中,服务的生产与消费往往呈现同步性,即供求双方共同创造服务的价值,价值网络运作中的服务供求方从简单的上下游企业间的交易关系转变为互动的、相互协调的、共同创造价值的依存关系。因此,产品供应链与价值生态网络的区别主要体现在三方面:两者价值实现的形态有所不同,价值生态网络的结果是创造共同的知识和智慧,价值生态网络的组织方式呈多样化。

首先,产品供应链与价值生态网络价值实现的形态不同。产品供应链的核心在于产品,供应链的形成以最终产品的生产过程为指导,供应链上的各主体依据其在链条上的位置和作用参与整个供应链的生产经营活动,有针对性地向其下游企业提供产品即可;而价值生态网络的供应商、合作伙伴和客户等参与价值创造,以产业生态网络中多方协调的活动为指导统筹生产经营活动,进而创造价值。在价值生态网络中未明确地区分生产者和消费者,只存在诸多有明确价值主张的行动主体,使得价值生态网络的各方根据不同要求和能力进行定位,并进行资源整合。

其次,价值生态网络的结果是创造共同的知识和智慧。信息分享、产品或服务的定制化、建立长期的合作关系及流程导向管理等供应链管理战略构成了供应链管理的核心。信息共享是加强供应链主体间协调性的重要手段,一般地,主体间共享的信息包括库存、预测、订单及产品计划等;除了信息共享,创新能力也是决定企业成败的重要因素,创新能力的培养要注重信息传递过程中的信息收集、整理、编码,以及知识创造和传递等。价值生态网络成员间将享受各自拥有的信息、资源，共同获取信息，并根据信息创造知识、传递知识，形成共同的知识和智慧。

最后，价值生态网络的组织方式是多样化的，其组织形式不仅有链式的，也有辐射式和星座式的。链式价值生态网络是指在供应链运行过程中，客户需求会促进新技术的应用与产品发展，同时供应商也成为最终产品创新的驱动因素。链式网络主要关注的是从供应商到客户端及上下游企业的集成价值网络创新方式。除了链式形态，价值生态网络还有辐射式、星座式等更加复杂的组织方式。作为开放、动态的业务运营系统，企业不仅需要考虑静态结构和联系，还需要关注动态情况、与外部交流、跨越式技术和寻找新的机遇等，另外企业要同时寻找参与到创新活动中的客户、供应商等关键资源，这种以企业主体为中心，联合相关企业、政府部门、金融机构等利益相关者的情形就是辐射式价值生态网络。价值生态网络中的互补创新也十分重要，这种互补不仅能带来规模和范围的扩张，更能促进各产业、技术领域的协同与专业化，这种以产业为基础细分层次并协同各业务创新的就是星座式价值生态网络。

2．产业价值生态网络分析的阶段

产业价值生态网络以利益相关者为主体，通过网络价值分析、互动、协作等共同创造和实现价值，推动各利益相关者共同发展、进化。一般地，价值网络分析分为定义网络目标、识别并界定网络成员、定义成员理解的价值、定义价值连接、分析和形成价值网络五个阶段。

（1）定义网络目标。其核心在于确定网络中价值的存在，而定义网络或价值分析的边界是重要前提，从网络节点的视角加以分析，这些网络中商业模式赖以存在的组织或业务单元共同构成了相互依存、相互作用的网络结构。

（2）识别并界定网络成员。从网络节点出发，识别所有价值网络的传递者，这是识别并界定网络成员的核心任务。作为所有影响网络或被网络影响的组织构成的系统，需要从价值链的视角分析所有能设计、产生、推动、传递或实现价值的网络成员。这些网络成员或参与者包括平台提供者、供应商、渠道商、竞争者、规则制定者、技术提供者以及客户等。由于客户是决定价值的主体，因此对客户的识别就显得尤为重要，客户作为价值生态网络的重要组成部分，其合理、有效的运行不仅是产品或服务的传递，更是一个创造价值的过程。

（3）定义成员理解的价值。价值传递的前提在于了解当前的价值和未来的价值，价值不仅表现为金钱或其他货币形式，而且可以是一系列期望或有用的、有形或无形的质量、产品、知识、利益或服务等。事实上，在产业价值网络中，只有所有参与者之间进行复杂的互动才能实现价值，由于不同的价值诉求对应不同的行动、流程，因此必须深入了解各参与者的价值诉求。在价值分析过程中，除了传统的正面角度，还可以从阻碍价值实现的反面视角进行探索。反面视角下，阻碍参与者价值实现的"痛点"不仅让参与者难以实现价值，还可能因高成本减少价值量。因此，对于参与者价值诉求的综合性了解与分析，即各个参与者得到了什么、面临哪些痛点、将实现何种价值、有多大的意愿付出行动等都是价值分析中必不可少的部分。

（4）定义价值连接。定义价值连接的重点在于分析参与者之间的连接，如财务控制、影响及依存等，还有其各自的价值诉求和痛点。参与者之间的价值连接是参与者之间的影响方式，即产品或服务的交换、情感或偏好、信息或想法、影响和权力等。具体地，一般从商流、物流、信息流、资金流、知识流、人流六方面考虑价值连接方式。商流是指物品在流通中发生形态变化的过程；物流是指产品的流动过程；信息流是指数据在参与方之间的流动；资金流是指不同参与者之间的资金往来、管理等；知识流是指技术、手段、方法等的整合、分享、使用；人流是指人力资源在网络中的使用。各参与者通过上述六种"流"被组织结合起来，通过建立网络结构实现价值创造。

（5）分析和形成价值网络。通过对价值网络的定义、识别与分析，可以借助价值创造分析模型了解生态网络的状况以及参与者的活动等。价值创造分析模型需要考虑"静态"和"动态"两方面。静态价值网络是从整体角度对生态网络进行分析的活动，首先要对客户进行定义，明确谁是我们的客户，以及客户所理解的价值及其形态；其次要考虑采取什么样的创造活动实现价值；再次要探究为实现上述活动需要哪些资源，应该由谁来运用这些资源，如何运用这些资源；最后需要考虑参与者之间如何互动、如何相互影响。在动态网络方面，重点在于考察不同类型的网络、价值网络未来的变化等。另外，价值网络的运行还需要技术和信息的支持，在生态系统中，支撑最优决策的信息化同样是十分关键的架构，也需要对其进行深入的分析。

5.5.2 解构原有产业供应链中的"1"

根据产业生态价值网络的分析可知，价值生态网络的建构有助于推进互联网供应链金融业务的顺利开展，有效的金融创新活动可以进一步推动价值网络的进化与发展，促进产业生态的演进。一般地，基于价值生态网络的互联网供应链金融表现为三种形态，即：解构原有产业供应链中的"1"，将分散的碎片聚合成虚拟的"1"，将两端碎片整合成"1"个生态平台。此处的"1"代表供应链的核心企业，通过对供应链运营活动及业务模式的分析确定核心企业，以此为基础考察核心企业协同交易的合作组织或企业的价值诉求，解构其供应链业务活动，通过供应链核心企业与上下游企业的有效对接，最终形成共同合作的生态，通过创造价值实现共同进化。价值解构一般通过组织内价值解构和组织间价值解构两方面实现。

1. 组织内价值解构

组织内价值解构是指通过有效的财务、金融手段，帮助供应链核心企业平衡其毛利和利润，其中毛利是商品收入减去实际采购成本和营运资金占用利息的金额。平衡毛利融入了资金占用的概念，通过信息系统的辅助手段对客户付款和汇款环节、品种及客户结构等进行调整，找到平衡点，在此过程中服务商必须深刻理解平衡毛利的重要性，从而帮助核心企业实现毛利平衡。

2. 组织间价值解构

组织间价值解构是指在保障核心企业"1"的同时，优先实现核心企业的供应商和客户等关键战略合作伙伴的利润和现金流,使供应链系统能持续、稳定、健康的发展。虽然供应链核心企业往往规模较大、实力较强,但其同样需要稳定供应商和客户等战略合作伙伴,帮助上下游企业降低成本,加速现金流运转。因此,平衡供应链核心企业及上下游企业的资金和财务状况,对稳定产业供应链体系、建构良好的价值生态具有很好的作用。

5.5.3 将分散的碎片聚合成虚拟的"1"

产业链中的中小微企业在市场活动中面临着诸多挑战,如如何对接供应链、如何处理与商业银行等金融机构的关系、如何应对政府部门与管理机构、如何对接海外市场、如何实现产品的深度分销等,这些都可能成为制约其发展的棘手问题。只有强化中小微企业在产业价值生态网络中的地位、资讯和能力才能解决这些问题,这就需要在客观上借助互联网、物联网等新兴的信息技术建构虚拟产业集群,将分散的中小微企业集合成虚拟的"1"。虚拟产业集群是指突破地理范围的限制,处于同一价值链或创新网络上的相关企业、机构的有机集合。虚拟产业集群作为快速构建、运作虚拟企业的基础平台,大多是由具有一定专长的企业组成的集合体,主要功能是通过提供与调节供应链成员企业的核心能力参与虚拟企业运作,使成员企业分享市场机遇。

虚拟产业集群是传统产业集群动态演化与创新的结果,也是产业集群发展的新趋势。虚拟产业集群具备了专业化分工、集群内组织相互关联以及协同与溢出效应等传统产业集群的特征,在跨区域性、跨产业性、开放性与灵活性、信息网络性四方面与传统产业集群存在显著区别。

1. 虚拟产业集群的跨区域性

虚拟产业集群突破了传统产业集群的地理和空间限制,以"组织接近"代替了"地理接近"的传统产业集群的特征,通过供应链运营和客户关系管理,在保证相关成员企业的产权独立性和行为协调性的前提下,实现了优势互补的资源在更广阔的空间范围内的有效整合,既降低了供应链成员企业的位移成本,又避免了成员企业对产业环境的不适应性和长期合作的依赖性等,显著降低了地理或空间集聚的风险。

2. 虚拟产业集群的跨产业性

在虚拟产业集群的情境下,相关企业可以在更广泛的范围内寻找、把握市场机会,在纵向上可以延伸到销售渠道、客户等,在横向上则可以扩展到辅助性、衍生性产品的生产商和经销商,以及与技能技术或投入相关的产业组织,甚至还可以将教育、培训、研究与开发、政府部门等纳入其产业集群,使得虚拟产业集群的跨产业程度要远远高于传统产业集群。

3. 虚拟产业集群的开放性与灵活性

传统产业集群由于受地理条件的约束、限制,在某种程度上呈现相对固化的特征。而虚拟产业集群在共同市场机会的作用下,价值链上的各种优势资源通过信息技术以及互联网等虚拟集成为动态的、开放的系统,使得虚拟产业集群的成员企业可以根据某一市场机会或具体项目临时性、快速地组合并通过有效协同促进相关业务开展。当虚拟产业集群的目标实现后，这些成员企业可以保留或解除与集群间的约束关系，以其他目的或新的市场机会为指引，在集群内外寻找新的合作伙伴，使得虚拟产业集群呈现明显的开放性和灵活性。

4. 虚拟产业集群的信息网络性

虚拟产业集群作为超越区域的"网络"产业集群，代替了传统产业集群的"地理集聚"的特征。虚拟产业集群的"组织接近"主要依靠先进的信息技术和信息网络实现，实际上，网络技术的普及、电子商务的发展和企业管理信息系统的完善等都为虚拟产业集群的产生和跨越时空的合作创造了条件。此外，虚拟产业集群与传统产业集群相比，需要更加完善的市场机制和固定的组织机构作为保证，虚拟产业集群内固定的组织机构只有充分发挥沟通、协调的作用，才能确保虚拟产业集群处于约束与灵活的均衡、合作与竞争的均衡的有序状态下运行。

5.5.4 将两端碎片整合成"1"个生态平台

在很多产业领域，供应链业务所涉及的上下游都存在着大量的中小微企业，使得供应链面临组织困难的问题，进而导致供应链金融业务的开展也无从谈起。因为无法依托债项结构或供应链业务系统开发金融产品或开展金融性服务，所以虚拟电子供应链（virtual e-chain，VeC）的重要性得以凸显。虚拟电子供应链通过建构供应链价值生态网络将处于两端的中小微等"碎片"企业整合起来，产生协同运营的可能性，进而通过推动两端共同发展，产生互联网供应链金融的价值。

虚拟电子供应链是供应链业务在虚拟网络环境下的协同运作，它通过将供应商、上下游企业和客户连接为一个有凝聚力、协同的实体，完成供应链运营业务。虚拟电子供应链与传统供应链相比，主要差异在于：传统供应链采用的是整体化的网络结构，各个参与者进入供应链业务系统后，其在系统中的结构形态和活动是固定的，各自采用既定的方式参与到供应链运营活动中；虚拟电子供应链则通过模块化的网络结构将一个个区块组合成供应链系统，各区块间采用分布式协同运营，既能够充分发挥组织化的供应链优势，又具有较强的灵活性。虚拟电子供应链这一价值生态网络更适合于中小微企业间的互动，增强了中小微企业在价值网络中的地位和信用，促进了互联网供应链金融的顺利、有效开展。

思考题

1. 简述互联网金融的概念、主要特点及发展趋势。
2. 简述互联网金融的核心业务构成情况，以及如何实现互联网金融业务的有效监管。
3. 互联网金融与供应链金融发展的关系是什么？
4. 供应链服务的底层化如何实现与客户归属的有效互动？

拓展阅读

第 6 章　供应链金融与物流金融

学习目标

学习和把握物流金融的概念、产生背景，了解物流金融产生的理论基础及其与经济发展的关系，掌握物流领域供应链金融发展的类型，通过对不同类型的物流金融模式的比较与区分建构物流金融与供应链金融融合的理论与现实基础。

思政目标

通过对供应链金融与物流金融的分析与比较，培养学生的团队协作能力、金融创新精神、吃苦耐劳精神；使学生树立遵纪守法的职业意识和公正法治的规则信仰，以实现其德法兼修。

学习要点

- ◇ 物流金融的概念
- ◇ 物流金融产生的理论基础
- ◇ 物流领域的供应链金融创新与实践
- ◇ 不同物流金融模式的比较与区分

引例

物流企业主导的供应链金融模式：顺丰实践

2015年年初，顺丰集团组建了金融服务事业部。顺丰金融的使命就是能够协助完成物流、信息流、资金流"三流合一"的过程，为消费者、机构客户提供更好的金融服务体验。顺丰金融背靠强大的物流体系，目前供应链金融业务线已基本形成，包括基于货权的仓储融资、基于应收账款的保理融资、基于客户经营条件与合约的订单融资和基于客户信用的"顺小贷"。

"四流合一"成为顺丰支撑丰富供应链金融业务线的基石，其中物流系统的构成包括顺丰速运、顺丰仓配、顺丰供应链以及顺丰家；信息流和资金流方面，由历史交易数据、支付交易数据、物流系统信息以及征信引入，来自B2B交易过程中沉淀下来的数据被用于金融服务和评估；商流方面，涵盖顺丰优选和顺丰海淘等。基于上述"四流"，顺丰实现了在交易数据、物流信息、系统对接、监控系统四个方面的不断提升，从而为仓储融资、保理、订单融资等供应链金融各条业务线提供有力保障。

2015年3月，全国上百个仓库为电商商家提供分仓备货，同时推出顺丰仓储融资服务。优质电商商家如果提前备货至顺丰仓库，不仅可以实现就近发货，还可凭入库的货品拿到贷款。庞大的物流配送网络、密集的仓储服务网点，再加上新兴的金融贷款业务，形成完整的物流服务闭环。这一模式极大地提高了客户的服务满意度和客户黏性。

在客户信用评级的基础上，客户可以将顺丰仓储中的商品作为抵押，从而获得质押贷款，解决客户商品采购等临时性资金需求，让客户在使用顺丰分仓备货的同时还可灵活地调整信贷额度，以解决资金短缺之急，并能灵活地随借随还，最大限度地降低客户资金使用成本。根据企业的资质和抵押的货品情况，顺丰给予的贷款额度为100万~3000万元。

顺丰仓储质押业务可以实现动态质押，仓储数据实时在线更新功能，从而使得仓储质押业务方面实现动态变动授信额度的功能。与以往在仓单质押过程中需要提供很多数据相比，顺丰仓储质押业务提供了非常精确的服务基础。

资料来源：搜狐网. 以顺丰金融为例，分析物流企业主导供应链的优劣势[EB/OL]. （2019-08-27）[2023-03-27]. https://www.sohu.com/a/336703397_99916973.

基于物流在供应链领域中的重要作用，当前理论界和业界对物流领域的供应链金融业务都进行了深入的研究。从概念上看，物流中的供应链金融是物流与金融相结合的复合性的概念，它有助于第三方物流企业的业务能力的提升，也为企业融资、提升资本的运营效率等创造了可能性；从金融业务实务角度看，物流金融的功能是帮助金融机构扩大贷款规模、降低信贷风险、拓展业务服务，协助相关金融机构处置不良资产、有效管理客户、提升质押物评估、进行企业理财等服务项目；从企业行为角度看，物流金融随第三方物流企业的经营业务活动的展开而产生，多专注于以物融资领域；在物流金融服务中，第三方物流企业的业务复杂性显著增加，不仅承担着物流服务，还需要与商业银行等金融机构合作提供金融服务。

6.1 物流金融的本质规律与形态

6.1.1 物流金融的基本概念

物流金融是面向物流活动的运营过程，整合金融服务和物流服务的创新性、综合性的服务，通过金融产品的开发、利用，有效组织、调节物流领域、环节中的货币、资金融通，从而推进金融服务。从形式上看，这些物流金融服务涵盖物流运作过程的存款、贷款、投资、信托、租赁、抵押、贴现、保险、有价证券发行与交易，以及各类涉物流业中间业务等。广义的物流金融关注于供应链上下游的中小微企业，但同时也包括为物流业务运营中存在融资缺口、需要保险等金融服务的中小微物流企业、园区、平台等载体提供服务，以中小微企业为主要服务对象；狭义的物流金融是对缺乏固定的、可抵押资产的中小微企业提供的融资服务。在物流金融运作过程中,相关企业以其采购的原材料或产成品作为质押物存入第三方物流企业的仓库,并依此获得商业银行的贷款,在后续生产经营过程中或质押品销售过程中按合同要求分阶段还款。总体上,第三方物流企业提供的质押物保管、价值评估、去向监管、信用担保等金融服务是商业银行与企业间资金融通的关键,是物流金融运作的基本原理。

伴随着物流业、金融业的发展以及业务模式的创新,物流金融实现形式呈现多样化趋势,成为物流金融业务持续、健康、稳定发展的重要推动力,物流金融产品、服务的创新也逐步成为金融领域发展的动力。物流金融业务主要分为物流银行、物流投行、物流保险三类服务模式。

物流银行主要表现为物流结算、物流融资业务。其中,物流结算是指利用各种结算方式为物流企业及客户提供融资的金融活动,包括代收货款、垫付货款、贸易执行等具体业务形式。实际上,随着物流业的发展,越来越多的第三方物流企业倾向于在传递商品时向买方收取货款,并通过将货款投递给相关企业而获利。从事涉及贸易执行的业务时,随之延伸、拓展出物流结算业务。一般地,第三方物流企业充当贸易执行者,而非实际参与方,通过业务拓展推进资金服务、物流服务、信息服务、订单服务等的多维融合,实现商流、物流、信息流、资金流的四流合一,当下比较成功的企业有怡亚通、飞马国际等。物流融资主要分为供应链上下游中小微企业服务的供应链融资和改善物流行业融资缺口的物流融资两类。

物流投行是物流企业利用资本市场开展直接投融资的业务模式,按照发展媒介不同可以分为以债券市场发行债券为依托的债券融资、以股票市场发行股票为依托股权融资两种直接融资业务,也包括物流企业对有核心竞争力的中小客户提供"创投"等股权投资服务。

物流保险虽然在传统的物流活动中是非核心职能,但随着其在相关业务流程中的参与度逐渐提升,也受到广泛关注。物流保险包括物品从供应地向接收地的实体流动过程中涉及的财产、货物运输、机器损坏、运输工具、人身安全等与物流活动相关的保险内容,还涉及可预见的、不可预见的自然灾害、不可抗力等保险项目,包括物流责任险、物流货物保险和物流综合险。另外,物流企业的信用保险、小微企业的保证保险等隶属于物流保险范畴。

6.1.2 物流金融产生的背景

次贷危机、全球经济危机、欧债危机等一系列金融危机给全球金融系统带来了流动性过剩、经济下行风险等问题,与此同时,外部环境的错综复杂,持续通货膨胀的压力、人民币升值、原材料和用工成本的上涨等多种压力的叠加,使得我国经济发展的结构性矛盾凸显,运行风险和不确定性增加,催生了我国中小微企业的经营风险以及更高的融资需求。虽然我国出台了一系列中小微企业扶持政策,但仍难以解决众多的信用等级评级较低、可抵押资产少、财务制度不健全的中小微企业融资难的问题。

1. 物流金融发展的宏观背景

物流金融发展的宏观背景主要体现在产业转型升级亟须提升物流金融发展水平、从事相关业务的企业面临成本上涨与盈利薄弱的双重挑战两方面。

其一，产业转型升级亟须提升物流金融发展水平。我国经济下行的压力、经济社会进入高质量发展阶段等客观因素都给传统产业结构转型升级带来压力。作为生产性服务业重要组成部分的物流业，在经济结构性减速的大环境下，其运行效率明显低于工业生产效率，这就要求其通过提高质量、效率激发各类市场主体发展的新活力，促成环境与资源压力的降低，实现国民经济高质量、可持续发展。

其二，从事相关业务的企业面临成本上涨与盈利薄弱的双重挑战。我国物流业在一系列利好政策的推动下取得了快速发展，但仍严重依赖于规模扩张、基础设施投入，众多物流企业仍以运输、仓储、配送等基础物流服务为主要业务。成本上升、盈利能力下降等会倒逼物流企业以服务创新提升其盈利能力。物流金融不仅能够有效融合物流、信息流、资金流，降低整个供应链的运营成本、融资成本，缓解中小微企业的融资难题，还有助于增强供应链上下游企业的业务创新能力，提升企业运营效率，提升我国经济的国际竞争力。

2. 物流金融发展的微观背景

相比于物流金融发展的宏观背景，其微观背景主要体现在中小微企业、金融机构、第三方机构等物流金融的行为主体方面。

第一，近年来，我国中小微企业发展势头强劲，占全国企业总数的99%左右，发展速度较快，提供了80%左右的城镇就业岗位，其创新能力、产品与服务价值等均稳步提升，成为我国经济发展的主要动力。但是与大型企业相比，我国中小微企业仍处于弱势地位，其融资需求呈现"短、小、急、频"的显著特征，高度依赖于传统的商业银行的信贷融资，融资渠道相对单一，而且中小微企业的信用等级评级普遍较低、可抵押资产较少、财务制度不健全等都从客观上限制了商业银行等金融机构对其进行信用贷款，其融资业务仍以固定资产抵押担保方式为主。实际上，我国信贷实践中长期存在"两个矛盾，一个不匹配"现象。其中，"两个矛盾"即大量动产资源闲置与中小微企业融资难、不动产资源枯竭趋势与信贷担保过分依赖不动产；"一个不匹配"是指商业银行接受的信贷担保物大部分以土地和建筑物等不动产为主，但是中小微企业普遍缺乏不动产资源，且法律条款也限制这些为数不多的不动产用于担保借入信贷资金。物流金融作为一种全新的金融实践，通过存货、应收账款作为融资担保，可以有效解决中小微企业的融资难题。

第二，我国以商业银行为主的金融机构的创新意识显著增强。近年来，随着金融业、银行业的发展及主要客群市场的成功转型、风险控制目标的实现，加上金融业新的竞争主体的涌现，监管制度、产业组织模式的变革等，都对商业银行等金融机构的产品、服务的营销、风险管控等提出了新的、更高的要求。在金融实践中，商业银行等金融机构意识到物流金融业务对扩大贷款规模、降低信贷等金融风险、处置不良资产、提升质押物评估等业务服务项目的重要引导作用，为金融机构提供了新的利润来源和竞争手段。

第三，物流服务体系与物流服务革命的推动作用。经济全球化的深入推进使得市场竞争日趋激烈，物流企业所面临的产品、服务需求也越来越复杂，甚至滋生出物流企业提供资金流、物流和信息流等集成的、融合性的服务的需求。众多的物流企业也倾向于主动求变，通过业务创新在激烈的市场竞争中脱颖而出，做出将物流、信息流引入资金流服务的崭新尝试。实际上，中小微企业的融资困难以及商业银行等金融机构的竞争压力等都为第三方物流结合自身优势为客户提供物流、资金流和信息流集成的创新服务提供了客观基础，使其通过拓展物流金融服务范围强化其经营实践，获取更大的收益。

第四，电子商务的发展也催生了大量电子商务平台参与竞争。近年来，电子商务的快速发展催生了一批资金实力雄厚的电商平台。为缓解中小微企业的资金难题、提高资金周转率，阿里巴巴、京东等平台类企业纷纷涉足物流金融领域，通过提供订单融资、应收账款融资和协同投资等金融服务进一步加速了物流与供应链金融的创新发展。

6.1.3 物流与金融融合的理论基础

物流业作为现代经济体系中新兴且活跃的产业，其经济学意义在于交易本身，"物"的流动与"资金"的流动作为经济活动的主要推动力量，使得物流业与金融业之间具有天然的紧密联系。在我国，物流业巨大的发展空间使得商业银行等金融机构尝试从资金融通的角度推进物流活动的升级、发展，支持物流企业融资、控制融资风险、推动经济增长无疑具有重要意义。

物流与金融业务的融合发展是推进两个产业共同发展的关键因素。一方面，随着全球化进程的深入推进，我国越来越多的企业融入全球大市场，客观上要求实现对外贸易水平的提升、区域经济协调发展、产业结构优化升级，与此同时，物流需求持续上升，但众多物流企业仍面临生存难、发展难的困境，因此如何借助物流增值服务促进物流企业高质量发展备受关注。另一方面，金融业虽然保持了持续增长的态势，但也面临诸多风险，使得加强与物流企业间的合作成为降低金融风险的一种有效手段。因此，物流业和金融业融合、协同发展成为必然选择，也将带来共赢的结果。

随着改革开放的深入推进，我国经济的高速发展也对物流业提出了新的、更高的要求，使得作为生产性服务业的物流业将物流金融视为实现转型升级的必然选择。实际上，近年来我国物流基础设施建设得到极大的改善，越来越多的企业将发展物流业作为提升竞争力的关键因素，但由于物流业内部激烈的竞争态势，如何在降低成本的同时满足客户量多质优的需求成为众多企业关注的重点。外部竞争的加剧使得诸多企业原有的生产方式、市场渠道受到冲击，如何实现其业务模式与供应链业务的整合也成为众多物流企业实现利润最大化的有效手段。

随着物流需求的增长和竞争的加剧，仓储、运输等传统的、基础物流服务的利润下降，如何实现物流与金融的有机整合、融合，创新性地提供以金融服务为主的增值服务，实现物流业更加多元化、系统化与个性化的发展，借助物流金融提高物流企业的核心竞争力，创造更大的利润成为物流业的发展方向。以产品和服务创新为主要表现的金融业务创新是现代金融与传统金融之间的显著差异，当前国际形势的深刻变化催生了金融要素的重新整合、物流与金融业务的融合发展，如通过质押融资开发新的融资产品等不仅满足了客户的个性化需求，也促进了物流企业的利润最大化。

交易成本作为企业经营活动中经济利润需要切实考虑的因素，是指买卖过程中所花费的全部时间和货币成本。物流金融业务中的交易成本是资金供求主体及中介机构交互行动所引起的成本。当业务参与主体缺乏足够的信息时，其可能通过欺骗或违背诺言等手段实现利益最大化的目标，这无疑将导致交易成本的增加。随着物流与金融业务的融合，物流企业可借助供应链一体化的优势更加准确、便捷地掌握供应商、生产商、销售商等的详细信息，在一定程度上解决了信息不对称问题，在节约了相关费用和社会资源的同时，也显著降低了交易成本，这种介于资金供求方之间的物流金融服务也有助于整体收益的增加。

物流金融在推动物流业发展的同时，也促进了金融风险控制、业务类型扩展以及信贷结构优化。因此，物流与金融业务的结合与协同发展有其主客观要求的必然性，必将推动国民经济实现可持续、高质量发展。

6.1.4 物流与金融融合的前提条件

现代物流源于第二次世界大战时期美国军队的后勤补给管理，战后相关管理学者开始了针对物流的科学研究，主要集中在以运输为中心的领域、以商业信息流通为中心的商业物流以及以优化理论为背景的运筹学和管理科学理论等领域。进入21世纪以来，随着全球经济贸易的发展，国际结算显著增多，也促进了物流与金融的融合，使得物流金融业务的产品与服务创新成为现代物流业的重要发展方向。

物流与金融的有机融合有赖于良好的政策环境，需要政府有针对性地提供政策扶持，包括财政扶持政策、税收优惠政策、土地优惠政策等，在一定程度上都可以成为推进物流金融业务持续、健康发展的有利支撑。首先，物流金融业务的发展需要政府部门提供一定的资金扶持，多渠道设立专项物流金融业务扶持资金，用于支持物流金融业务项目建设、技术升级、设施改造、网点建设、人员培训等方面，缓解中小物流企业融资难的问题，力争对物流金融业务的支持资金每年有所增长。一方面可以通过贷款贴息、财政补助等方式支持相关业务推进；另一方面可以充分调动市场力量，鼓励商业银行等为相关企业提供资金支持。其次，完善税收优惠和管理政策，通过税收返还政策、奖励资金免税政策等扶持符合相关减税、免税条件的物流企业加快发展，依托国家税收政策有效发掘、培育物流企业与金融企业相向而行，形成物流金融龙头企业。最后，通过土地优惠政策、物流园区发展规划等吸引、优先支持物流企业实现产业转型升级，实现物流园区与城市总体规划、土地利用总体规划之间的衔接，明确保障物流业发展的用地措施，确保重点物流建设项目的用地需求，推进物流金融业务的持续、健康发展。

6.1.5 物流金融与经济发展的关系

1. 物流金融与经济发展关系的理论基础

马克思在《资本论》中提出了"社会再生产"，涵盖生产、交换、分配和消费四大要素。交换和分配的过程即商品或服务的流通过程，实际上流通介于生产和消费的中间环节，在社会再生产中起到了关键的中介作用。流通以货币为媒介的商品交换、分配行为为主体，实现了商流、物流、资金流和信息流的统一。当前，从全球各国来看，流通已成为助推国民经济增长的关键要素。

传统金融市场是一个社会化大系统，其中票据市场和资本市场为商品流通做出了较大贡献。

票据市场是在商品交易、资金往来过程中产生的，通过汇票、本票和支票的发行、担保、承兑、贴现、转贴现、再贴现来实现短期资金融通的市场。按票据发行主体可分为银行票据市场、商业票据市场两类；按资金属性可分为商业票据市场和融资票据市场两类；按交易方式可分为票据发行市场、票据承兑市场和票据贴现市场三类。票据融资是在商品或服务的交易中以延付行为为主要特征的、衍生的信用形式，是交易方在平等、自愿、互利的条件下提供融资与融物的直接信用形式。票据融资这一信用行为以及由此产生的融资工具逐步发展为规范的交易对象和公共规则，并演化成一种特定形态的市场融资制度。票据融资所呈现的期限短、数额小、交易灵活、参与方众多、风险易于控制等特点有效促进了相关交易方达成交易，实现了商品价值和增值。

资本市场主要分为股票市场和债券市场。股票市场是专注于股票发行、转让等公开交易的市场。股票作为权益凭证，代表持有者对公司资产和收益的剩余索取权，股票持有人可按分红政策定期或不定期地取得红利收入。发行股票可以帮助公司筹集资金，但并不产生债务负担。债券市场是进行债券交易的市场。债券作为一种资金借贷的证书，包括债务的面额、期限、债务证书的发行人、利率、利息支付方式等内容。当商业银行的信贷资金无法满足生产及物流企业的资金需求时，可通过资本市场发行有价证券筹集资金，用以扩大生产和加速资源合理流动。

马克思的价值论指出物的运动必然引发作为等价物的"货币"的运动。随着我国物流业的发展、壮大，必然产生对信贷资金的需求，因此与物流相适应的资金流就成为商业银行等金融机构深入参与物流业发展的媒介，在物流业的基础上形成"物流金融"。

从物流业的发展历程来看，虽然现代物流起源于第二次世界大战期间的美国军队，但战后在日本、欧洲得到了发展并不断成熟，而真正将物流业推至一定的高度的却是中国。随着我国现代化建设的深入推进，物流业得到了空前的发展。实际上，自改革开放以来，我国经济持续、高速的增长无疑催生了对物流专业化和社会化的显著需求。从商业银行的角度看，以货币为媒介的流通必然加速与金融业务或金融相关流程间的关联，而流动资金贷款本身就属于流通金融范畴。随着现代经济的高速发展、社会分工的细化，物流业呈现特有的经营方式、业务模式、管理特征等，但从金融角度看，涉及物流业务的金融产品、服务等信贷措施几乎不存在。物流业作为连接生产与消费的关键环节，在国民经济发展中起着重要的作用，同时由于物流相关业务的开展可能涉及资金周转、运作等，也为商业银行等金融机构开拓新业务市场、拓展新业务品种等提供了良好的契机。

2. 物流金融对经济发展的推动作用

物流金融作为传统物流业务的突破与创新，不仅有效推进了物流实务与金融要素的有机结合，也在一定程度上引导了金融要素的转化，不但提高了社会储蓄、投资的总体水平，而且通过金融业务创新推动了储蓄通过适当渠道有效地参与金融资源的再分配,解决了物流业所面临的资金问题,提高了投资效率,也促进了经济增长;同时,物流金融通过其独特的风险分担功能,促进了物流业与金融业的有机融合,可以更好地服务实体经济,真正实现商流、物流、资金流、信息流的四流合一,保证了经济的平稳运行和高效发展。

物流金融促进金融要素、资源的优化配置,促进经济发展。研究表明,现代经济增长的诸多影响因素中,由要素效率提升带来的影响较大。随着物流金融实务的逐步推进,其通过改进投融资效率,显著提高了各要素的效率,促进了经济发展。就要素效率提高的作用机制而言,物流金融有时是独立起作用的,有时则是通过与其他因素结合、交互共同发挥作用的。经济增值不仅建立在资本投入量的增加上,更依赖于资本投入效率的提高。随着金融主体的参与而形成的物流金融业务体系通过改进投融资效率,影响经济实体的产出效果。作为物流金融主体的市场以中介的角色助力相关物流企业较好地实现融资目的,促进经济发展。

物流金融强化对技术进步的贡献,促进经济发展。随着科技的日新月异,越来越多的新兴技术被广泛应用于物流业、金融业,也在一定程度上成为物流金融业发展的技术支撑,而技术进步本身也是生产率提高的主要动力。一方面,现代物流作为以供应链一体化业务为核心的社会大系统,涉及社会经济生活的方方面面,涵盖了运输业、仓储业、装配业、流通加工业、电子通信业等多个产业,诸如此类与物流业相关的产业的发展无疑涉及重大的工程项目等投资,也成为金融业发展的外部刺激;与此同时,物流业的产业转型升级同样需要对原有的运输工作、技术装备等进行更新改造,也加大了资金需求,虽然一部分可以由相关物流企业独立解决,但无疑会产生较大的信贷需求,成为以商业银行等为主体的金融机构的信贷业务来源。另一方面,商业银行作为资金流动的关键环节,可以借助其与物流企业建立长期的、稳定的业务关系提供延伸的增值服务,拓展与物流企业相联系的上下游优质企业,使得生产商、物流企业、零售商和最终消费者的资金流在商业银行内部实现良性循环,有助于实现供应链、需求链和价值链的有机结合和有效运转。

物流金融借助风险分担机制稳定经济发展。全球化、信息化的发展趋势促进了各国步入新经济时代,各国已经不再单纯地追求经济增长,而是越来越关注可持续、高质量发展,强调经济结构的协调与优化,强化各业务领域、环节的风险防范和化解,确保要素与经济增长之间的协调、有效。实际上,从物流业务自身而言,现代物流的高速发展依靠强有力的风险分担能力,随着物流业与金融业的深入融合,物流金融不仅可以提供风险分担的方法,也是风险分担的核心,能够实现跨部门风险分担与跨期风险分担。在社会化生产过程中,在从原材料到产品的最终使用者的整个供应链过程中,物流企业发挥着越来越重要的作用,但是由于物流企业与生产企业在各自的义务和权利方面出现"模糊边界",使得原本属于生产企业的责任与义务转移到了物流企业身上,造成了物流业整体运营风险的增加,但从实务上看,如何为物流企业提供责任风险保障仍未能形成完整有效的解决方案。尽管部分实务环节中实行了货运代理人责任保险等,但由于其无法涵盖整个物流过程,尚不能着眼于解决物流企业所面临的整体风险。事实上,长期以来分散风险就是金融市场、金融体系的重要功能,发达的、设计合理的金融市场应该为物流企业及相关业务提供多种金融产品和金融工具，如融资租赁、分级信用管理、仓单质押或风险分析、风险转移等风险品种开发等，提供一个涵盖物流业务各个环节的、完整的物流金融解决方案，有效帮助物流企业防范风险，以缓解物流企业承载的风险和压力。总之，国民经济的更好发展依赖于物流金融为国家经济提供的这些功能；而物流金融只有适应了一国的经济结构和经济运行体制，才能最大限度地发挥其功能，为经济的持续、健康、稳定发展服务。

6.2 物流领域供应链金融的创新类型化

6.2.1 物流金融与第三方物流

通过对物流金融的运作实质、理论基础及对经济发展的促进作用的分析发现，作为物流业务与供应链金融业务的创新，第三方物流作为专业化的物流运营企业起到了极为重要的作用。随着第三方物流企业深入参与到供应链金融业务与实践中，其不仅解决了供应链运行中资金流动的问题，也通过参与供应链融资进一步优化了物流流程。实际上，第三方物流与物流金融业务的结合、与供应链不同参与者的合作关系等对于改善供应链结构、开展物流金融业务等起到了很大的促进作用。

第三方物流作为专业的物流服务提供者，因其对物流业务的竞争优势而成为众多供应链业务企业选择的对象，第三方物流企业所体现的客户服务能力、供应链金融服务绩效在很大程度上取决于其针对不同市场、不同产品或服务的定位，使得其有针对性地做出了差异化的运行模式。事实上，从管理实践角度看，第三方物流企业的差别化定位由其自身的资源与能力的性质、类型决定。巴尼从有形和无形两个角度对企业拥有的资源和能力加以区分，指出有形资源是一种独特性和限制性供应的生产要素，而无形资源则是基于文化的隐性知识、诀窍、企业的剩余等。因此，第三方物流企业的资源和能力因其类型差异就成为其区别于竞争者的优势，构成企业竞争优势的来源。

戴尔在其研究中强调了企业的资源和能力在交易中的作用，从内在反应、外在内化以及横跨匹配三方面加以区分。其中，内在反应是指企业针对市场响应进行的内部运作能力，拥有该能力的企业在物流运输、组织资源等方面比竞争对手更具优势；外在内化是指企业能够比竞争对手更早、更准、更快地预测市场需求、响应市场需求、提供适应的服务，并与客户建立良好的合作关系的能力；而横跨匹配则体现为战略制定、定价、新业务开发等方面，主要是指企业比竞争对手更好地处理内在反应与外在内化之间的匹配、集成的能力。

特蕾西等学者借助实证研究进一步证明了企业绩效的提升不仅依赖于企业内在反应的增强，也依赖于企业外在内化和横跨匹配的增强。显然，企业的内在反应以及某些外在内化是一种基于物质和有形生产要素体现出来的资源和能力，这些能力和要素的作用在于满足客户既定的需求和期望，属于一种被操作性资源。而外在内化以及战略匹配作为前摄性的，基于知识、智慧的资源和能力，具有能动性、隐形性的特点，这种资源和能力需要长期的集体行为体现出来。因此，在物流业务的实务上，第三方物流运用或通过物质资产或被操作性资源为客户提供差异化的服务，更多的是借助其物流服务的基础或能力，是建立在其操作性资源和能力基础上的,如第三方物流利用自建仓库、运输工具、配送活动等为客户提供全面的物流服务的能力是客户选择与其进行合作的关注点。

虽然专注于提供差异化的服务,但总体上第三方物流企业同样面临大量的物流资产的投资,即第三方物流企业从事物流金融性服务多依赖于其物质资产,基于其物质资产性的运营衍生出了金融产品或服务业务,如通过仓储管理、运输配送等传统物流环节催生的金融活动;与此同时,第三方物流企业的生产经营活动也高度依赖于其所拥有的知识或智慧资源,即其知识、智慧在促进资产性的投入、运营中发挥了重要的作用,如第三方物流企业面向金融市场提供的加速库存周转、流程优化、供应链系统改进等高度智力型的服务带动金融性业务,并且借助其竞争优势和智慧资源实现相应的风险管理。从这个角度看,更多的客户评价建立在第三方物流企业所拥有的具有高度增值能力的知识、智慧的基础上,而不是其传统类型的资产的数量多少上。

产业组织要素同样是构成第三方物流企业实现差异化定位的关键因素。贝恩等学者通过将产业理论的"结构—行为—绩效"模型引入市场分析中,指出特定产业的市场结构特征决定了企业所能采取的行为模式,企业行为模式则进一步决定其在产业运营过程中取得的绩效,而企业取得的绩效会进一步影响到产业的市场结构,通过产业结构的特征分析,某些产业可能因存在规模经济而实现效率提升或优化。规模经济是指在一定的技术水平下,企业生产能力的扩大会导致其长期平均成本呈下降的趋势,长期费用曲线呈下降趋势,由此在规模经济点上的运营将促进企业实现经济性,即利润最大化的运营。对物流产业而言,随着经营范围、经营网络的扩大和数量的增加,也会出现规模经济的点,即引起整个产业的费用下降,同时产业的收益得以实现。从产业组织的角度看,第三方物流企业参与物流金融业务往往倾向于寻求区域市场或者局部市场运作,这种运作方式并不在于追求规模经济,而是借助向特定市场提供差异化的产品或服务的经营获得局部竞争优势。随着第三方物流企业的业务扩展到全国乃至全球范围,其经营网络的广泛覆盖趋于成为其获得竞争优势的关键要素,即通过网络覆盖和规模经济的实现获得竞争优势。

6.2.2 物流金融下第三方物流的分类

随着第三方物流企业在物流金融业务体系中的深度参与,越来越多的企业因其竞争优势、资源能力等呈现不同的发展模式,当前我国的第三方物流企业按照其物流服务资源能力和网络覆盖范围主要分为资产型区域型第三方物流、资产型广域型第三方物流、知识型区域型第三方物流、知识型广域型第三方物流四种基本类型。

资产型区域型第三方物流是早期的、传统的第三方物流形式,该类型中的第三方物流企业往往借助于土地、物流园区、仓储及运输基础设施、人力等大量的物质资产在局部或者区域提供基础性的物流服务。总体上,这类第三方物流企业的生存和发展建立在其拥有的物质资产以及低成本地满足客户需求的基础上,具体的如城市配送、仓储企业、小型运输企业等均属于资产型区域型第三方物流。

资产型广域型第三方物流也是一种典型的第三方物流形态,这类第三方物流企业运行的基础同样是其所拥有的物质资产,但与资产型区域型第三方物流不同的是,这类第三方物流企业往往拥有较大的物流服务网络，规模经济性较强。因此，资产型广域型第三方物流的优势不仅在于提供低成本的物流服务，还在于凭借巨大的网络资源和规模经济效应降低综合性交易成本。诸如某些全国性的物流企业，特别是一些由传统交通运输或邮政系统转变升级的企业都属于资产型广域型第三方物流。

知识型区域型第三方物流是具有特定业务能力和灵活性的第三方物流形态，这类企业多侧重于在某些区域和地方运作或专门服务于特定的客户企业或专注于某些产业等，知识型区域型第三方物流虽然也拥有一定的物质资产，但是其服务基础是专业物流管理、流程知识和组织能力等。因此，知识型区域型第三方物流企业多由专业能力、经验、智慧带来价值增值。

知识型广域型第三方物流是一种具备强大核心能力和广泛运营网络的企业。知识型广域型第三方物流企业一方面通过强大的技能、知识、智慧和网络规模为客户带来增值，实现客户企业无法实现的价值；另一方面凭借其综合的管理能力、网络协调能力实现所有权成本的控制，全面降低物流等业务的交易成本。知识型广域型第三方物流企业实现了供应链服务和管理的特点和需求，是一种供应链综合服务集成商。总体上，诸如 DHL（Dalsey, Hillblom, Lynn，敦豪航空货运公司）、UPS（United Parcel Service，美国联合包裹运送服务公司）等有外资背景的第三方物流企业都属于知识型广域型第三方物流。

6.2.3 物流金融下第三方物流的运作模式

第三方物流因类型不同，其各自的运作模式也存在一定差异，进而形成了四类不同的物流金融运作模式。

第一类是传统的物流金融服务。第三方物流企业凭借自身的资产运营和基础性的物流活动为客户提供相应的金融性服务，如代收货款、货款托收等服务，虽然诸如此类的金融服务能为客户带来一定的价值，但对第三方物流企业而言，一方面由于其自身的物流性资产投资较大，投资回报率较低；另一方面由于此类金融服务的增值性较为有限，其往往还可能因代付造成较高的负债率，使得参与此类物流金融运作模式的第三方物流企业往往在整个供应链生态中处于配角的地位。

第二类是区域变革发展型物流金融服务。虽然这类第三方物流金融服务模式与传统的物流金融服务模式类似，其运营的范围和空间仍局限在一定区域内，但是服务基础已经由原来单纯的物流服务、金融服务转向、升级为以知识和智慧为基础的高级物流服务和金融服务。在区域变革发展型物流金融服务运作模式下，第三方物流企业通过解决区域内供应链参与企业的资金问题，加速库存周转，提高其业务范围内的采购物流或分销物流效率。

第三类是知识型网络拓展物流金融服务。此类物流运作模式的特点在于第三方物流不仅能够提供增值性的物流服务和金融服务，而且实现了服务网络的扩展，即第三方物流企业将服务网络向全国、全球拓展，极大地扩展了对客户的服务空间，使得此类第三方物流企业的供应链金融运作和优化的范畴更为广泛。

第四类是广域变革发展型物流金融服务，此类物流运作模式以资产型广域型第三方物流为基础演化而来，依托第三方物流企业丰富的网络资源和规模经济性，通过供应链金融业务创新和高增值的物流服务逐渐向知识型广域型第三方物流发展。这一运作模式不仅提升了客户忠诚度,也显著增强了第三方物流与供应链参与企业间的关系,同时也通过金融服务与增值性物流服务的有机结合为第三方物流自身创造新的发展方向和盈利点。

6.3 不同物流金融模式的比较与区分

6.3.1 区域变革发展型物流金融模式

第三方物流企业因其专注于从事物流服务而成为物流产业发展的重要推动力量,随着其逐渐参与到供应链业务,通过物流金融产品或服务创新发挥其物流服务能力等强化供应链业务相关企业的竞争力,实现高效发展在很大程度上取决于其与客户之间的互动性以及是否可以结合双方的有效交互促进产品或服务等业务创新等。总体上,当前针对第三方物流企业的评估多集中于从第三方物流企业自身的物流能力、服务绩效等展开,而针对第三方物流企业客户绩效的评价则只关注于客户本身,当出现第三方物流企业或供应链金融业务方出现一对多的情况时,这种单一视角的评估分析使得对第三方物流企业与客户间关系的研究、双方互动的研究及能力分析严重缺失,无法真正体现供应链金融业务作为整体的评价,显然第三方物流企业的资源、能力和客户绩效评价要素会出现不一致的问题。因此,如何从系统的角度将供应链金融业务参与方的第三方物流企业与相关客户进行通盘考虑,分析其服务能力、绩效与供应链体系效率、收益等就成为亟须解决的问题。

除了对物流金融业务模式下第三方物流企业的能力评估的分析,物流金融体系中的物流服务方之间的合作形态、风险评估与管控同样是值得深入研究的问题。

对于第三方物流企业与物流服务需求方之间的合作关系与合作形态,戴尔等人研究发现其多呈现准市场型和准官僚型两种形式。在准市场型的合作模式下,第三方物流企业与客户之间以合作时间为基础,在很大程度上是基于长期、频繁交易形成稳定的合作,但各方间的信息共享、流程整合等程度依然较低,未能形成强联系或高度信任;在准官僚型的合作模式下,第三方物流企业与客户之间的合作层次较高,各方间不仅长期合作,而且在信息分享、流程整合等方面具有很强的互动性,甚至呈现互帮互助的强联系。因此,虽然第三方物流企业作为专业的物流业务提供方参与到供应链业务和物流金融中,但因其物流服务关系的不同也会存在差异化的合作形态。

第三方物流企业在物流金融业务中提供的产品或服务创新的机制不同,使得物流服务的供求关系及经营风险等存在显著差异,这就要求相关业务参与方深入考虑如何规制物流服务的潜在风险及用什么形式应对供求关系不稳定带来的潜在风险等,基于第三方物流服务能力、绩效和关系等考察区域变革发展型物流金融模式下,如何借助供应链金融业务的开展实现价值增值、业务延伸等。

从第三方物流企业能力的角度看,除了传统的物流活动,诸如 IT 信息服务、采购管理、渠道管理、结算管理甚至融资服务等都属于第三方物流企业可以拓展的业务活动,也成为其提升服务能力的关键要素和主要业务。

从服务评价和服务要求的角度看，第三方物流企业的服务活动的延伸性、增值性及其他业务的整合度均是区域变革发展型物流金融模式需要关注的重点。在绩效评价方面，除了物流服务的及时性、准确性和稳定性，在平衡计分卡的评价体系下，财务的所有权成本、帮助客户企业降低运营成本、提高资金运营效率、净利润率等均被视为区域变革发展型物流金融模式评价的基础。

在市场运营方面，第三方物流企业的客户需求管理、多客户整合能力、客户多样化需求的满足程度、不同经济背景的供应链参与者之间的协调性、物流金融活动的风险管理与风险控制，物流金融业务中涉及的物流流程、采购流程、分销流程、资金流程等也成为区域变革发展型物流金融延伸服务的关键因素。

在业务成长性方面，第三方物流企业主要是指对多业务领域的熟悉程度、整合能力的培养等，包括关系治理、服务方的责任和义务、金融业务及服务活动的保障性等也成为重点考察的内容，以信任、人力资本、社会资本、知识投入为基础的无形的关系性资产也逐渐成为区域变革发展型物流金融考察的重要方面。

6.3.2 广域变革发展型物流金融模式

广域变革发展型第三方物流已经建立起强大的服务网络，形成规模经济性，但是其物流服务的基础仍依赖于传统的物质资产。随着广域变革发展型第三方物流相关企业自身能力的拓展和物流运营相关产品或服务业务的发展，其开始逐渐向提供知识型的增值服务转移。一般地，健全的服务网络有助于更好地维系客户关系，但对第三方物流企业而言，这种网络机制并未形成与客户共同发展的效应，进而导致其盈利性受到挑战。随着供应链金融及物流金融业务模式的不断变革，第三方物流企业借助供应链金融服务与管理向增值性服务延伸，不仅能够使其与客户维持长期的、稳定的合作关系，更能够通过优化物流相关运营体系、资金流等，发掘适于第三方物流企业持续发展的空间和盈利模式。

从第三方物流的资源与能力看，其通过服务网络规划与建设、综合性资产投资运营、报关通关服务、保税仓库运作、区域物流能力等的发展，进而结合其差异化的物流增值服务，如信息服务、采购管理、分销管理、结算管理、融资服务等，可以有效发挥第三方物流企业在网络协调性、控制力、稳定性方面开展金融服务的能力，并借助其资源和能力实现服务延伸。从客户绩效评价角度看，第三方物流企业既能高效率、低成本地提供融资服务，同时也能实现较低的所有权成本。在客户需求方面，第三方物流企业具有客户多样性、差异化管理，客户需求管理和客户运营过程优化的特点；在流程管理上，第三方物流企业具有网络优化、多级库存管理、直接转运管理能力，以及采购流程、资金流程、分销流程等物流业务的管理能力；在学习与成长方面，不仅要求第三方物流企业具有综合管理、协调和组织能力，还要求其具备多领域开展业务、连接整合的能力；在关系性治理方面，一方面，第三方物流企业需要专用型资产的投资，有选择性、有针对性地为差异化客户投入特定的专用型资产，保证质押物有效地存储、管理，另一方面，第三方物流企业与客户间的相互信任、沟通也有助于双方建立长期的、稳定的战略伙伴关系。

6.3.3 知识型网络拓展物流金融模式

知识型网络拓展第三方物流已形成良好的物流管理和运营能力、经验，可以为客户提供增值性服务和流程优化，但是其运营和操作在一定程度上还局限于原来的空间区域内。随着客户需求的提升，为强化其业务能力，进而实现更大的辐射范围和盈利空间，第三方物流企业倾向于逐渐将服务范围从局部拓展到全国，甚至向全球市场延伸，无论是对第三方物流企业而言，还是对其服务的客户而言，这种空间区域上的拓展都极其重要。

对第三方物流企业而言，其自身服务网络空间的拓展有助于极大地提升其运营能力、管理能力，因为区域性服务网络管理和全国性服务网络管理存在显著差异，所以这种服务网络的空间拓展往往需要第三方物流企业具备规划、协调和管理其中心库、分拨库，以及区域性循环集货、核心枢纽点直接转运、干线运输和支线配送管理等综合性能力，这种能力体系的形成对第三方物流企业而言是更高的能力要求，却有助于其能力的提升，使得第三方物流企业能够从系统、全局的高度为客户设计、优化整个供应链物流业务流程，通过将已有的经验和知识与物流金融业务有机结合，第三方物流企业的服务空间将会得到很大的拓展，服务黏度和盈利性均会得到显著的提升。

对客户而言，第三方物流企业服务网络的拓展是其后续业务发展的重要支撑。一方面，第三方物流企业服务网络的延伸和整体服务体系的优化有利于客户降低物流过程的交易成本。实际上，部分企业在实务中利用客户自有的组织网络运行或依托多个第三方物流企业从事生产经营活动，无疑面临协调、管理成本的增加，特别是协调中心库与区域分拨库的管理，以及干线运输与支线配送之间的管理等往往需要协调不同业务企业的信息系统、管理经验，以及良好的运营协调能力等，由此产生的管理、协调问题显然已超出相关供应链产业企业的业务运营能力，使得其竞争优势无法得到有效利用。另一方面，物流金融业务有利于解决客户供应链运行中面临的资金短缺问题，加速整合供应链运营业务中的资金流，其原因在于物流金融是从整个供应链金融业务系统的基础上对所涉交易关系重新进行建构、展开的，实际上，在物流金融的业务模式下，相关参与方的资金成本下降、现金流量周期缩短是通过协调各供应链参与方的物流行为和活动、优化库存周转和资金流动过程等实现的，而不是单纯通过延长应付账款或者减少应收账款的方式实现的。

知识型网络拓展第三方物流在服务能力上除了具备流程优化、采购分销的执行与管理、融资服务、信息服务能力，还需要有针对性地设计、发展和培育网络规划、运营管理能力，特别是对多级库的管理协调能力。在客户服务评价和要求方面，第三方物流企业除了强调服务增值性、延伸性，更加需要关注网络的稳定性、及时性和协调性等。从客户评价角度看，在财务方面，第三方物流企业既能实现网络资产高效率、低成本的投入与运行，又能从系统上、整体上实现所有权成本的降低，整合供应链资金成本；在市场方面，要求第三方物流企业同时实现客户的协调管理、不同的利益诉求的多样性管理和客户价值预期的需求管理；在物流金融所涉业务流程方面，第三方物流企业除了具备采购执行流程、分销执行流程和资金管理流程能力，还需要具备综合管理、网络协调和流程组织等能力；在关系性治理方面，第三方物流企业与客户企业之间从原来的区域性合作伙伴关系发展为全面的、战略性合作伙伴关系，促进了彼此间信任的形成和发展。

思考题

1. 简述物流金融的概念及其产生背景。
2. 简述物流金融与供应链金融的主要相同点和不同点。
3. 简述物流金融下第三方物流的运作模式。
4. 通过对不同物流金融模式的比较，简述它们之间的差异。

第 7 章 生产运营领域的供应链金融

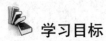 学习目标

理解和把握什么是生产性服务业，了解生产性服务业的产生及其发展规律，分析生产性服务业与生产运营的关系，通过生产运营领域的服务化战略与供应链金融类型的交互分析，深入理解生产运营领域的供应链金融服务模式。

 思政目标

引导学生深刻理解生产运营管理、供应链管理、供应链金融对建设"制造强国""质量强国"的重要战略意义，深刻感知中国特色社会主义制度的优越性，增强民族自豪感和爱国情怀。

 学习要点

- ◇ 生产性服务业的概念
- ◇ 生产性服务业与生产运营的关系
- ◇ 生产运营领域的服务化战略
- ◇ 生产运营领域的供应链金融服务模式

 引例

供应链金融在生产运营领域的服务模式分析

在新经济环境下，服务不仅仅是整个产品供应的一部分，更是企业生产运营的基础；价值也不再仅仅产生于生产和销售过程，而是由企业和客户以及其他价值创造伙伴共同创造而来。因此，企业需要了解如何与客户一起创造协同价值以及如何重构伙伴关系，这种以服务为主导的生产模式称为服务化战略。

服务化是指从提供产品转向提供集成产品和服务，并在使用中传递价值的组织能力和流程的战略创新。生产运营领域的服务化战略可以分为三种形态：业务流程导向型服务、技术应用整合型服务和系统集成打包型服务。

（1）业务流程导向型服务。它是指企业通过将业务活动整合到客户服务价值链或业务流程中，对一系列在逻辑上相关的合作性或交易性的活动进行协调，最终实现客户价值增

值。它强调通过经营流程的协调整合满足客户需求，从而降低总运营成本，用一种协同的思维，与客户维持良好、长久的合作关系。

（2）技术应用整合型服务。它提供从基本产品到系统的微调再到特制的技术服务，要求企业能够柔性地响应客户差异化和动态化的诉求，根据客户企业的特定需求提供技术或产品解决方案。它的着重点在于客户企业技术应用的整合度，通过技术应用的整合，能够带给客户企业更大的内部运作的灵活性，使其更加有效地满足市场的需要。

（3）系统集成打包型服务。它是指企业通过整合资源、能力和知识，全方位满足客户就特定事件或问题所提出的价值诉求。

基于上述对生产运营领域的服务化战略认识，可以看出作为服务的提供者以什么样的途径和方式满足差别化的客户价值诉求以及协同生产要求决定了企业生产供应链运行的效率。

资料来源：新浪财经. 供应链金融在生产运营领域的服务模式有哪些差别[EB/OL]. （2021-01-04）[2023-01-17]. https://baijiahao.baidu.com/s?id=1688010019752844392&wfr=spider&for=pc.

7.1 生产性服务业概述

随着对经济增长理论研究的深入，新增长理论学派、人力资本学派等应运而生。20世纪 80 年代以来，以保罗·罗默为代表的新增长理论学派将知识和技术作为内生变量引入生产函数，强调知识和技术、资本、劳动力、土地等作为生产要素的作用。在一些发达国家，随着服务概念逐渐从产品概念中分离出来，服务业作为第三产业纳入国民经济发展考核中，服务业本身也面临着转型，尤其表现为服务从传统的劳动密集型、资本密集型向知识密集型过渡，服务业的发展越来越依赖于技术、知识和人力资本，尤为明显的是知识型服务呈现发展的趋势。以知识和技术为基础的服务业态的转变也从侧面反映了社会发展的趋势，即知识密集型服务在生产经营活动中得到快速渗透和迅速发展，驱动着现代服务显著依赖于专业知识和技术等，向社会提供以知识为基础的中间产品或服务。例如，技术服务、管理服务、工程服务、金融服务、计算机服务和其他知识密集型的、以知识和技术为主的、高附加值的服务发展十分迅速，特别是以服务为主导的产业供应链发展尤为明显，并逐步转变为典型。

世界上主要国家、经济体的发展和生产实践表明，服务已逐步发展为增长最快的生产要素，越来越多的生产性企业从提供产品转变为提供产品或服务，再到专注于提供服务及解决方案。服务化已成为制造业发展的重要方向，传统的制造业呈现"以服务为主导"的新发展趋势。在这一背景下，供应链金融作为产业服务化或生产服务业的一种具体表现，越来越多地被应用于生产运营领域，从而成为推动相关产业供应链发展的强劲动力。

7.1.1 生产性服务业的概念及趋势

20 世纪 80 年代以来，在经济全球化浪潮的推动下，发达国家的制造业企业出于对人力资源、成本等因素的综合考虑，纷纷将制造业向发展中国家转移。与此同时，服务经济尤其是生产性服务业经历了高速发展，以跨国公司为主导的全球产业链、价值链也随之发生区域转变，给诸多的制造业企业适应全球化经营与发展带来挑战。发达国家实现了从"工业经济"时代向"服务经济"时代的转变，生产性服务业成为驱动国民经济发展和经济增长的强大动力和核心产业。伴随着这一过程的管理实践，学术界逐渐开始了对生产性服务业的关注，结合战略管理实践开始对生产性服务业的概念及其外延等开展深入的分析与研究。

关于生产性服务业的概念，学术界普遍认为其产生于1966年美国经济学家格林菲尔德在研究服务业及其分类时所提出的"producer services"概念，按照字面意思其实际应为"生产者服务业"；自此以后，相关学者开始了对生产性服务业内涵的研究，经过梳理发现，早期涉及生产性服务业的研究主要集中在要素密集度和服务功能两个方面。在要素密集度方面，部分学者侧重于从要素本身对生产性服务业进行勾勒、描述，由此得到了迥然不同的界定。马克卢普指出生产性服务业是产出知识的产业，其主要供给各种专业知识；布朗宁和辛格曼认为生产性服务业包括企业管理服务、金融、保险、房地产、商务和经纪等知识密集型专业服务；马歇尔从具体的表现形式对生产性服务业进行了描述，指出生产性服务业包括与信息处理相关的服务业、与实物商品相关的服务业和与个人支持相关的服务业等。部分学者侧重从服务功能角度对生产性服务业进行界定，美国学者汉森强调了生产性服务业作为商品生产或其他服务的投入要素发挥的中间功能，指出生产性服务业对提高生产过程中不同阶段的产出价值和运行效率的作用；加拿大经济学家格鲁贝尔和沃克提出生产性服务业是为其他商品生产企业和服务供应企业提供中间投入的服务的产业，在生产企业财富形成过程中发挥中介作用，并强调生产性服务业企业的服务对象是生产者，而不是消费者；部分学者关注于生产性服务业作为涵盖中间产出的服务的作用，指出生产性服务业的业务重点在于协助其他企业或组织生产产品及劳务而非提供给私人或家庭消费。我国学者结合生产性服务业与制造业关系的研究指出，生产性服务业是依赖于制造业的一个产业，生产性服务业的存在主要是满足制造业需求。

由此可知，生产性服务业的概念、内涵已经得到国内外学者的普遍认同，即生产性服务业是指生产者为满足社会生产的中间需求，向外部企业或其他组织的生产活动提供中间投入的服务，并用于进行商业运作和后续生产，而非主要用于满足最终消费或个人需求的产业。由于其一般具有很强的专业性、信息传递性等特征，生产性服务业通常包括知识密集型、技术密集型和资本密集型的产业。以知识资本、人力资本等作为主要投入，生产性服务业产出含有大量的知识资本、人力资本的服务或产品，是推动现代经济增长的重要力量。生产性服务业的具体划分如表7.1所示。

表7.1　生产性服务业的具体划分

生产性服务业的分类	主要领域及内容
知识密集型产业	金融、法律、设计和咨询等
技术密集型产业	信息服务、节能与环保服务、软件服务行业等
资本密集型产业	交通运输行业、物流行业等

结合生产性服务业的实务，相关学者对生产性服务业的外延形成了基本共识，即生产

性服务业包括商业银行、金融服务、商业保险、房地产和商务服务等产业。布朗宁和辛格曼指出生产性服务业包括金融、保险、法律、工商服务、经纪等具有知识密集型特征的、为客户提供专业性服务的产业；马歇尔等人将生产性服务业划分为流程处理、研发、广告、市场研究、摄影、传媒等与信息处理相关的服务业，商品销售和储存，废物处理，设备安装、维护和修理等与实物商品相关的服务业，福利服务、保洁等与个人支持相关的服务业三大类。马丁内利认为生产性服务业包括银行、金融、猎头、培训等与资源分配和流通相关的活动，研发、设计、工程等与产品和流程设计及创新相关的活动，信息咨询、财务、法律服务等与生产组织和管理本身相关的活动，以及物流、市场营销、广告等与产品推广和分销相关的活动。在后续研究中，一些学者将货物存储与分配、办公清洁和安全服务纳入生产性服务业中。随着信息技术的发展，生产效率大大提高，企业组织形式也在不断演进，信息服务、市场调查、会计师事务所、律师事务所和管理咨询等近期发展起来的现代生产性服务业也被纳入，进一步丰富了生产性服务业的外延。

7.1.2 生产性服务业的产生与发展规律

人类社会的发展始于农业，随着三次社会化大分工与农业的发展，产生了为农业提供服务的交通运输业、邮政业、商业等。18世纪下半叶，人类社会进入以机器大工业为主导的工业时代，为了满足机器大工业所需要的大规模资金投入，相关企业产生了融资需求，从客观上促进了金融业的产生与发展；而后，伴随着大规模的生产，大规模的流通和频繁的交换活动等也促进了商品贸易产业的飞速发展，为了有效规避高投资所引发的高风险的影响，保险业应运而生。随着市场竞争的加剧，复杂的市场交易活动也使广告业、租赁业、咨询业、律师业等作为相关产品及市场交易活动的辅助产业得到发展并逐渐成为推进社会发展的重要因素。通过简单的梳理发现，为相关企业提供生产、服务的企业或行业早已存在，只是未出现明确地以生产性服务业来界定或分类的部门，或者其仅表现为企业内部的生产职能等。

20世纪50年代，第二次世界大战后的全球经济社会经历了空前的发展，也在一定程度上促进了服务业及服务贸易的迅猛发展。伴随着信息技术的进步、市场需求的扩大和管理方式的创新，全球服务业呈现飞速发展的态势：一方面，服务业在国民经济中的地位和作用大大提升；另一方面，服务业的内部结构也发生明显的变化，尤其是生产性服务业从传统的工业中分离出来，改变了服务业产品的内容、性质以及在国民经济中的地位和作用等。

自20世纪80年代开始，全球经济结构及其构成经历了根本性的转变，发达国家开始了从"工业型经济"向"服务型经济"的转变和过渡。部分学者或机构将这一时期内全球产业结构的新形态称为"后工业化社会""知识经济"或"新经济"等。这种形态及发展模式的变化在一定程度上反映了服务业在国民经济中地位的变化，随着以知识密集为特征的生产性服务业的兴起和飞速发展，发达国家的服务业增加值占GDP的比重从20世纪60年代的45%~55%上升到20世纪90年代末的65%~75%，而服务业就业人员占全社会就业人员的比重从20世纪60年代的35%~50%上升到20世纪90年代末的50%~70%，并逐步趋于稳定。

结合相关学者的研究可知,发达国家的产业结构中服务业的比重上升的主要原因是生产性服务业的比重迅速上升,以高技术含量、高知识密集、高附加值和高管理水平为主要特征的生产性服务业企业带动了服务业的发展浪潮,而传统消费性服务业已不再是服务业的主体。在具体的业态上,包括商业银行、证券、保险等金融服务,通信、计算机与软件等信息服务,法律、会计、管理咨询等专业服务,以知识密集为特征的生产性服务业的发展更为迅速。

通过对第二次世界大战以来发达国家的生产性服务业的兴起和发展历程的梳理发现,生产性服务业或生产性服务外包的经济根源主要表现为信息技术的发展、知识经济的兴起、全球产业的转移和市场规模的扩大。在这些因素的推动下,制造业的分工水平和专业化程度显著提高,出于生产效率的考虑,一些制造业企业的内部职能部门逐渐从企业内部脱离,发展成独立的、专业化的企业或组织等,利用其竞争优势为更大的市场提供专业化、高效率的服务;与此同时,随着高度专业化的企业数量的增加,市场的竞争程度也随之强化,对企业业务及服务提出了更多专业的中间需求,催生了一些以知识密集为特征的服务企业,如市场调查、管理咨询、审计等生产性服务业企业,也间接地促进了整个服务业的发展。

信息技术的进步成为生产性服务外化的主要推动力。一方面,信息技术的引入及技术进步提高了制造企业生产流程、流通过程中的专业化程度,增加了生产环节,使得各个环节的相互依赖性减弱,相关企业深刻意识到部分职能外部化更有利于降低企业运营成本,提高生产效率;另一方面,信息技术的应用使得服务存储、交易成为可能,有助于相关企业实现远距离服务贸易,也打破了传统服务业中生产与消费环节的同时性、不可交易性的制约。信息技术以及信息网络显著降低了交易成本,推动了服务业产业化的进程。

知识资本和生产过程的迂回化使生产性服务业逐步发展为制造业生产投入的重要部分。由于知识经济的规模经济性,使得原本内化于企业职能部门的业务必须在通过积累获取专业技能和经验后,才能得到规模经济带来的收益。在知识经济的大背景下,专注于核心能力与核心业务的企业倾向于利用市场机制,便捷地获得那些需要专业知识和专业技能的服务,借助迂回化生产提高生产效率。

全球产业转移为生产性服务业创造了发展空间并扩大了市场需求。20 世纪 80 年代以来,新一轮全球产业分工方兴未艾,由于劳动密集型产业和资本密集型产业无法创造更大的附加价值,其生产率长期趋于下降,面临着从发达国家向制造业发达、成本更低、劳动力过剩的发展中国家转移的窘境。对发达国家而言,制造业的全球转移一方面要求有完备的服务业来整合相关的生产环节,便于实现对制造业的控制和运作;另一方面处于"微笑曲线"①两端的高附加值的经营活动或环节,如技术研发、咨询、营销等继续留在发达国家,为转移出去的低附加值行业提供支持。因此,在全球产业战略转移的背景下,发达国家的生产性服务业一方面支撑并服务于已经转移到发展中国家的制造业;另一方面则取代制造业的位置,成为国民经济发展的支柱产业。

---

① "微笑曲线"是由施振荣于 1992 年提出的营销理论。"微笑曲线"为 U 型,两端朝上,在产业链中,附加值更多体现在两端的设计和销售,处于中间环节的制造附加值最低。

巨大的市场需求规模间接促进了生产性服务业的发展。一般地，市场规模与规模报酬是密切相关的。第二次世界大战后，由于工业面临巨大的市场需求，促使多数的发达国家工业企业倾向于将有限的资源集中到具有竞争优势的生产领域进行规模化生产，以获取规模收益。随着转型经济国家的市场化进程的深入推进、对外开放程度的提升，发展中国家成为工业品消费的主要市场，出于核心竞争力的考虑，制造业企业专注于规模化生产，并将非核心业务剥离，从而催生了专门从事相关业务生产和服务的生产性服务业。

7.1.3 生产性服务业与生产运营的关系

当前，学术界关于生产性服务业与生产制造或者生产运营之间的关系的研究尚未形成一致，相关研究和视角主要从以下四个方面展开。

（1）部分学者从需求的角度对生产性服务业与生产制造活动之间的关系展开研究，认为生产制造是生产性服务业发展的基础和前提条件，制造业的存在和发展为生产性服务业提供了需求来源和基础。美国学者科恩和齐斯曼等指出相比于制造业，生产性服务业处于辅助或附属地位，制造业的发展及扩张造成的服务需求促进了生产性服务业的发展。

（2）部分学者则从供给的角度解析生产性服务业与生产制造活动之间的关系，认为生产性服务业促进了制造业生产率的提升，相比于制造业，生产性服务业处于供给的主导地位，生产性服务业的发展促进了制造业竞争力的形成与提升。

（3）一些学者强调了生产性服务业与生产制造业之间的相关性，认为生产性服务业与制造业间呈现相互作用、相互依赖、共同发展的互补性关系。一方面，制造业的发展会扩大生产性服务业的中间投入需求，刺激生产性服务业的发展；另一方面，生产性服务业的发展以满足制造业的中间投入需求为导向，促进制造业生产率的提高。

（4）另一部分学者则认为信息技术的发展和应用使得生产性服务业与制造业间的边界越来越模糊，二者呈现融合的趋势。市场对"无形服务"的需求直接促进了制造业生产流程的变化，而服务链的产生也增强了其对制造业产品链的渗透作用，实现了生产性服务业与制造业的融合发展以及制造业产业链的优化重组，从而形成新的产业发展形态、产业发展模式和产业发展动力。

通过对上述四种观点和视角的梳理发现，需求视角的分析主要强调生产制造的发展对服务业发展的促进作用，供给视角的研究则关注服务业对生产制造的支撑作用，互动视角的研究关注了生产性服务业与生产制造之间的交互作用、互相影响、互相促进，而融合视角的研究更加关注知识、技术等的变化对生产性服务业与制造业相互融合的影响。事实上，随着产业业态的变化和生产运营的发展，生产性服务业与制造业的融合性占据主导，呈现"生产带动服务，服务促进生产"的特点，实现了生产运营的模式和方法的系统性升级。

生产性服务业与生产制造、运营之间的融合互动主要表现在三个方面：以服务为主导的制造业价值链中生产服务绩效增加，多数企业向"以服务为中心"过渡，越来越多的制造业企业重视服务外包。

首先，以服务为主导的制造业价值链中生产服务绩效增加。20世纪末期，全球经济发展的显著特点是制造业与服务业呈现整合的趋势，许多传统的制造业企业开始由销售产品向销售服务转变，服务成为其创造差异化优势的手段和工具，制造业企业纷纷通过提供更好的服务吸引消费者。从服务业内部构成看，通信、金融、保险、物流、咨询服务等生产性服务业占比持续增加，在部分国家占比已达50%以上，成为服务业的主流。诸如IBM等世界著名跨国公司的主营业务也开始向服务业转移，而且这些大型跨国公司的带动作用明显，也成为驱动各国生产性服务业强势发展的重要因素。

其次，多数企业向"以服务为中心"过渡，从重视产品转向重视产品生命周期，包括市场调研、产品研发创新、制造、营销、售后服务等环节。由于制造业和服务业的界限越来越模糊，越来越多的产品像传统制造业产品一样实现了批量化生产。与此同时，制造业部门的功能日趋服务化，表现为三个方面：一是部分制造业部门的产品成为其他服务的中间产品；二是知识和技术服务等随产品共同完成销售；三是服务引导了制造业部门的技术变革和产品创新。

最后，越来越多的制造业企业重视服务外包。许多制造商专注于发挥其核心竞争力，将自己不擅长或不具有竞争优势的业务外包，更加聚焦于核心业务，而相关的外包公司也能利用其专业的技术或竞争优势提供优良的服务，从而降低了企业成本，实现了双赢。这种生产运营模式的转变促进了技术产品开发、软硬件开发、人员甄选和培训、管理咨询、金融支持、物流服务、营销和售后服务等专业化生产服务企业以及生产性服务业的快速发展。

近年来，随着以服务为主的供应链运营模式在全球的蓬勃发展，越来越多的企业开始意识到服务化运作对核心竞争力形成的作用，瓦尔戈和拉什等学者将这一现象称为"服务主导型逻辑"，指参与者利用各种操作性资源与其他参与者共同提供服务的过程，并通过这一过程获取新的、互补性服务，即以服务换服务。运营管理领域将这种运营模式称为"服务化"或"服务生产"，凡德默和拉达最早提出"服务化"的概念，后续学者将这一概念应用在生产运营管理中，指通过服务与生产制造的有效结合创造出新型的、具有竞争力的运营模式。以服务为主导的集成供应链的经营实践与现象可以称为供应链服务化战略，也成为生产运营领域供应链运营的特色。

7.2　生产运营领域的服务化战略与供应链金融类型化

7.2.1　生产运营领域的服务化战略

随着经济全球化的深入推进，全球产业融合促进了企业生产经营活动的变化，尤其是新经济环境下，越来越多的企业不再将服务视为产品的组成部分，而是将其作为企业生产运营活动的基础和驱动因素；企业的价值创造活动也不再局限于其生产、经营和销售过程，而是由企业、客户以及其他价值创造的参与者共同创造。在这种模式下，企业需要进一步明确如何通过与客户的交互合作创造价值、如何重构伙伴关系，这种以服务为主导的生产模式即为服务化战略。按照前述的界定，服务化是指从提供产品转向提供集成性的产品和服务，并在使用中传递价值的组织能力和流程的战略创新。

因客户能力和感知价值不同，服务化战略有不同的表现形式。根据客户使用服务的差异性，可将服务化战略分为消费服务、产品部件服务、工具服务和半成品服务四类。其中，消费服务是企业运用服务能力为客户提供支撑其各种核心流程的服务；产品部件服务和工具服务均要求企业既具有创新能力，又具备满足客户的特定需求的能力，产品部件服务和工具服务的差异在于产品部件服务将产品或服务保持原有形态向最终客户传递，而工具服务侧重于按照既定方式影响客户的主要流程；半成品服务强调将服务作为要素投入买方企业并由其传递给最终用户，核心在于客户和供应商之间的优化匹配和同步交接。

为了实现与买方协同的价值创造，服务商需要完成资源供应、设计、整合、市场运营和外包等诸多工作；马丁内斯等人在交易性产品服务之外，提出了服务方式和服务传递、产品和服务的定制化以及产品或服务的协同设计与整合。由此可知，当前学者结合客户的需求分别从产品服务的视角、流程服务的视角以及二者整合的视角对服务化战略进行了分类。基于上述分析，可将生产运营领域的服务化战略分为三种形态，即业务流程导向型服务、技术应用整合型服务和系统集成打包型服务。

（1）业务流程导向型服务是指企业通过将业务活动整合到客户服务价值链或业务流程中，通过对一系列逻辑上相关的合作性或交易性的活动的协调实现客户价值增值，如客户管理活动、订单履行活动或物流活动等。业务流程导向型服务强调通过经营流程的协调、整合来满足客户需求，降低运营成本。业务流程导向型服务关注通过协同的思维与客户维持良好、长久的合作关系。

（2）技术应用整合型服务侧重于提供从基本产品到系统微调、定制等的技术服务，强调企业柔性地响应客户差异化和动态化的诉求的能力，其核心在于根据客户的特定需求提供技术或产品解决方案。与传统的产品或服务战略不同，技术应用整合型服务着重于客户技术应用的整合度、技术优化所涉及的项目与工程等与技术相关的业务，通过技术应用的整合为客户提供内部运作的灵活性，使其可以在更大程度上有效地满足市场需求，发挥服务商的技术产品能力。

（3）系统集成打包型服务是企业通过整合资源、能力和知识等全方位满足客户的特定事件或问题的价值诉求。系统集成打包型服务强调"打包"和"系统集成"两方面，其中"打包"是指提供一揽子对象性、知识性资源，"系统集成"是指通过提供总体解决方案实现综合价值。由于系统集成打包型服务综合了技术应用整合型和业务流程导向型两类服务的特点，依此提供整体解决方案，因此需要服务商具备一定的经济和实践基础。

7.2.2 生产运营领域的供应链金融服务的差别化模式

生产运营领域的服务化战略表明，服务提供者以什么样的途径、方式满足差异化的客户价值诉求、协同生产要求，在很大程度上决定了其生产供应链的运行效率。作为当前供应链业务运营模式中的重要服务投入要素，金融如何作用于生产运营成为需要深入探索的关键问题。按照服务化战略的三种形态，这里将从金融在生产运营供应链中发挥的角色和作用区分供应链金融的运作模式和类别。生产运营领域的供应链金融模式如图7.1所示。

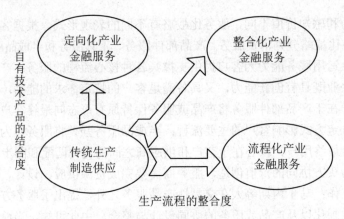

图 7.1 生产运营领域的供应链金融模式分析

与业务流程导向型服务相一致,生产运营领域的供应链金融模式可以通过一体化、完善的虚拟生产来实现。虚拟生产是为快速响应市场需求,充分利用计算机技术、互联网技术等打破传统的空间概念,组建管理扁平化、竞争与合作相结合的动态战略联盟,围绕参与方核心竞争力开展生产活动的生产模式。虚拟生产模式的出现是由于生产运营流程作为一个复杂的过程,在生产全球化、外包化的外部环境和大背景下,参与方为数众多且较为分散,容易导致信息不对称性和有限理性等问题的发生,提高生产运营成本和费用。由于产业结构不同,加上市场、技术壁垒等因素,导致不同生产环节或供应环节呈现不均衡的产业结构,使得供应商之间的市场势力不同,生产运营流程可能面临高度不确定性,从而存在产生高额交易成本的可能性。基于上述情况,服务运营商借助金融资源实现生产运营流程的整合化,一方面可以帮助客户实现生产运营过程的稳定、持续,另一方面可以有效降低因市场势力不均衡而产生的生产运营瓶颈,不仅有助于实现客户价值,也可能促进生产方式的变革。

在这种供应链金融模式中,金融活动的作用表现在两个方面,即金融成为虚拟生产网络的黏合剂和金融成为生产扁平化的驱动力。

(1)金融成为虚拟生产网络的黏合剂。由于虚拟生产的特征是在生产过程中实现货物、信息和服务的高度个性化综合,无论是产品、服务还是价格都是与消费者选择相关的函数;生产部门通过对客户需求快速做出反应,按客户要求定制不同种类、任意批量的产品,集合生产者、销售商、供应商以及客户等各方意见,进行动态的个性化设计以实现客户需求。由于虚拟企业这一新的组织形式的核心是从必要的商务过程或资源中形成新的生产能力,这一目标的实现高度依赖于金融。实际上,充足的资金保障是在适合时间将适合主体迅速聚合并完成特定的任务的关键,尤其是对于大量的中小微企业而言,尽管其拥有潜在资源、竞争力,但由于资金问题的限制或约束,使得其无法参与到虚拟生产的网络中,供应链金融通过帮助解决中小微企业的资金问题,使得生产网络不断整合新生力量和生产能力、资源等,提高虚拟生产的效益和效率。

(2)金融成为使生产扁平化的重要驱动力。地理位置上的距离以及繁杂的物流过程,使得全球化生产经营活动产生了诸多问题,特别是导致企业现金流周期的变长。现金流周期作为供应链运作绩效评估的重要工具、手段,其核心思想是单位货币从原材料投入到市场价值实现的周期时间，其跨越了整个供应链活动的全过程，不仅包括企业内部的采购、仓储、生产、分销等作业活动，也涵盖客户服务等企业外部的经营活动。现金流周期测度了从消耗现金为生产经营活动而保有库存到通过最终产品的销售而获取现金的时间跨度。现金流周期用天数来衡量，在计算上等于平均库存期加上平均获得时间减去应付账款时间，缩短现金流周期通常需要通过缩短应收账款时间或延长应付账款时间两种方式实现。供应链金融通过服务商融资行为连接了生产过程，在不影响应收账款、应付账款的情况下开展生产经营活动，有助于缩短现金流周期。

与技术应用整合型服务的服务化战略相符合的供应链金融模式是与技术和特定产品服务相关的融资业务，即服务运营者通过金融性业务完成特定技术、产品生产经营的过程。这一模式强调金融在定制化技术和产品生产、分销过程中的应用，通过创新供应链金融业务发挥金融的杠杆作用，更好地与上下游企业结合，定制化研发、生产和分销企业产品。在供应链运营过程中，金融活动不仅为参与方带来了收益，解决了经营活动以及资金短缺的问题，还有助于企业的生产经营或者产品分销产生直接效益，在稳定关键供应商的同时确保了技术、核心部件的供应，并且稳定了企业的网络渠道，确保了企业的产品获得较好的市场资源和地位。

与系统集成打包型服务相同，供应链金融在系统集成打包型服务模式下既整合了生产运营流程，帮助参与方降低了生产经营中的交易成本，实现了虚拟生产，也结合自身技术、产品稳定了服务运营者的网络结构，提升了其产品在生产或分销中的竞争力。系统集成打包型服务的供应链金融涉及生产运营全过程，在这一创新模式中，服务商既是金融服务的平台提供者、综合风险管理者，也是供应链金融的直接受益者。系统集成打包型服务的供应链金融模式下，其目标不仅是稳定供应关系、促进产品销售，而且改变了整个供应链管理的生态，促进了服务商参与网络协调，实现了供应链网络的优化。

7.3 生产运营领域的供应链金融服务模式

7.3.1 流程化产业金融服务模式

流程化产业金融服务模式是指服务商运用信息技术和互联网技术等，通过对外部资源的整合运作，运用金融资源参与到客户的订单执行中，实现从原材料采购到生产加工、分销物流、进出口贸易等供应链业务流程的高度整合服务，帮助客户打造贯穿全流程的供应链模式，即实现了从方案商到原材料供应商、从制造商到渠道商的完整的生产运营体系。

对金融服务客户而言，流程化产业金融服务模式的优势体现在三个方面：第一，借助服务商的流程化整合能力降低了生产运营中潜在的交易成本，实现了生产经营效率的提升；第二，借助供应链金融业务模式缩短了客户的现金流量周期，进而提高了资金的运营效率；第三，使客户可以专注于产品或服务研发等具有竞争优势的经营活动，将自己无法承担的生产运营活动外包给具有专业优势的外部企业来进行。

对金融服务提供商而言，流程化产业金融服务模式的优势主要体现在两个方面：其一，通过向客户所属产业或技术领域的渗透，帮助其组织进行虚拟生产，真正成为客户必不可少的战略合作伙伴；其二，通过将金融与生产经营活动的有机结合，实现金融与管理活动的效益最大化。

对于试图成为流程化产业金融服务提供商的企业而言，其需要具备四个前提条件：第一，服务提供商应当非常熟悉客户的产业或技术领域，了解其经营特点以及产业运行规律；第二，服务提供商需要具备较强的生产组织以及管理能力，特别是流程设计和质量管理能力；第三，服务提供商需要建立良好的、运行有效的信息网络系统，辅助其有效地组织生产经营活动，并同步管理、控制分散在不同区域的生产经营者；第四，服务提供商需要具备良好的资金调配能力以及风险管理、控制能力。

7.3.2 定向化产业金融服务模式

定向化产业金融服务模式是指供应链核心企业等金融服务提供商凭借自身的产业供应链中的供应或分销关系，将其上游供应商和下游客户作为特定对象，以研发、设计、生产的产品或服务为依托，并且通过产业供应链服务化战略，尤其是运用金融资源等实现产业供应链的顺利运营，稳定上下游客户间的关系，促进产品或服务等供应链业务的发展，同时拓展供应链服务化的空间。

对定向化产业金融服务提供商而言，其优势在于：第一，定向化产业金融服务有利于其产业供应链的建设、发展，特别是有利于其稳定上下游客户关系；第二，定向化产业金融服务有效促进了商流、物流、资金流三个环节的融合，拓展了产品和业务的发展空间，有效降低了单纯供应或销售业务模式存在的潜在风险；第三，定向化产业金融服务拓展了产业服务化的空间和领域，有助于更好地通过金融业务强化其产业供应链，通过产业供应链的发展，进一步带动金融资源的增值。

对金融服务客户而言，定向化产业金融服务的优势在于：产品和服务的结合有利于客户参与到生产经营、市场开拓等供应链运营活动中，降低了客户的运作成本，在一定程度上增强了其对服务企业以及产品的信心，有利于供求方形成长期、稳定的合作关系。

对于试图成为定向化产业金融服务提供商的企业而言，其从事定向化产业金融服务的前提条件体现在四个方面：第一，服务提供商所参与的产业供应链网络的建立和成熟，特别是要形成完善的供应商和客户管理体系；第二，服务提供商具有较强的技术研发、设计和产品运营能力；第三，服务提供商需要能够承担相应的风险，并且管理供应链金融风险；第四，服务提供商需要具有强大的信誉和资源。

7.3.3 整合化产业金融服务模式

整合化产业金融服务模式实现了流程化产业金融服务和定向化产业金融服务两种模式的结合，从产业链流程上实现了从原材料采购到生产加工、分销物流以及销售全过程的高度整合，帮助客户形成产业化、组织化、标准化的生产经营体系；与此同时，其充分结合了服务运营商自身的技术和产品，通过提供金融性服务保障供应链运行的效率和效益，稳定上下游客户关系，促进产品和业务的发展，在为上下游提供服务的同时，进一步拓展自己的发展空间。

对金融服务客户而言，整合化产业金融服务的优势体现在两个方面：其一是高度的流程整合使交易成本得以下降，其二是定向化的服务使特定技术和产品的运用得到保证。

实际上，客户的交易成本往往是由供应链运行的长度和复杂度所决定的，高度的流程整合有助于交易成本的下降。作为企业的客户，一方面需要组织、管理复杂的生产经营活动，另一方面需要面对复杂多变的市场竞争，因此交易成本问题是客户必须应对的挑战和问题。在一些专业的产业或技术领域，由于生产要素的特殊性、复杂性，加上要素市场的集中度存在较大差异，这些有限的信息可能使得买卖双方难以了解交易对象的实际需求和经营状况，这在一定程度上会导致其做出有限理性的决策，或在某些时候存在着机会主义的动机，利用信息的不对称性侵害交易对方的利益。同时，受各种非经济因素的影响，供应链的生产和分销环节的交易存在着诸多不确定性和极端情况，甚至出现部分交易往往受制于个人利益、关系等因素，加之合同分布在不同时间、地点，呈现一定的随机性，使得交易费用多维持在较高水平，而整合化的供应链金融服务由于实现了全供应链的流程结合，打通了生产、分销和销售之间的渠道，有效降低了上述潜在问题的影响。

定向化的服务使得特定技术和产品的运用得到保证，能够使客户更好地了解、使用服务运营商的产品、技术，真正实现产品、技术和服务的有机结合，同时确保客户可以专心于其生产经营活动，稳定了供应链内部的供求关系。

对金融服务运营商而言，整合化产业金融服务既能使其成为产业流程的组织者和管理者，又能改变单纯的产品业务销售模式的弊端和问题，使其真正成为综合性的生产性服务经营者，既保障了产品和业务的持续发展，同时又稳定了整个供应链运营体系，强化了供应链运营系统的竞争力。

对于试图成为整合化产业金融服务提供商的企业而言，其从事整合化的供应链金融服务的前提条件体现在五个方面：第一，服务运营商需要具有良好的管理能力，特别是供应链设计、组织和运营能力；第二，服务运营商不仅擅长于生产领域的管理，而且需要具备很强的渠道和市场拓展能力；第三，服务运营商的产品和业务能力较强，并且有着很好的产品线和相关资源；第四，服务运营商能够高效地获取或使用金融资源，并且拥有将金融资源运用到供应链运营中的知识、智慧和能力；第五，服务运营商具有良好的风险分析、评估与管理能力，能有效分散和降低供应链金融系统运行的潜在风险。

思考题

1. 什么是生产性服务业？其发展规律是什么？
2. 简述生产运营领域的服务化战略的形态。
3. 简述生产运营领域的供应链金融服务模式。

拓展阅读

第8章 贸易流通领域的供应链金融

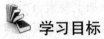学习目标

理解和把握贸易流通领域的变革及其原因，了解物流的独特性业务，通过对贸易流通领域的供应链金融类型的区分，深入理解、比较分析贸易流通领域的供应链金融模式。

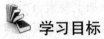思政目标

分析、识别贸易流通领域的供应链金融的运营机制及作用机制，结合国际贸易、国际物流等学科专业基础，帮助学生形成系统性的思维方式，综合分析贸易流通领域的供应链运作原理，形成系统性风险的识别与治理理念，有效防范系统性风险。

学习要点

◇ 贸易流通领域的变革及原因分析
◇ 贸易流通领域的供应链金融的类型
◇ 贸易流通领域的供应链金融模式的比较分析

引例

供应链金融与贸易融资的差异分析

供应链金融始于贸易融资，又在贸易融资的基础上结合信息化、大数据、云计算等技术手段，打通了供应链金融参与主体的各方信息，使得供应链金融融资模式标准化、规范化、规模化。如果将贸易融资放在供应链金融的发展历程中，可以视作供应链金融的1.0阶段。贸易融资的原始阶段是点对点、单对单通过贸易来进行融资的。从依托核心企业的线下"1+N"模式开始，贸易融资就真正进入了供应链金融融资阶段。

（1）信用评估的差异。贸易融资可以基于企业间的上下游交易，依托核心企业信用，也可以基于流通中"物"的资产价值来进行融资。供应链金融的发展，从以核心企业信用为依托，逐渐趋向将产业链、供应链的整体动态作为评估的主要目标。

（2）供应链稳定性的差异。贸易融资是基于贸易产生的，信用评估大部分基于核心企业信用和"物权"，偶发性因素较高，对供应链稳定性较难评估。供应链金融的发展方向基于稳定性的供应链数据，形成多维度、实时交互的大数据模型。稳定性的供应链流动性

补充是供应链金融应用的基础。

（3）真实流动性的差异。由于缺乏长期稳定的信息化数据作为支撑，贸易融资真实性的验证较为困难，对信用和物权的真实性验证难度较大。供应链金融逐步打通多维度交易数据、物流数据、社会大数据，形成有效的流动性验证和主动性验证，将融资模型融于供应链中，以数据信息化为基础，形成有效的供应链信用体系。

（4）还款自偿性的差异。贸易融资的自偿性来源于交易本身，这就对交易本身的评估带来了较高的难度。虚假贸易、融资性贸易、物值和物权的不稳定均会导致贸易融资自偿性大大下降。供应链金融充分结合产业链特点和行业特色，形成结构化融资模型，不单独依赖交易本身，得以实现供应链自偿性的结构化。

（5）杠杆比例的差异。金融降杠杆、影子银行降杠杆都是为了让金融脱虚入实，真正服务于实体经济发展。合理模式和融资方式可视作杠杆，贷款比例合理性要结合产业发展趋势、供应链的稳定性、核心企业流动性补充的合理性综合考虑。

（6）融资模式封闭性的差异。贸易融资对融资杠杆比例的考量几乎停留在原始的人为判断阶段，并且多方信息不共享，很容易造成过度融资。同时贸易融资注重形式上的把握，缺乏信息、物流、资金的一致性把握，容易造成供应链流动性资金缺乏闭环验证。这既不利于资金方的资金安全，也不利于供应链系统上下游资金分配的合理性和有效性。

资料来源：搜狐网. 供应链金融与贸易融资区别分析[EB/OL]. （2019-12-01）[2023-03-27]. https://www.sohu.com/a/357557235_468675.

贸易流通企业是指那些利用分支机构或者渠道伙伴实现产成品销售的商品贸易类企业，主要通过商品购进、销售、调拨、储存、运输等经营活动实现商品流转，其中购进和销售是完成商品流通的关键业务，调拨、储存、运输等活动都围绕商品购销展开。在经济全球化的推动下，产品同质化、成本差异小的趋势愈发明显，使得通过单一的渠道优势解决商品的时空流转成为市场竞争的重点，也成为贸易流通企业努力的方向。

自20世纪90年代以来，制造企业向流通领域的战略转型，传统百货业态的没落与大型仓储、连锁超市的崛起，以及电子商务的蓬勃发展都显著促进了贸易流通领域的深刻变革。对贸易流通领域的企业而言，不断强化储存、装卸、包装、流通加工、运输及信息传递等物流职能变得尤为重要，使得其从原有的流通活动向整合性、多功能的物流服务转变，成为其应对经营环境变化、改变经济格局、实现战略转型与变革的重要方向。

伴随着互联网、信息通信技术的发展，贸易流通领域的信息不对称程度显著降低，与此同时，物流网络及设施不完善的问题，物流产业运行中企业地位、规模导致的资金障碍问题，以及贸易全球化所产生的交易成本激增等问题都使得脱离物流服务的生产、销售活动难以取得市场竞争优势。在这样的复杂环境与经营背景下，物流服务逐渐通过提高管理能力、生产销售能力等成为企业发展和利润的源泉，也在一定程度上催生了贸易流通领域企业利用金融服务提升竞争力的外部推动力。

8.1 贸易流通领域的变革与物流独特性业务

8.1.1 贸易流通领域的变革及原因分析

近年来，随着供应链管理的深入发展，产销联盟逐步发展为企业通过柔性化经营有效应对市场的重要手段。在此背景下，作为中间环节的流通业务领域面临着经营环境的恶化，甚至出现了"生存危机"，随着"敏捷响应""快速反应"等新生产、经营理念的广泛应用，很多产业或技术领域面临着"去中介化"的趋势。事实上，随着"即时制生产""延迟化生产"模式的应用，传统的流通企业在价值链中的地位和作用都趋于弱化，使得其不拥有流通加工、信息处理、分销网络等多种生产支持性的功能的弱点愈发突出，不仅无法满足企业柔性化生产、经营的要求，也导致生产企业分销成本、管理成本的增加。

随着现代企业管理制度、管理战略以及技术的发展，企业降低生产成本的空间越来越小，而由于竞争的加剧以及消费需求的差异化、定制化、高层次化等，也让市场或消费者承担管理成本变得更加不现实，这些问题都使传统的流通企业在柔性化经营的今天面临着生存还是离开市场的被动抉择，尤其是为数众多的大企业开始通过自建渠道、去中介化等管理实践来降低其成本和压力。

对于传统的流通企业而言，随着供应链管理环境下产销联盟的兴起和发展，流通企业在多环节流通中的参与不仅增加了其流通费用和相应的成本，更在一定程度上放大了整个产业链中的波动幅度，甚至导致生产商经营风险的增加，即供应链的"牛鞭效应"，产生这一现象的主要原因在于传统的经营流程和物流管理方式造成的相关经营环节越多，波动效应越大。由于面临严峻的生存考验，目标定位为商品分销和获取买卖差价的传统流通企业很难在竞争中生存，相反，其必须通过对上下游的生产商、客户的经营支持提高其经营绩效，通过有效控制整个供应链的运作成本获得生存空间和利润可能性。

实际上，近年来电子商务平台的发展也在很大程度上对传统零售业态产生了深远的影响，给传统流通企业间接地带来了巨大的生存压力，零售连锁经营、多渠道经营以及网络销售等新形势的出现，一方面威胁着传统流通企业的生存，另一方面又为流通企业的转型升级提供了广阔的空间。

首先，伴随着零售企业连锁化趋势的推进，原定位于专业零售的传统流通企业面临着较大的经营危机，只有通过不断地创新业务形式，结合时代的需求改变困境，才能在未来的生存、发展中获得机会。一些流通企业开展了有益尝试，如进货的全方位化、物流活动的开展、信息的集中管理等，逐步助力其找到了新的发展和生存空间。

其次，随着电子商务的广泛开展与应用，越来越多的企业开始了多渠道经营，使得如何实现效率化的供应链管理成为传统流通企业在发展过程中面临的紧迫难题。麦肯锡公司的研究表明，传统的多渠道零售商与类似亚马逊等线上零售企业相比，在销售成本、物流运作、库存优化、订单履行等方面均有较大的差距，导致传统的多渠道零售商的整个供应链运营成本远高于亚马逊等线上零售企业。一些企业的管理实践证明，排除中间流通商、自建物流体系是这一问题的解决方案,但实际上很少有企业倾向于自建完整、封闭的物流体系,因为这一尝试不仅投资巨大,而且建设周期过长,在导致企业商品经营的成本增加的同时,也削弱了其零售经营的灵活性和及时性。因此,多数零售企业尝试利用流通企业的优势资源,通过它们建构现代化物流体系:一方面可以借助流通企业的专长和优势降低其经营成本和费用,另一方面可以利用流通企业的经验实现短期内获益的目标。

对流通企业而言,由于外部生产经营环境的变化,其通过技术学习改变传统的经营思路和管理实践,依据零售业的发展促进其自身的业务流程再造,实现了由原来的专注于流通物流向零售支持型流通物流转化。具体地,这种转化存在两种主要形式:其一,流通企业倾向于尽可能地向综合流通服务转化,通过商品进货的广泛化和多样化,以及供应链运营整合和增值服务,帮助零售企业降低经营成本,进一步拓展市场空间;其二,转型升级为更加专业化的物流服务商,实现多个专业流通商向某一特定流通企业发货,并借助这个特定流通企业的综合性物流管理、分拣、配送等物流职能的有效实施,将服务渗透到零售的各个终端,一方面实现商品供应的集约化物流,另一方面也能为满足零售终端的多样化、差异化要求而将物流综合服务网络下沉到一般企业难以覆盖的市场区域,为零售企业的多渠道战略打下坚实的网络基础,在降低综合物流成本的同时,实现更大的经济效益。

随着生产流通环节的变革、生产企业结构的变化以及零售企业地位和作用的变化,流通企业面临着新的挑战和发展机遇,主要表现在贸易流通业务呈现萎缩的态势、传统流通企业的生存空间受到挤压。与此同时,生产和零售业的发展对适应多品种经营的综合性流通物流的需求显著增加,但由于生产零售企业专注于在激烈的竞争中强化其核心竞争力,重点发展其擅长的优势领域和业务,使得生产零售企业倾向于将物流等管理活动、业务外包出去,这种管理实践客观上为流通企业提供了新的发展机遇。

对流通企业而言,如何充分利用其综合能力去承接生产企业和零售企业相关业务外包,并在为相关客户、企业提供专业化服务的过程中形成其长远发展的空间和能力就变得非常重要。一般地,基于国内外企业的管理实践,现代意义上的流通企业应具备三种能力,即供应链运营能力、关系维系和拓展能力、交易流程建构能力。

(1)供应链运营能力。供应链运营能力反映的是流通企业面向市场在分销物流运作中表现出的能力和绩效,包括产品可得性,采购、备货以及库存管理能力,库存控制能力,管理订单周期能力,分销系统的柔性和网络运营能力,及时、迅捷地应对客户变化、调整战略的能力和信息处理能力。另外,竞争性价格也是决定分销绩效和流通企业竞争力的关键因素。因此,流通企业能高效率、高质量地满足客户服务需求的能力是供应链运营能力的直接表现。

(2)关系维系和拓展能力。关系维系和拓展能力主要是流通企业与供应商或下游客户间建立关系、发展关系的能力,其有助于供应链结构的稳定,实现良好的、超越单个企业的关系性租金的分销绩效。关系能力表现为专用性资产投资意愿和能力,只有企业愿意做出关系性资产投资,才可能利用供应链提高其经营绩效;关系能力还表现为企业间的信任,信任是关系能力体系的重要衡量指标。诸如关系连续性、信息分享等也是长期合作关系和经营绩效实现的重要影响因素。另外,由于有效的企业经营产品组合及结构可以增强客户的满意度,实现企业财务绩效的提升,产品的组合和结构同样被视为影响企业经营中的关系性能力的一个关键性因素。

（3）交易流程建构能力。交易流程建构能力反映了供应链交易流程的流畅性和市场拓展程度。供应商的产品质量、可靠性的供应管理对分销服务及相关企业绩效都有显著影响。供求关系的匹配和整合性同样是交易流程建构能力关注的要素，供求关系的匹配和整合性作为流程因素，其关注企业的销售、营销、财务、运营各部门共同形成的需求预测及实现业务目标的能力。资金管理和供应链融资能力有助于强化企业财务能力和资源，提升其对交易伙伴关系的管理能力。相关学者针对企业与金融机构的合作的研究表明，企业及时的资金结算可以有效避免滞后结算的成本，提高企业经营活动的绩效。另外，部分学者也关注了成本因素作为物流活动绩效指标的作用，认为成本因素与其他因素相结合共同决定了分销企业的运作绩效。

8.1.2 物流独特性业务

1993年，富勒、奥康纳和罗林森提出物流独特性业务的概念，强调为某类产品或某项业务设计、开发特定的供应链而制定独特的业务战略和服务，根据客户需求模式、供应商运营能力以及产品包装、交易等要素将商品分解成物流独特性业务，并对每个物流独特性业务进行供给和需求特征分析，其中供给由供应商运营能力决定，而需求则受客户购买行为的影响。

物流独特性业务分析的目标在于优化供应链绩效，主要体现在五个方面：提高预测准确度，更快、更准确的物流服务，更好的库存状况，渠道的灵活性和强大的信息链接。

（1）提高预测准确度。一般地，由于其业务的分割，供应商和下游客户分别利用不同的数据、变量、分析模式预测商品需求，在物流独特性业务战略下，供应链上下游企业依据共享销售时点数据，共同制定和使用预测数据进行更加合理、有效的需求分析。协同计划、预测和补货作为价值链合作者促进整个供应链的需求信息交换的方式，其目标在于促进供应链的供给与需求的同步，减少供应链作为总体的存货水平，提高资产利用率，减少非价值增值活动。贸易领域存在三种协同效应：简单协同、规划协同和模式协同。其中，简单协同是指上下游企业和贸易企业之间通过信息系统传送数据，需求量通常根据未来订单、仓储活动或销售预测确定；少数贸易商倾向于进行复杂的规划协同，即组织为供应商提供需求变量或"规划"，指导供应商的补货行为与决策；模式协同是指两个企业之间共享运营模式，使双方可以实时地了解对方的生产能力、经营状况、存货水平和承诺订单。

（2）更快、更准确的物流服务。其包括更少量、更频繁的订单、电子交易以及更短的供应商前置时间等。通过将购买决策推迟到获得更多需求数据后，能够大大缩短供应时间，提高预测精度，还可以提高客户主要资产的投资和存货水平，降低运营成本。

（3）更好的库存状况。由于贸易企业致力于在提高存货水平和增加销售需求间寻求平衡，消除缓冲存货的目标给供应链带来的压力首先来自下游客户，其次来自供应商，先进的经营者利用店面布置、产品数量和分类、陈列与设备等监控商品的销售速度以减少缺货和存货过多等问题。另外，供应商通过与贸易商合作提高为下游补货的频率，精准地满足客户需求，减少上游企业过量生产或库存压力。

(4) 渠道的灵活性。物流独特性业务分析有助于企业了解系统支持的渠道类型、数量，帮助上下游企业掌握渠道资源和数量等必要的信息，充分利用现有的系统满足相关业务的分销和市场开拓，一方面提高了渠道运营效率，降低了客户企业面临的渠道费用、成本；另一方面又充分拓展了渠道的市场空间，以最大限度地实现经济效益。

(5) 强大的信息链接。以物流独特性业务为导向，利用先进的信息网络建立灵活的供应链有助于相关企业扩展其市场实力。对于商品物流因等待信息而延迟的问题，如何在前置时间被压缩和销售周期缩短的情况下，获取和共享准确的信息成为一个关键的竞争武器。与以往企业通过创新性的商品销售战略降低信息技术投资相比，借助先进的信息系统和通信网络将促进拥有竞争性商品的贸易商形成新的进入壁垒，加快贸易流通的全球化经营进程。

8.2 贸易流通领域的供应链金融类型化

由于贸易流通流域外部环境的变化，加上产业链客户需求、行为的变化，在物流独特性业务战略的影响下，贸易流通流域的供应链金融呈现广度、深度、长度和幅度四种类型化运营。

8.2.1 广度——全球化的网络运营

随着产业链的组织方式由区域化生产经营向全球化生产经营的转变，一方面，离岸生产使得任何企业都有利用全球优势资源进行生产的可能，从而实现了成本的降低，并且将优势资源、能力聚焦于其具有核心竞争力的领域和环节，进而创造价值；另一方面，在互联网和新技术的推动下，任何企业都可以通过将自身融入国际分工体系，将生产出来的产品销售到全球各地，参与到全球产业链的运营或者消费其他国家生产的产品。

基于全球化运营的客观现实，纳格尼等学者构建了包括制造商、零售商、需求市场在内的超网络模型，在全球市场背景下整合社会网络和电子商务活动等；在其后续的研究中，瓦克宾戈和纳格尼进一步拓展了超网络模型的结构框架，将社会网络置于网络底层，将全球供应链网络置于网络顶层，建构了超网络模型。在超网络模型中，网络线表示电子商务的可能性，用虚线连接，用点和线表示两个网络整合成超网络，全球供应链网络和社会网络通过功能形式和流通建立联系。

尽管存在着全球化的超网络系统，在其生产经营中却存在障碍和冲突。其一，第三方信息和沟通渠道缺乏，使得某些试图寻找离岸外包对象的企业往往由于缺少丰富、及时的客户信息而放弃外包。由于希望接受离岸外包业务或服务的企业在品牌宣传、信用信息方面的欠缺，其所面临的供求矛盾影响、限制了其全球化业务的快速发展。其二，由于从事全球生产、贸易的各方所处国家或地区的管理制度、企业文化等存在差异，在一定程度上影响了全球化经营、合作过程中的产品制造、服务提供等。对于为数众多的中小微企业而言，由于各种原因导致的其对国际规则不熟悉、适应能力不足、国际业务处理能力不高等问题都直接地影响了其全球化业务合作的深度和广度。其三，在全球化经营活动和管理实践过程中，由于各国间的政策壁垒、外部环境因素等的影响，使得生产经营流程呈现较高的复杂性，如果贸易流通企业能利用其完善的全球化运营网络以及国际市场和生产组织丰富的经验和知识，解决全球化经营过程中买卖双方或者供求方之间的诸多差异，实现有效的信息沟通和信用管理，降低全球化生产运营过程、生产外包或贸易过程的交易成本，那么其不仅能获得更大的生存发展空间，也能逐步成长为全球供应链不可或缺的环节。

8.2.2 深度——信息化的协同商务

协同商务是将具有共同商业利益的合作伙伴整合起来，主要通过对整个商业周期中的信息共享，实现和满足不断增长的客户需求，同时也满足企业本身活力的能力。其通过对各合作伙伴的竞争优势的整合，共同创造、获取最大的商业价值以及提供获利能力。

协同商务被视为下一代电子商务系统。实际上，电子商务环境下，单一组织难以具备满足顾客的所有条件，分工、能力核心化和协作是必由之路。协同商务的管理实践不仅管理企业内部的资源，还需要建立一个统一的平台，将客户、供应商、代理分销商和其他合作伙伴也纳入企业信息化管理系统中，实行信息的高效共享和业务的一系列链接。企业不仅需要内部跨部门的协调，还要解决好价值链中和供应商、客户、合作伙伴的合作关系。企业要想在激烈的市场竞争中体现自己的优势，满足客户的要求，就必须建立协同的工作环境，实现从金字塔型管理模式到扁平化管理模式的转变，更加强调企业内部与外部的资源的整合，加深了企业员工与员工之间、部门与部门之间的协同工作。

"协同"主要有三层含义：一是企业内部信息、资源的协同，即各部门间的业务协同、不同业务指标和目标间的协同，以及各种资源约束的协同；二是企业内外信息资源的协同，即整个供应链的协同，其关注点在于企业供应链及跨企业供应链间各种业务的协同、互动，通过改变业务经营模式和方法达到对资源的充分利用；三是价值网协同，即构成价值网节点的各成员单位的协同，通过将产业链上下游企业、政府部门、行业协会和其他中介组织、机构等利益相关者组合、协同在一起，共同创造价值，其本质是社会资源最优化。

虽然协同商务对整个供应链体系及参与者的竞争力和绩效都产生了重大而积极的影响，但是在管理实践中，真正实现协同商务并不容易。现实中，存在诸多的困难与障碍，包括：如何协调不同环节、不同利益诉求的企业和组织，促进其产生一致的目标和行为；如何将分散而非集成的数据、信息等资源进行整合；如何在促成企业之间产生信任的同时降低潜在的资源依赖风险等。这些都是协同商务实践推进过程中需要解决的问题。

流通商应当积极发挥协同商务促进者的角色和作用，加强不同组织之间的信息和资源的协调，一方面，借助其在贸易和采购等相关业务领域的经验和知识，推进供应链的协调与管理，利用其在渠道和市场上的知识和智慧，有效地管理需求端的资源和业务活动；另一方面，帮助客户整合人员、财务、文件信息、单据等内部资源，协调政府部门、行业协会、中介组织、金融机构等不同类型机构参与者的外部资源，从而促进流通商成为协同商务实施的平台。

8.2.3 长度——实现产业深度分销

作为市场营销学领域的一个重要概念,深度分销被应用于产业供应链发展的管理实践中。日本学者矢野新一创立了区域滚动销售战略,即通过有组织的努力、掌控终端、提升客户关系价值、培养和开发区域市场,集中力量取得区域市场综合竞争优势,成为局部区域市场第一,最终在整个区域市场中成为第一的有效策略与方法。区域滚动销售战略的内容主要包括三方面:其一是有组织的努力,在关键区域和关键要素上,把资源集中和整合起来,及时捕捉客户的反馈意见,面向市场进行一体化运作,形成协同作战能力,提高市场竞争力,以及快速反应能力和营销组织的培训、整合和管理水平;其二是掌握终端,掌握终端并不意味着拥有终端,而是积极为客户创造价值,使客户形成依赖感的同时,要从资源、技术、信息和资金等方面对客户形成一定的影响力;其三是提升客户关系价值,在分销和终端上构建强有力的规范体系,维持、巩固和强化与客户的关系,竭力为客户提供多元化的服务,从而使客户形成满意的评价。

深度分销的本质是建立在市场营销的 4Ps 理论(即产品——product、价格——price、渠道——place 及促销——promotion)基础上的,高效运用 4Cs 理论(即顾客——customer、成本——cost、便利——convenience 及沟通——communication)和 4Rs 理论(即关联——relevancy、反应——reaction、关系——relation 及回报——reward),通过高效快捷的物流、周到全面的服务、严密有效的市场管理等,实现与客户的深度沟通,建立起广泛、稳固的紧密联系,实现客户的品牌忠诚度和市场控制力最大化的目标。

深度分销是在指定区域内由企业或分销商或其聘用的销售人员开拓、管理指定区域内的各类终端客户,以增加网点、提高市场覆盖率、增加在终端市场的库存量单位、改进终端客户服务、提高分销商的销量为目的的销售运作模式。深度分销有助于减少渠道环节,缩短产品的流通时间,降低企业的交易成本。深度分销实质上就是一个发现终端、发掘终端、维护终端、管理终端、掌握终端的过程。

在推进深度分销的过程中,贸易流通企业在市场上实际发挥了很大的作用。其一是确定市场区域,深度分销的关键在于如何确立市场区域,确定市场区域的原则是兼顾配送服务半径和基本利润水平;其二是确定客户,以使得产品或服务能有效地达到目标市场;其三是确定相应的产品和品牌,这一决策需要根据不同市场的结构、竞争态势、市场状况及企业经营策略、产品策略等,确定各市场不同渠道的主导产品及策略,以确保与营销策略相匹配;其四是确定渠道差价,确定层次分明、分配合理的渠道价差体系是深度分销的核心;其五是根据不同的市场、不同的产业业务确定相应的组织结构、经营方式,确定对物流体系的建立、运营、网络路线的建立、有效沟通以及销售环节的把控等。

只有明确了上述诸方面的内容,贸易流通企业才能真正实现与生产企业的高度结合,通过深度分销帮助上游企业有效地拓展市场,特别是结合不同发展程度的区域梯度差异形成区域市场,按照需求程度的不同确立不同的模式。总体上,由于区域差异明显,使得标杆市场的建立与选择对后续的渠道选择等策略具有重要影响,应选择优势渠道,以点带面地推进发展,以先进的分销管理系统、规范化的营销队伍实施成功模式的复制,整合分销区域网络，占领整个区域性市场。

8.2.4 幅度——综合性的产业服务

美国学者埃尔拉姆于2004年发表的《理解和管理服务供应链》一文首次提出了"服务供应链"的概念。服务供应链的产生是由于许多制造业企业逐步把产品的含义从单纯的有形产品扩展到基于产品的增值服务，从而实现产品服务化的客观背景下，服务供应链的组织与管理不仅存在于生产性企业，也是贸易流通企业的重要发展方向。

服务供应链是以服务为节点，以工作量为缓冲，以直接服务供应商、间接服务供应商、整合服务集成商和最终客户为主体的综合集成管理，为客户传递的不仅是一种有形的产品，更提供了一种集成化的服务能力及其组合。在服务供应链的管理实践中，客户向服务集成商提出需求后，服务集成商能及时地响应、迅速提供系统化的整合服务，并在必要的时候将客户服务需求进行分解，将其中的服务性活动外包给其他直接或间接服务提供商。在服务供应链运营模式下，不同的服务提供商或产品供应商通过交互合作构成服务供应链上的合作关系，同时在供应链上发挥不同效能的服务集成商承担多点、多级服务要素的整合管理。

在上述过程中，服务集成商侧重于服务或经营能力管理、客户需求管理、客户关系管理、各类供应商关系管理、服务传递管理、现金流管理以及融资管理等，实现对有形的产品和无形的服务的设计、技术能力管理、服务质量控制等，构成服务集成商实现差异化竞争的关键要素。对客户需求的快速响应能力依赖于需求管理中对客户动态变化的需求的分析、预测和计划。关系管理包括客户关系管理和供应商关系管理两方面。客户关系管理需要对客户的动态、差异化需求进行全面地开发、理解和应对，集中资源和能力来满足这些需求，包括客户细分和客户关系的监管等。作为服务供应链运作的推动力，客户关系还包括快速响应、应变能力，以确保客户需求得到及时、全面、有效的满足。客户价值的实现需要整个服务供应链上参与方的合作、协同，还需要供应商关系管理的辅助作用，包括供应商的选择、评价、协同、管理等多项活动。服务供应链中对供应商的选择和评价是基于工作内容和工作范围来进行界定的，包含清晰的服务水平协议，以减少服务传递过程中的不确定性。为了实现服务供应链的共同发展和持续进步，服务集成商必须具备有效协调各节点参与者的竞合关系的复合型能力，兼具协调内部资源与外部资源的能力，使各参与方能够在供应链整体获益的基础上实现自身的发展，及时、有效地传递集成化服务。

为有效提升服务供应链中现金流量周期的效率，服务集成商需要采用合理的途径和方法管理供应链中的资金流，为缺乏资金的企业提供有效的融资解决方案，确保各参与方在协同运作的过程中保持良好的财务绩效。所有这些产业服务供应链中所涉及的活动都是贸易流通企业发展的方向，也成为相关企业转变为服务集成商的关键考量，这是因为：一方面，贸易流通企业本身就隶属于服务型企业，在实现服务一致性、可靠性、保证性和有形性方面具有丰富的服务经验和能力，将这种能力加以改造、升级，与产业供应链相结合，就能使贸易流通企业得到长足发展；另一方面，贸易流通企业只有更好地渗透到其客户的产业供应链中，利用其优势和能力提供独特、高附加值的服务，才能在"去中介化"的背景下成功实施变革转型。

8.3 多类型供应链金融模式的比较分析

综合对贸易流通企业物流独特性业务战略方向和维度的分析,贸易流通领域的供应链金融模式可以根据协同商务与市场拓展能力以及深度分销与服务能力划分为三种类型,即物流导向型供应链金融、市场导向型供应链金融以及一体化供应链金融。这三类供应链金融模式分别表现出了不同的侧重和专注,且金融在其中发挥的作用也不尽相同。贸易流通领域的供应链金融模式如图 8.1 所示。

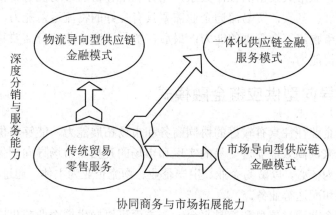

图 8.1 贸易流通领域的供应链金融模式

8.3.1 物流导向型供应链金融模式

物流导向型供应链金融模式下,企业往往具有较好的深度分销和服务能力,特别是其作为物流导向型企业具有较强的实体物流运营能力,能够为客户提供全面的仓储、配送、通关、商检等各类物流业务及服务,并且能够提供相应的增值服务,但是物流导向型企业与客户的协同商务和市场拓展的联动方面相对较弱。具体地,由于物流导向型企业并未过多地涉足商流,几乎不或很少涉及与上下游企业的协同商务,也不参与或从事商品交易决策等,只是发挥了商品交易的桥梁和纽带作用,大部分的交易条款由买卖双方事先确定。

对于此类贸易流通企业而言,其主要功能在于将金融业务与物流功能相结合,这类业务产生的背景源于越来越多的生产企业或供应商倾向于实行多品种、少量化生产的战略;与此同时,下游客户为降低库存成本,推进即时销售战略,采取多频度、少量配送模式,以减少资金的占用,即这些企业只有在需要产品时才会发出送货请求和支付活动。实际上,下游客户的这种即时性的物流要求无疑会给上游企业带来困难,由于生产企业或供应商采用多品种少量化的生产模式,过于分散的、多频度的配送势必会增加供应商的物流成本,加大资金回笼的风险。

对一些中小微企业而言,一方面由于其自身规模较小,不具备物流业务运营能力,也无法建设相应的物流中心、物流设施等；另一方面由于其相关经验少、发展时间短等，也不具备物流服务所需的技术等，难以满足如今下游客户多频度、少量配送的要求。

这种上游生产企业与下游客户在物流配送时间、频次、规模等方面的矛盾为贸易流通企业提供了生存、发展和获利的空间。贸易流通企业一方面通过扩大物流服务范围和幅度，利用其在物流服务上的经验，以及相对完善、先进的物流设施与服务能力，运用快速、及时的配送服务促进上游生产企业与下游客户联结，消除它们在商品配送、仓储管理等物流需求上的差异；另一方面可以利用自身的资金融通能力，为上下游企业提供资金支持，帮助上游生产企业及时获得产品及资金，协助下游客户提高资金支付效率。

物流导向型供应链金融服务模式的前提条件体现在三个方面：首先，贸易流通企业能与产业链上下游企业形成紧密的合作关系，充分利用各自的市场优势、核心能力，促进彼此信任和共同发展；其次，贸易流通企业需要具有良好的物流运营能力，或通过专业的第三方物流企业从事物流综合管理的能力；最后，贸易流通企业本身需要具有良好的资金运营能力和风险承担能力。

8.3.2　市场导向型供应链金融模式

市场导向型企业往往具有较好的协同商务和市场拓展能力，能够将供应链中的交易各方有效地整合起来，高效地促进交易的实现和市场的开拓。市场导向型供应链金融模式以市场导向型企业为核心，以贸易企业、生产企业、物流企业为主体，通过信息共享和互动，开展买卖、生产和配送等业务。

市场导向型企业通过信息和交易平台，一方面可以向生产企业或供应商传递订单等信息，生产商通过即时制进行商品生产，或者进一步转包给二级供应商，以最短的时间和最高的效率完成商品生产或外包的生产，并向市场导向型企业反馈生产计划信息和生产进度信息等；另一方面可以向物流运营商下达服务委托，由专业的第三方物流企业组织物流资源，合理安排物流运营活动，同时反馈物流计划和物流信息，将产品及时、高效地送抵相关客户。在这一供应链运营过程中，贸易流通企业充分发挥了商务协调者和平台者的作用，构建了供应链运行中的商流，同时也承担了产品销售、订单管理的风险和责任；但从总体来看，贸易流通企业并未过多地涉足整个供应链运营过程的物流具体运作和相关活动，也未全程参与物流的操作及环节，这一点即市场导向型供应链金融与物流导向型供应链金融的不同之处。

市场导向型供应链金融更多地立足于协同商务过程中所涉及的供应链金融业务活动的开展，该模式的核心在于在复杂的商品贸易和经营环境中，借助供应链业务系统将分散在不同地点、相互关联的商业活动有机地整合、联系起来，包括原材料及零部件采购、产品制造、产品加工等增值活动、仓储、运输、配送、流通加工以及各商业主体之间的信息交互等，其主要目的是降低供应链业务过程中的成本，扩大收益。由于供应链中各节点的供应商、制造商、零售商、客户之间存在着大量信息传递与信息交互，这些海量信息的交互效率及信息传递的有效性决定了整个供应链的运作效率，进而影响着供应链整体及供应链内部各企业的效益，也影响着客户对所需产品或服务的满意程度。

随着商品生产、供应、销售网络的发展及相关过程的复杂性的增加，供应链内各类型企业、节点企业在供求信息获取、信息实时共享、供应链可视性及库存预警等方面都面临着越来越多的障碍，这在一定程度上使供应链中的资金流动变得愈发困难。在这种情况下，如果贸易流通企业能够发挥协同商务平台和市场拓展的能力，将有力地促进供应链成员间的信息交换、互动以及交易的实现，同时通过供应链中相关企业的融资性行为加速供应链内部的资金流动，缩短现金流量周期，不仅有利于降低供应链运营成本，同时也有助于贸易流通企业成为供应链商品流通环节中的重要一环。

市场导向型供应链金融模式实施的前提体现在四个方面：第一，从事市场导向型供应链金融服务的企业需要具备丰富的生产、经营的经验、知识和能力，能够掌握供应链内部的生产和贸易规律，能够有效掌控供应链运营的关键环节和要素；第二，市场导向型供应链中的服务企业本身需要具有功能强大的信息平台，能充分地协调供应链各主体的优势和能力；第三，通过协同商务，市场导向型供应链中的服务企业需要具备掌握供应链上下游企业信用的能力，能够有效解决由于信用、风险等信息不对称性产生的交易、资金流动的阻碍和问题；第四，市场导向型供应链中的服务企业需要具有良好的资金融通能力和风险管控能力。

8.3.3　一体化供应链金融服务模式

一体化供应链金融服务模式综合了物流导向型供应链金融模式的深度分销与服务能力，以及市场导向型供应链金融模式的协同商务与市场拓展能力，借助金融业务为客户提供深度分销和全程物流服务的同时，协调上下游企业的信息传递和业务，通过互动实现向上游供应端和下游市场端的延伸，既降低了供应链运营过程中的交易成本，又创造了新的业务增长点。

一体化模式下的企业与物流导向型企业相比，在全程物流服务的基础上，更加强化了深度分销的能力，尤其是逆向分销或渠道下沉能力。在现实的分销过程中，由于市场的动态变化以及信息的传递，传统分销网络的问题随之暴露出来，尤其是在实力雄厚的企业掌控了分销网络、提升了行业壁垒的情况下，许多中小微企业面临着发展机遇与挑战并存的局面。因为对众多的中小微企业而言，一味地复制原有的自上而下的分销策略或顺向分销，即在产品分销过程中关注地域上的划分，每个区域设计一个总经销或几个二、三线分销商，则很难在激烈的竞争中获得持续性的竞争优势；相反，如果能采用"扁平化"的分销模式，直接从终端分销或基层市场做起，通过逆向分销，根据相关企业对市场状况、渠道环境、竞争产品的深入了解，因地制宜地进行渠道设计与分销工作，确保分销渠道的准确性、针对性、实效性与可行性，利用终端分销获得足够的规模后，采取"逆向"与"顺向"分销相结合的策略，不仅有助于增加分销成功的可能性和机会，也为成功分销提供了现实基础。

对多数的中小微企业而言，逆向分销的实施具有较大风险和障碍，一方面，成本控制是其面临的首要难题，如一个新上市的品牌，按照逆向分销的策略，其在基层市场建立相关的分销机构、物流网点，还涉及人员招聘、人员培训、业务拓展以及货物运输、仓储、配送等物流环节及问题，这无疑需要庞大的分销费用来支撑。实际上，大多数中小微企业既不具备相应的运营能力，又无法提供充足的资金完成这些工作，使逆向分销或渠道下沉面临无法实现的窘境。另一方面，随着分销机构、物流网点的增多，一体化模式下的企业面临的管理与控制情况会更加复杂；与此同时，由于其消耗的管理资源数量巨大，使一些相对不太成熟的企业面临着巨大的压力，如果一体化服务企业能帮助客户企业以最小的成本实现逆向分销或渠道下沉，同时解决上下游企业分销过程中的资金问题，那么它将成为供应链运营中客户企业不可或缺的渠道伙伴，甚至成为建构分销渠道的平台和基础。

一体化企业与市场导向型企业相比，在协同商务和市场拓展方面具有更强的供应链运营中所涉及商流的拓展性和延伸性，在协同贸易和商品销售的基础上，突出了协同设计、协同采购和协同生产的能力。协同设计是指供应链合作伙伴之间或供应商与服务企业之间通过协同参与方案或产品设计，或者分享方案设计的信息，快速、准确地了解终端客户的需求，进而采用最佳的供应链运营体系；协同采购是指供应链金融服务商与融资需求方通过信息分享，以及资金流、物流库存、订单执行等方面的协同，实时调整供应计划和执行交付过程，实现采购供应的高效率；协同生产是一种多代理、分布式网络化的协同制造体系，借助于信息网络以及金融资源的运营，根据目标和环境的变化重新组合生产供应过程，动态地调整企业的生产组织方式和网络结构，实现生产资源和能力的最优化。显然，这些功能的实现使得服务提供商完全融入了供应链的整体运营，成为供应链的组织者，发挥着供应链网络协调员的功能。

一体化供应链金融模式实施的前提体现在四个方面：第一，一体化企业需要具有很强的供应链设计和流程管理能力，能够运用大数据深入了解特定产业供应链运营的特点、存在的障碍，把握客户的价值诉求；第二，一体化企业需要具有供应链生态平台的建构能力、商业模式和战略整合组织的能力等，一体化的供应链金融模式通过金融服务将供应链业务的各参与方有机整合，将服务的各种要素有效整合，打造具有成长活力、盈利潜力的供应链生态圈；第三，一体化企业需要具有强大的融资和资金风险管理能力，由于受制于资产规模、管理规范等，融资问题成为制约中小微企业发展的主要因素，一体化供应链金融模式下旨在提供全面的金融解决方案的企业需要周密地分析、设计资金流，有效控制潜在的融资风险；第四，一体化企业需要具备很强的网络覆盖能力和分销管理能力，具有深度分销的知识、经验和智慧，特别是整合不同类型的区域、不同规模的城市的渠道建设能力和分销能力。

思考题

1. 贸易流通领域变革的趋势及成因是什么？
2. 贸易流通领域供应链金融的主要类型有哪些？
3. 贸易流通领域不同类型的供应链金融模式的差异是什么？

拓展阅读

第 9 章　商业银行与供应链金融

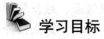 学习目标

了解商业银行的产生、发展,理解和掌握商业银行的主营业务,通过对商业银行视角下的供应链金融业务的学习,深入理解商业银行供应链金融的类型,并区分商业银行不同类型的供应链金融模式及其实践。

 思政目标

从商业银行的供应链金融实践、国家法律法规制度、职业素养等方面挖掘思政元素,引导学生树立正确的人生观和价值观,培养学生的爱国情怀、诚实守信的品质。

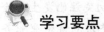 学习要点

- ◇ 商业银行的产生、发展与主营业务
- ◇ 商业银行与供应链金融
- ◇ 商业银行供应链金融的类型区分
- ◇ 商业银行不同类型的供应链金融实践

 引例

商业银行发展供应链金融存在的问题

由于供应链相关业务的复杂程度、其核心客户特点、行业特点、管理模式、结算要求以及结算方式均不相同,使个性化需求成为供应链金融业务的突出特点,也成为供应链金融发展的关键风险点。例如,银保监会发布的《关于推动供应链金融服务实体经济的指导意见》指出,银行、保险机构在开展供应链金融业务时应坚持精准金融服务、交易背景真实、交易信息可得、全面管控风险四大基本原则,以在创新中规范供应链金融的发展。但在"双循环"新发展格局下,出现了全新的行业、产业以及新业态的企业,特别是随着大量企业"走出去"、国际化的产业链提升等新问题的出现,对供应链金融的发展、供应链数字化程度的提升以及链条的全面风险管理构成较大挑战。

1. 数字供应链发展程度不高

当前是数字经济时代,数字化的趋势已不可逆;特别地,数字供应链金融可以作为普

惠金融业务的营销利器，目前已受到金融同业的高度重视。但目前我国商业银行整体的数字供应链发展程度不高，数字供应链金融业务尚未获得有效突破。

商业银行需积极探索数字供应链融资的新方向，拓展新局面；要在金融科技和大数据支撑下大力发展数字供应链业务，平衡不同担保方式的产品结构，推动供应链金融业务快速转型发展，实现供应链金融业务的"飞跃式"发展。

2. 商业银行缺乏完善的数据平台和专业业务人员

供应链金融业务涉及面广，业务技术含量较高，加上业务本身的管理链条、综合管理要求也特别高，对银行的业务营销和经办人员的综合素质提出较高要求。目前，商业银行的风险管理和业务处理仍较多采用较为传统的人工模式，但供应链金融业务的快速发展离不开强大的信息平台支撑，多数商业银行还缺乏完善的供应链融资业务统计和信息交流平台，难以及时获取和分析业务发展的具体情况以及企业风险，加深了潜在风险。

3. 商业银行对供应链核心企业的动态变化跟进不足

由于经营形势不断变化，产业链以及主要企业的经营情况也处于不断变化的过程中。但目前大多银行对供应链金融重在准入环节的把控，对于后期的动态变化疏于及时调整，容易引发风险。因此，银行需加强跟踪监测供应链的经营情况以及核心企业的风险状况，全面评估核心企业经营变化情况及偿付能力；对于核心企业信用等级不达标的，需及时动态调整核心企业名单以及供应链，并跟踪供应链上下游企业风险情况，密切关注已发生风险变化的核心企业对供应链上下游企业的担保意愿和担保能力，相应调整供应链企业业务等级。

4. 商业银行属地化经营制约

商业银行传统经营模式具有属地化特征。在此模式下，供应链融资业务优势未能得到完全发挥，业务拓展相对滞缓。其主要原因之一是在目前以属地化为主的营销管理模式下，银行内不同分行在客户资源、风险偏好、业务结构和市场定位等方面均存在差异，难以顺畅实现客户资源共享并形成营销合力。其中，异地分行间配合不够紧密的问题比较突出，体现为供应链核心企业主办分行积极性较高，但上下游企业所在地分行积极性有限，导致针对核心企业的供应链融资业务只能在主办分行辖内获得较大发展，跨省区的业务较难开展。因此，缺乏跨区域合作已经成为供应链融资业务发展的最大掣肘。

5. 优势产业国际供应链发展程度不高

当前，全球价值链呈现区域化属性加强、全球化属性减弱的态势。我国在电子、机械和设备的产业领域已经全面融入全球价值链，在这些深度整合的贸易领域之中，我国既是供应方，也是市场。同时，我国在全球轻工制造领域（如纺织和服装）的份额甚至高达52%，全球各国也高度依赖我国的出口。我国占据了全球纺织和服装出口的40%、家具出口的26%。但我国在优势产业的国际供应链金融服务方面发展程度不高，商业银行国际金融市场占据的份额都很小，对大多数产业链而言，供应链金融仍有很大的全球化潜力。

资料来源：新浪网. 银行发展供应链金融的问题和机遇[EB/OL].（2023-03-29）[2023-04-17]. http://k.sina.com.cn/article_3958636400_ebf3ff70019011php.html.

9.1 商业银行视角下的供应链金融

随着供应链金融业务的广泛与深入开展，作为供应链金融理所当然的参与者，各国的商业银行纷纷参与到供应链金融业务服务体系中。实际上，商业银行作为专业从事资金融通业务的金融机构，无疑有效促进了供应链金融业务的开展与效率的提升。面对供应链金融业务的蓬勃发展，需要深入思考以下几个问题：不同商业银行提供的供应链金融服务之间有什么区别？各商业银行实施不同的供应链金融业务的决定因素是什么？商业银行作为供应链金融业务的重要参与者，其未来努力的方向是什么？这些问题的解决将有助于进一步了解商业银行供应链金融业务的实质。

9.1.1 商业银行的产生与发展

在现代金融体系中，商业银行毫无疑问是最早产生的、最具典型性的金融机构。

银行是经济中最重要的金融机构之一。西方银行业的原始状态可上溯至公元前的古巴比伦以及文明古国时期，据《大英百科全书》记载，早在公元前 6 世纪，巴比伦已有一家"里吉比"银行。考古学家在阿拉伯大沙漠发现的石碑证明，在公元前 2000 年以前，巴比伦的寺院已对外放款，而且放款采用由债务人开具的类似本票的文书，交由寺院收执，且此项文书可以转让。公元前 4 世纪，古希腊的寺院、公共团体、私人商号也从事各种金融活动，但这种活动只限于货币兑换业性质，还未产生放款业务。

古罗马在公元前 200 年也有类似古希腊银行业的机构出现，但较古希腊银行业又有所进步，它不仅经营货币兑换业务，还经营贷放、信托等业务，同时对银行的管理与监督也有明确的法律条文。古罗马银行业所经营的业务虽不属于信用贷放，但已具有近代银行业务的雏形。

现代公认的早期银行萌芽起源于文艺复兴时期的意大利。"银行"（bank）由意大利语的"banca"演变而来。在意大利文中，banca 是"长凳"的意思。最初的银行家均为祖居在意大利北部伦巴第的犹太人，他们为躲避战乱迁移到英伦三岛，以兑换、保管贵重物品、汇兑等为业；在市场上人各一凳，据以经营货币兑换业务。倘若有人因资金周转不灵而无力支付债务时，就会招致债主们群起捣碎其长凳，兑换商的信用也即宣告破碎。实际上，早期银行业的产生与国际贸易发展密切相关。中世纪的地中海沿岸各国，尤其是意大利的威尼斯、热那亚等城市是著名的国际贸易中心，商贾云集且市场繁荣。但由于当时社会的封建割据，货币制度混乱，各国商人所携带的铸币形状、成色、重量各不相同，为适应贸易需要必须进行货币兑换。于是，单纯从事货币兑换业并从中收取手续费的专业货币商便出现和发展起来了。

随着异地交易和国际贸易的不断发展，来自各地的商人们为了避免长途携带而产生的麻烦和风险，开始将货币交存给专业货币商，委托其办理汇兑与支付，此时专业货币商已具备银行最初的货币的兑换与款项的划拨职能。随着接收存款数量的增加，货币商发现多个存款人不会同时支取存款,于是开始把汇兑业务中暂时闲置的资金贷放给社会上的资金需求者。最初,商人们贷放的款项仅限于自有资金,随着代理支付制度的出现,借款者把所借款项存入贷出者处,并通知贷放人代理支付。从实质上看,贷款已不仅限于现实货币,还有一部分变成了账面信用,这标志着现代银行的本质特征已经出现。

目前可考证的近代银行有1580年成立的意大利威尼斯银行、1609年成立的荷兰阿姆斯特丹银行、1619年成立的德国汉堡银行、1621年成立的德国纽伦堡银行以及1635年成立的荷兰鹿特丹银行等,这些银行的主要业务为存贷款业务,其实质是高利贷业务。而真正意义上的现代银行起源于1694年在英国政府支持下成立的股份制银行,即英格兰银行。英格兰银行的诞生标志着适应资本主义生产方式要求的、新的信用制度的建立,因而其也迅速地成长、发展为促进工业革命以及资本主义生产力发展、提升的重要因素。

在我国,虽然早在春秋、战国时期就产生了高利贷业务,但真正意义上的银行产生较晚。关于我国银钱业的记载较早的是南北朝时期对寺庙典当业的记述;而唐代出现了类似汇票的"飞钱",这是我国最早的汇兑业务;北宋真宗时由四川富商发行的"交子"成为我国早期的纸币;到了明清以后,当铺逐步发展为我国主要的信用机构。明末时期,一些较大的经营银钱兑换业的钱铺逐步发展为银庄。在银庄产生的初期,其主要业务除了兑换银钱,还包括放贷等业务;直到清代,银庄才逐渐开办存款、汇兑相关的业务,但在清政府的限制和外国银行的压迫下,银庄逐步走向衰落。我国近代的银行业是在19世纪中叶以后,随着外国资本主义银行入侵之后才真正产生、兴起的;与西方国家和相关业务接轨的现代银行在改革开放以后才得到长足发展。

9.1.2 商业银行的主营业务

商业银行区别于中央银行、政策性银行与投资银行,商业银行是以盈利为目的、以多种金融负债筹集资金、以多种金融资产为经营对象的具有信用创造功能的金融机构。商业银行作为银行类型的一种,其职责及主要业务是通过存款、贷款、汇兑、储蓄等,承担起信用中介的职能。商业银行的主要业务范围是吸收公众存款、发放贷款以及办理票据贴现等。一般的商业银行没有货币的发行权,商业银行的传统业务主要集中在经营存款和贷款业务。

我国的商业银行是指依照《中华人民共和国商业银行法》和《中华人民共和国公司法》设立的吸收公众存款、发放贷款、办理结算等业务的企业法人,这一规定明确概括了商业银行的三大主营业务,即负债业务、资产业务以及中间业务。

商业银行的负债业务主要包括存款业务和非存款业务两类。其中,存款业务是典型的被动型负债,是商业银行的主要资金来源,为商业银行的资产业务、中间业务提供了基础,创造了条件;非存款业务是商业银行吸收各种非存款资金的业务,包括同业拆借、向中央银行或国际金融市场借款、发行金融债券等,是主动型负债。

商业银行的资产业务是指商业银行运用资金的业务,是商业银行主要的利润来源,资产业务主要包括现金业务、证券投资业务、贷款业务和在中央银行或同业银行的存款业务以及其他资产业务,如货币买卖等业务。贷款业务是商业银行最基本的,也是最主要的资产业务，是商业银行获取利润的主要渠道。贷款是指商业银行对借款人提供的并按约定的利率和期限还本付息的一种借贷行为。按照贷款的保障条件不同，贷款可以分为信用贷款、担保贷款和票据贴现等。其中，信用贷款是商业银行仅凭借款人的信用，无须借款人提供担保而发放的贷款；担保贷款是以某些特定的财产或信用作为还款保证的贷款；票据贴现是商业银行应持票人的要求，以现款买进持票人持有但尚未到期的商业票据的方式发放的贷款。

商业银行的中间业务具有收益高、风险低和收入稳定等特点，近年来发展很快，在商业银行的经营战略中具有重要地位，并逐步发展为商业银行进行产品或服务创新以获取竞争优势的重要手段。中间业务包括支付结算业务、代理业务、担保业务、承诺业务、交易性业务、信用卡业务等。

9.1.3 商业银行视角下的供应链金融

按照对商业银行主营业务的界定，其主要提供两大类业务：个人业务与企业业务。其中，为企业提供的主要是资产业务与中间业务。供应链金融涉及的资产业务及中间业务产品类型如表 9.1 所示。

表 9.1 供应链金融涉及的资产业务及中间业务产品类型

资产业务产品	中间业务产品
应收账款质押贷款	应收账款清收
保理	资信调查
保理池融资	财务管理咨询
票据池融资	现金管理
提前支付折扣	结算
存货质押贷款	贷款承诺
仓单质押	汇兑
出口信用险项下授信	换汇
先票/款后货授信	
未来货权质押	

资产业务包括贷款业务和现金业务，中间业务主要包括支付结算、担保业务等。对商业银行而言，其传统融资的显著特点在于不同业务由商业银行各专业部门分别负责、分别开发，这种业务方式只能满足特定客户的某一核心需求。随着企业核心需求的复杂性的增加，商业银行通过对成本、效率等因素的综合分析，开始考虑将其提供的业务服务进行组合以满足不同客户企业的多样化需求，需要注意的是，作为供应链金融前身与基础的贸易融资就是商业银行典型的组合化的金融服务的有益尝试。

贸易融资是商业银行的主要业务之一。根据《巴塞尔协议》对贸易融资的定义，贸易融资是指在商品交易中，商业银行运用结构性短期融资工具，基于原油、金属、谷物等商品交易中的存货、预付款、应收账款等资产的融资，是商业银行对进口商或出口商提供的与进出口贸易结算相关的短期融资或信用便利，旨在促进国与国、企业与企业间的进口和出口业务。贸易融资中的借款人除了商品销售收入可作为还款来源,没有其他生产经营活动,在资产负债表上没有实质的资产,没有独立的还款能力。贸易融资保理商提供无追索权的贸易融资,手续方便、简单易行,解决了出口商信用销售在在途占用的短期资金问题。

贸易融资以"真实票据理论"或"自动清偿理论"作为其业务实践的理论基础,即商业银行可以通过以真实票据为基础的短期自偿性贷款,保持与资金来源的高度流动性相适应的资产高度流动性,实现业务过程中的风险控制。与其他传统的融资形式不同,贸易融资强调操作控制,淡化财务分析和准入控制,能够通过对资金流和物流的控制,动态地把握风险,避开企业经营不稳定所导致的风险及弱点。

按照不同的结算方式,贸易融资可以分为信用证项下的贸易融资,托收、汇款结算项下的贸易融资,其他贸易融资产品,以及结构性贸易融资业务四大类。

1. 信用证项下的贸易融资

贸易融资中最常见的是与信用证有关的融资方式。信用证的出现可追溯到18世纪后半叶,信用证作为一种商业银行开立的有条件的承诺付款的书面文件,是指银行(或开证行)依照客户(或申请人)的要求或指示,或以自己的名义在符合信用证条款的条件下,凭规定单据向第三者或其指定人付款,或承兑并支付受益人出具的汇票,或授权另一家银行议付的约定的书面文件。

在信用证内,商业银行授权出口人在符合信用证所规定的条件下,以该行或其指定的银行为付款人,开具不得超过规定金额的汇票,并按规定随附装运单据,按期在指定地点收取货物。在实务上,信用证项下的贸易融资是商业银行的一项影响较大、利润丰厚、风险较小、周转期较短的融资业务。按照商业银行向不同方提供的融资产品的差异,可分为商业银行向申请人(或进口商)提供的授信开证、进口押汇、提单背书、提货担保等贸易融资产品,以及向受益人(或出口商)提供的打包贷款、信用证保兑、出口押汇和出口贴现等融资产品。

授信开证是指企业在商业银行授信额度内,在符合开证银行有关规定的前提下,免交或缴存相应比例的保证金后,银行根据客户的资信情况,为客户核定授信开证额度,在额度内为客户办理的进口信用证业务。在授信开证的模式下,企业可充分利用商业银行信誉减少资金占用。进口信用证项下货权质押授信的业务流程如图9.1所示。

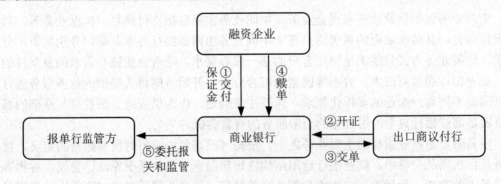

图9.1 进口信用证项下货权质押授信的业务流程

进口押汇指开证银行接受开证申请人（或进口商）委托对外签发进口信用证后，在收到议付行寄来的跟单汇票及议付通知书时，经审单相符，即以货运单据为抵押，立即对外垫付进口货款及从属费用的一种资金融通方式。开证申请人在开证时如已预交部分押金，银行在做进口押汇时，除将押金扣抵货款外，其余部分列作进口押汇，待开证申请人备款赎单时，再按规定利率和银行垫款天数清偿进口押汇本息。进口押汇按照垫付资金来源分为两种情况：以自有资金对外垫付，通过海外联行进行垫付，即海外代付。由于在进口押汇模式下，客户无须支付信用证项下的款项即可取得信用证项下的单据，不仅节省了占用资金的成本，而且获得了融资便利。进口押汇授信的业务流程如图9.2所示。

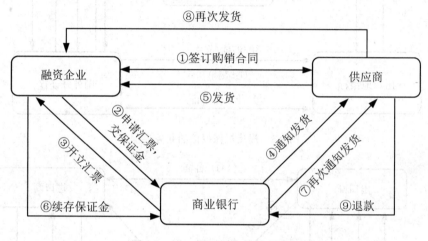

图9.2 进口押汇授信的业务流程

提单背书指开证行应开证申请人请求，在收到以开证行为抬头的正本物权凭证时，将提单背书给开证申请人凭以办理提货手续的行为。由于提单背书在指示提单上不列明收货人，凭背书进行转让，有利于资金的周转，在国际贸易中应用较为普遍。

提货担保指在进口货物先于信用证项下提单或其他物权凭证到达的情况下，为便于进口商办理提货，尽快实现销售和避免货物滞港造成的费用和损失，商业银行根据开证申请人的申请向船公司出具书面担保。提货担保占用授信额度一般仅限于信用证项下使用，客户须提供提货担保申请书及发票、提单副本等相关资料，如审核通过，银行将提货担保函交客户提货，客户拿到正本提单后，以提单正本换回银行提货担保保函返还银行。提货担保授信的业务流程如图9.3所示。

打包贷款指银行应信用证受益人（出口商）申请向其发放的，用于信用证项下货物采购、生产和装运的一种装船前融资，是出口地银行为支持出口商按期履行合同、出运交货，向收到合格信用证的出口商提供的用于采购、生产和装运信用证项下货物的专项贷款。打包贷款作为一种装船前短期融资，使出口商在自有资金不足的情况下仍然可以办理采购、备料、加工，顺利开展贸易。第一还款来源为信用证项下出口收汇款项，在出口企业不能正常从国外收回货款的情况下，企业必须偿还打包贷款的本金及利息，或允许银行主动从其账户扣划打包贷款的本金及利息。打包贷款授信的业务流程如图9.4所示。

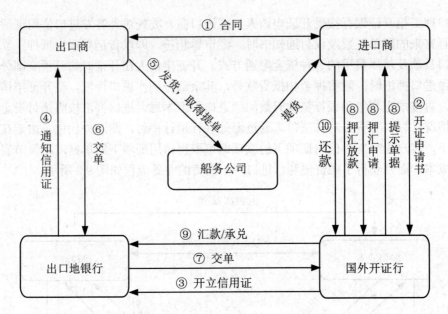

图 9.3 提货担保授信的业务流程

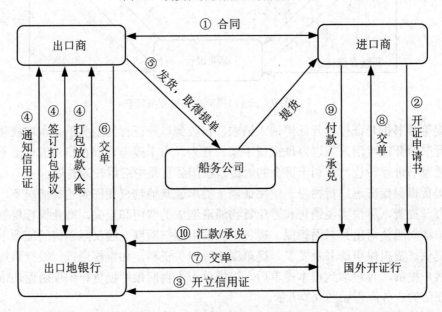

图 9.4 打包贷款授信的业务流程

信用证保兑指由另一家银行对开证银行所开立的信用证承担不可撤销和没有追索权的付款责任的承诺,对信用证加以保兑的银行称为保兑银行。保兑银行在开证行之外独立地对受益人承担第一付款责任,有公开保兑和沉默保兑两种方式。公开保兑指在保兑型信用证项下,保兑行接受开证行指示对受益人独立承担保证付款责任;沉默保兑指在非保兑型信用证项下,银行接受受益人要求对其承担保证付款责任。信用证保兑一般需要由资信度高的大银行来进行,保兑银行对信用证加以保兑,要在上面注明"保兑"字样。保兑银行对予以保兑的信用证有承担最终付款的责任。

出口押汇是企业（或信用证受益人）在向商业银行提交信用证项下单据议付时，商业银行（或议付行）根据企业的申请，以企业提交的全套单证相符的单据作为质押进行审核，审核无误后，参照票面金额将款项垫付给企业，然后向开证行寄单索汇，向企业收取押汇利息和银行费用并保留追索权的一种短期出口融资业务。出口押汇有单证相符押汇和单证不符押汇两种情况。第一还款来源为信用证项下出口收汇款项，押汇银行对出口商有追索权，如开证行、承兑行到期不履行付款责任，押汇银行有向出口商追索押汇本息的权利。出口押汇授信的业务流程如图9.5所示。

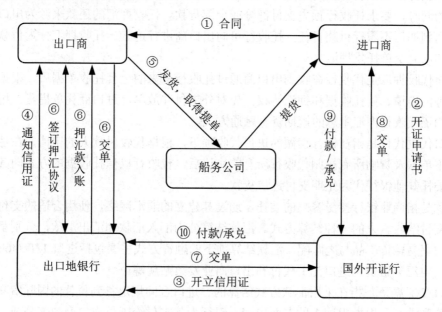

图9.5 出口押汇授信的业务流程

出口贴现是银行保留追索权地买入已经过银行承兑、未到期的远期票据，为出口商提供短期资金融通的业务。在承兑信用证项下，远期汇票被银行承兑后，出口商如遇临时资金周转困难而需要短期资金融通时可选择出口贴现。第一还款来源为信用证项下出口收汇款项，如承兑行/承付行到期不履行付款责任，贴现银行对出口商有追索权。出口贴现业务手续简便，是商业银行最愿意提供的贸易融资业务。

2．托收、汇款结算项下的贸易融资

随着互联网技术及互联网金融业务的发展，在国际贸易结算的过程中，信用证结算方式使用得越来越少，尤其是发达国家、经济合作与发展组织国家之间的贸易融资业务已逐步以托收和贴现为主要结算方式。

托收是一种商业信用，即在进出口贸易中，出口方开具以进口方为付款人的汇票，委托出口方银行通过其在进口方的分行或代理行向进口方收取货款的一种结算方式。托收按是否附有商业单据分为光票托收与跟单托收，按交单方式不同分为付款交单和承兑交单。托收业务利用商业银行间的代理业务关系和资金划拨渠道，使客户间的债权、债务得以清偿，它依靠委托人与付款人之间的商业信用或债务信用完成偿债关系。以往商业银行认为通过托收业务对委托人或付款人融资比信用证项下的融资风险更大，方法却较少。随着国际化竞争的加剧，商业银行对托收业务贸易融资的态度由谨慎转为相对积极。

在跟单托收业务中，对进口商提供的融资产品有信托收据、进口代收押汇，对出口商提供的融资产品有出口托收押汇、福费廷；在光票托收中，可以对以银行作为出票人的本票、支票办理贴现、买汇处理。

托收结算项下的贸易融资方式主要包括托收押汇、进口代收押汇和进口代收代付等。其中，托收押汇是指以托收为结算方式的出口商在提交单据、委托商业银行代向进口商收取款项的同时，要求托收行预先支付部分或全部货款。托收押汇的还款来源为出口收汇，如进口商到期后不履行付款责任，托收行可向出口商进行追索。托收押汇分为付款交单托收押汇和承兑交单托收押汇。

进口代收押汇是代收行在收到出口商通过托收行寄来的全套托收单据后，根据进口商提交的押汇申请、信托收据和押汇协议，先对外支付并放单，进口商凭单提货，用销售后的货款归还代收行押汇本息的短期资金融通方式。

进口代收代付是指在银行续做的进口代收项下，根据代收付款人的申请，在达成进口代收项下单据及货物所有权归代收行所有的协议后，代收行以信托收据的方式向其释放单据，并委托其他银行代为先期支付进口货款。

汇款是指商业银行接受客户的委托，通过其建立的通汇网络，使用合适的支付凭证，将款项交付给收款人的一种结算方式。汇款结算分为汇入汇款和汇出汇款，分别都有相应或相关的贸易融资产品与之匹配。汇款结算项下的融资方式主要包括进口 T/T（telegraphic transfer，电汇）融资、进口 T/T 代付和出口商业发票贴现等。

进口 T/T 融资是指在采用汇款方式结算的、进口合同规定货到付款的国际贸易项下的进口货物到港后，根据申请人的书面申请，银行为其支付给国外出口商的部分或全部应付货款提供的短期资金融通。

进口 T/T 代付是指进口 T/T 业务项下，应付款人申请，付款银行以承诺到期偿付的形式委托其代理行先行支付进口货款，待融资到期日，付款申请人偿还付款行融资本息及相关费用，付款行偿付其代理行融资本息及相关费用的行为。

出口商业发票贴现是指出口商将现在或将来发生的，基于出口商与进口商（债务人）订立的出口销售合同项下产生的应收账款转让给商业银行，由商业银行为其提供贸易融资、应收账款催收、销售分户账管理等服务。第一还款来源是进口商的付款，此时汇入行担当了保理商的角色。

3. 其他贸易融资产品

国际保理业务是集融资、结算、财务管理和信用证担保于一身的融资结算方式，是建立在保理业务基础上的。保理是卖方将其现在或将来的基于其与买方订立的货物销售/服务合同所产生的应收账款转让给保理商或提供保理服务的金融机构，由保理商向其提供资金融通、买方资信评估、销售账户管理、信用风险担保、账款催收等一系列服务的综合金融服务方式。国际保理业务是保理公司接受出口商的委托,向出口商提供进口商的信用额度调查、信用证风险担保、应收账款管理和贸易融资的综合性服务项目。

国际保理业务的功能主要体现在三方面:其一是信用风险保障。如果企业选择了保理服务中的风险保障选项,买家的信用风险将会由银行来承担。在核准的信用额度内,保理可以为企业提供最高达 100%的买家信用风险担保,帮助企业拓展国际、国内贸易业务。其二是应收账款融资。针对被保理的应收账款,可以按预先约定的比率(通常为发票金额的 80%,也可以是 100%)为企业即时提供贸易融资。其三是应收账款管理。帮助企业进行专业的销售账户管理和应收账款催收,为企业即时提供经营管理所需的有关应收账款信息并对买方的付款情况进行分析。

福费廷是一种未偿还债务买卖,它是出口信贷的一种类型。福费廷又称为包买票据或票据买断,是在延期付款的贸易中,出口商把经进口商承兑的,或经第三方担保的,期限在半年至五、六年的远期汇票,无追索权地售予出口商所在地的银行或大金融公司,提前取得现款的一种资金融通形式,它实际上是包买商对卖方的一种融资行为。福费廷业务可接受的债权形式包括信用证、汇票、本票、有付款保函/备用信用证担保的债权、投保出口信用险的债权、IFC(The International Finace Corporation,国际金融公司)等国际组织担保的债权及其他可接受的债权工具。

出口信用保险是旨在承保出口商在经营出口业务的过程中因进口商的商业风险或进口国的政治风险而可能遭受损失的一种信用保险,是国家为了推动本国的出口贸易,保障出口企业的收汇安全而制定的一项由国家财政提供保险准备金的非营利性的政策性保险业务。出口信用保险项下的贸易融资业务是外贸公司在出口货物或提供服务并办理了出口信用保险后,将保险权益转让给银行,银行向出口商提供的短期贸易融资业务。出口信用保险项下的贸易融资业务可分为出口信保押汇和出口信保应收账款买断。出口信保押汇是指境内外贸公司在出口货物或提供服务并办理了出口信用保险后,将保险权益转让给银行,银行按发票面值的一定比例向外贸公司提供的资金融通;出口信保应收账款买断是指外贸公司在出口货物或提供服务并办理了出口信用保险后,将出口合同项下的应收账款债权和保险权益一并转让给银行,银行在保单承保范围内,按发票面值的一定比例买断出口商应收账款,并对保单承保范围以外的风险保留追索权。

4. 结构性贸易融资业务

随着经济全球化的推进、主要国家间贸易合作的加深,早期单纯的、单项的贸易产品已无法满足需要,机电产品和大型设备的大量出口也从客观上亟须贸易融资产品的创新。结构性贸易融资业务作为一种综合性的融资手段,有力地促进了商品进出口贸易结构的优化和我国进出口业务的发展。

结构性贸易融资是指商业银行为商品的出口商以其已经持有的或者未来将要持有的商品权利作为担保,以抵押或者质押的方式发放的短期融资。结构性贸易融资并不是特定的融资方式,而是运用各种传统的、创新的融资方式,依据贸易的具体情况以及特殊要求,定制综合性融资工具的统称。结构性贸易融资的主要目的是根据贸易业务的具体特征以及买方或者卖方在实施贸易合同过程中需要的融资为买方或者卖方设计一个最适合的融资方案。合适的融资方案是指商业银行综合考虑借款人的信贷能力、贷款资金来源、可承担的融资成本、可接受的最短贷款期限、可接受的风险程度等因素,在符合相关法律法规的基础上定制的合适的融资方案。

结构性贸易融资具有很大的灵活性,对非常规、非标准、复杂的、高风险的贸易业务具有较高的应用价值。作为一种综合性的融资手段,结构性贸易融资设计、包含了各种融资方式及其辅助工具,常用的融资方式有官方支持的出口信贷,国际化融资工具有保理、福费廷、银团贷款等,以及出口信用保险、担保等融资避险工具。结构性贸易融资方案是综合性地利用各种融资方式的特点和优势,针对个案进行设计、创造、组合而形成的。

5. 贸易融资业务的优势

第一,贸易融资业务通过对现金流和物流的监控,控制贷款风险,风险小且易于把握。商业银行办理贸易项下融资时,由于企业有清晰的贸易背景,而且可以利用贸易本身的现金流偿还银行融资,因此具有自偿性、还款来源确定等特点,贷后管理相对简单,即使客户无力履约赎单或还款,商业银行在掌握货权的情况下,也可以通过处理货物来归还贷款或减少损失。

第二,贸易融资业务有助于优化信贷结构,提高资金利用效率。由于流动资金贷款具有流动性差的特点,用途难跟踪,存在突出的风险隐患,而贸易融资期限比较短、资金周转快、流动性强且风险相对可控,特别是在融资规模受约束的情况下,能够更好地满足客户的需求。因此,利用贸易融资逐步替代流动资金贷款有助于优化信贷结构,降低总体风险。

第三,贸易融资业务既可以沉淀存款,又可以吸收存款。存款是商业银行最重要的效益指标,也是商业银行贷款和利润的主要来源。在融资规模受到约束和人民币持续升值的背景下,存款对于商业银行来说变得尤为重要。

第四,贸易融资业务有助于提高银行收益,尤其是商业银行的中间业务收入。贸易融资建立在国际结算的基础上,是国际结算业务的延伸,因此可针对不同类型的企业和交易链各环节提供配套的融资服务,丰富信贷产品体系,提升综合竞争力。该业务在前期属于中间业务,商业银行可获得手续费收入、汇兑收益等;在后期属于资产业务,商业银行可获得利差收入。因此,该业务可有效带动国际结算、衍生品、理财等业务的发展,增加商业银行中间业务的收入,提高综合回报。在相同的安全性和流动性下,多重收益提高了商业银行的利润水平和盈利能力。

第五,贸易融资业务有助于依托交易链的延伸,拓展客户群,开拓信贷市场。贸易融资不仅考察企业本身,还考察上下游企业和客户等,对交易链进行整体分析有助于发掘更多业务机会,为稳定的客户群提供配套服务,形成链条式、网络式的市场开发,具有市场营销的乘数扩大效应。一般地,传统信贷业务的高速增长往往会遭遇"天花板"效应,优质企业、优质项目类资源有限,市场分割使得商业银行面临为信贷资金寻找出路的问题。频繁的贸易活动创造出大量的融资需求和融资机会,由于这一领域远未形成充分竞争,也成为商业银行发展信贷业务的新市场。

9.1.4 银行视角下的供应链金融

随着全球贸易的深入发展,两个趋势改变了原有国际贸易的体系:其一是全球贸易逐渐转向买方市场,尤其在低附加值、无差异化的商品贸易中,买方的主导地位得到强化。相比于其他结算方式,这种方式有利于买方转移风险、减少流动资金占用的赊销结算方式占比显著上升。其二是供应链的形成使得买卖方的合作愈发紧密,供应链竞争力的提升成为供应链上下游企业的广泛共识。在此背景下,原有针对某一环节进行的服务贸易融资产品已无法满足现有企业的需求,商业银行开始逐步探索针对供应链的"端到端"金融产品。

由于市场竞争的加剧,从事交易周期较长的国际贸易的企业以及越来越多的中小微企业均面临着资金压力。对商业银行而言,体量巨大的国内贸易成为众多商业银行重点关注、谋求发展的关键领域。实际上,由于国内贸易与国际贸易的交易特征、性质有诸多相似之处,将国际贸易融资操作方式移植到国内贸易融资领域不仅是一种业务发展策略,也成为商业银行业务创新的重要方向。我国众多的商业银行结合自身的业务实践,借鉴国际贸易融资业务的成熟产品和做法,将国际贸易融资产品及其方式引入国内贸易融资领域以满足市场需求。以此为背景,商业银行基于原有的贸易融资服务,为供应链企业提供适宜的供应链金融服务。

供应链金融业务继承了贸易融资的核心本质,具体表现在三个方面:首先,供应链金融作为集资产业务与中间业务于一体的金融服务,即通过多种资产业务与中间业务,为供应链企业提供金融解决方案;其次,供应链金融以供应链中上下游企业间的真实交易为基础,而不仅以企业的财务状况为基础;最后,供应链金融主要的融资方式是存货、应收账款和预付款等。

从商业银行的角度看,供应链金融是商业银行根据特定产品供应链的真实贸易背景和供应链核心企业的信用水平,以企业间贸易行为为依据确定的以远期现金流为直接还款来源,配合商业银行的短期金融产品、封闭贷款操作进行的单笔或额度授信融资业务。商业银行实施供应链金融的重点在于以供应链核心企业为基础,其原因在于商业银行对供应链的实际运行缺乏了解,只能通过与核心企业的合作获取供应链交易信息,并成为其参与供应链金融业务的基础。

作为商业银行贸易融资业务的延伸,供应链金融业务与贸易融资的根本区别体现在五个方面:第一,贸易融资以信用证为基础,而供应链金融主要建立在赊销业务的基础上,因此应收账款融资、存货融资与预付款融资成为供应链金融的主要手段;第二,贸易融资主要依赖于企业信用状况、真实贸易程度控制风险,而供应链金融要求深入各交易环节,考虑参与供应链金融业务的上下游企业间的关联度,即合作稳定性,在扩大服务范围的同时,更关注于供应链的风险管控;第三,贸易融资一般由商业银行主导,商业银行需要独立对某项贸易融资进行评估,而在供应链金融业务中,商业银行需要与物流企业、保险公司合作,共同完成供应链金融业务;第四,贸易融资更多的是针对贸易中某一环节进行融资,而供应链金融提供的是贯穿"产—供—销"全过程的融资;第五,在贸易融资的过程中,商业银行获得的是碎片化的、不连贯的信息流,而在供应链金融中,商业银行可有效掌握整个融资链的连贯信息，能够准确地把握业务实质以及融资资金流向。

9.2 商业银行的创新及其供应链金融的类型化

作为商业银行结合金融业务发展的创新尝试，供应链金融业务的出现在很大程度上反映了商业银行金融产品创新的基本思路。商业银行的金融产品创新是指商业银行运用新思维、新方式和新技术，在金融产品或服务、交易方式、交易手段以及金融市场等方面进行的创造性活动，是实现商业银行经营利润最大化和风险最小化的经济行为过程。从本质上看，商业银行的金融产品创新主要围绕三个维度展开，即国际化程度、业务整合程度、服务客户范围，由此可以进一步归纳为商业银行的"长度"创新、商业银行的"宽度"创新和商业银行的"深度"创新。

9.2.1 商业银行的"长度"创新

商业银行的业务国际化程度在各商业银行发展战略中占据举足轻重的地位。根据琼斯、德·保拉等学者的梳理，自19世纪以来，商业银行的国际化发展经历了三次浪潮。

商业银行的第一次国际化浪潮发生在19世纪30年代，这次国际化浪潮由英国的金融机构发起和领导，随后其他欧洲国家的商业银行也陆续参与进来。在此次浪潮下，跨国银行的网络大量、集中地出现在英国的殖民地，如澳大利亚和南非，以及诸如拉丁美洲等英国新近的殖民地区，相比之下，欧洲国家或美国国内的商业银行等很少发生。第一次国际化浪潮下，商业银行所涉及的零售业务、贸易融资和投资银行业务通常由同一家机构来完成。

商业银行的第二次国际化浪潮始于20世纪60年代，与第一次浪潮由英国银行引领不同，此次浪潮中美国银行的作用突显，到20世纪80年代，第二次浪潮在日本金融领域达到了顶峰。总体上，这次浪潮所涉商业银行的跨国投资行为多发生在发达国家间，跨国银行在地域分布和产品上与第一次浪潮大不相同。第二次浪潮中，诸多跨国银行选择在国际金融中心建立分支机构，如20世纪50年代诞生的欧洲美元市场、20世纪70年代产生的离岸金融中心和亚洲美元市场。除此之外，新的跨国银行更关注于发达国家的市场，在美国银行受到欧洲美元市场的刺激积极涉足西欧市场的同时，欧洲、日本的银行也直接进入美国市场。这次浪潮中以贸易融资、向母国公司提供服务、零售银行业务等为主要业务发展领域。

商业银行的第三次国际化浪潮从20世纪90年代开始，欧洲银行领导了此次浪潮，以新兴市场国家商业银行的开放为代表，跨国银行将其分支机构网络扩展到了南亚、中东欧以及拉丁美洲地区。部分扩张行为也发生在美国和欧元区。在第三次浪潮中，由于相关监管机构对金融业逐步放松管制，起主导作用的金融机构为全能型银行。与前两次浪潮相比，第三次国际化浪潮的特殊之处在于跨国银行正在进入一些新兴市场国家的大型零售银行业市场，甚至有些银行参与到了市场领导权的竞争中。

商业银行国际化发展的主要原因体现在四个方面，即引导效应、获得区位优势、规避风险以及内部化。

（1）商业银行国际化发展首先体现在引导效应上。商业银行的跨国经营战略是由国际贸易和直接投资所引致的。一方面，商业银行跨国经营的主要发展动机是配合客户进行国际贸易，促进贸易结算和支付的便利性；另一方面，商业银行可以为国内企业的对外直接投资提供服务。

（2）商业银行国际化发展在于获得区位优势，即通过国际化发展，商业银行可以获得东道国的独特优势，如税收优惠、监管宽松、存贷利差等。

（3）商业银行国际化发展可以有效规避风险。商业银行的资产在不同国家的分布可以有效规避国别风险，从而确保其收益的稳定性。

（4）商业银行国际化发展还有助于实现内部化。由于国际金融服务市场的不完全性，其容易造成中间产品交易的低效率，并且由于商业银行的知识、技术、业务专长以及客户关系等中间产品的可交易性差，使得商业银行需要通过有效的管理手段、组织结构将其外部交易转变为内部交易。

此外，21世纪以来，经济全球化要求商业银行具备在多国提供服务的能力也成为其国际化发展的动因之一。

9.2.2 商业银行的"宽度"创新

商业银行的"宽度"创新是指商业银行通过对技术、流程的不断改进为更多客户提供专业化、定制化的金融服务。对企业客户而言，商业银行原有的许多业务是为资信良好、拥有清晰财务报表的大企业准备的。由于银行客户符合"二八定律[①]"，优先为大企业服务成为商业银行细分客户并提供差异化服务的现实需要。由于同业竞争不断加剧，商业银行纷纷开始为中小微企业提供符合其特点的金融服务，如应收账款贴现、产成品的质押等。由于商业银行推出了针对高科技创业企业的资金支持业务，帮助初创科技企业解决资金问题，虽然中小微企业业务量比大企业少，但是大量中小微企业构成的长尾效应所蕴含的利润空间是商业银行所不能忽视的。

商业银行为中小微企业提供服务时需要解决的核心问题是信息不对称的问题。伯格和乌德尔提出了四种解决商业银行与企业间信息不对称性的方法，即基于财务状况的借贷、基于资产的借贷、基于信用的借贷和关系借贷。其中前三种属于交易借贷，与关系借贷存在显著的差异。

交易借贷通常基于容易量化的硬性信息，如财务报表、市场信息、所得税信息等，包括基于财务状况的借贷、基于资产的借贷和基于信用的借贷等多种类型。伯格和弗雷姆曾探讨了商业银行借助信用评级技术区分较高的、较低的信贷风险水平的借款者的方法，这一评级方法主要依靠简便可信、定量的财务数据信息。在不考虑其他因素的情况下，企业

[①] "二八定律"又被称为80/20定律、帕累托法则、最省力的法则等。它指的是世界上的资源会逐渐集中到20%的人手中，而剩下的80%的人仅仅占有少量社会财富，这也就是我们常说的大部分的财富流向了少数人手里。也就是说，在任何一组东西中，20%的小部分是最重要的，而80%的大部分是次要的。

的硬性信息有助于其从商业银行获得资金支持，降低银企之间信息不对称的代价。但对中小微企业而言，仅依赖于硬性信息获取资金较为困难，因为这些中小微企业往往面临运营历史有限、财务报表不完整等问题，或由于其正处于初创期，经营规模小、绩效不显著、风险水平高，导致很多硬性信息方面较难以量化。

关系借贷在一定程度上弥补了硬性信息不足的问题。关系借贷通常涉及收集潜在借款方以及客户的特殊信息，并将其用于收益性银行活动及分析等。在中小微企业的融资方式中，作为代理成本控制机制的要素，无论是从理论上还是实证上，长期关系的有效性都得到了验证。关系借贷依赖于商业银行和中小微企业间的"关系"，而且这种关系产生了信息这一社会性的嵌入产品，不仅包括私人的、企业信用相关的信息，还涉及企业所属产业及上下游企业的经营情况等重要信息。软性信息克服了中小微企业与商业银行融资的信息不对称性问题，而且由于软性信息的优势，其有助于降低中小微企业融资质量对硬性信息的依赖。

近年来，随着商业银行不断通过改善银企关系，尽可能增加软性信息的获取，将更多中小微企业纳入服务范围，商业银行自身的流程改进、信息系统升级为服务中小微企业提供了基础保障和必要条件。目前商业银行仍无法深入了解中小微企业真实的交易状态、每笔现金流入等情况，这成为制约其推进相关业务的主要瓶颈，在供应链金融业务模式下，对供应链中的核心企业采取增信措施无疑是一种切实可行且合理有效的办法。

9.2.3 商业银行的"深度"创新

商业银行的"深度"创新是指通过深入发掘特定客户的需求，为客户提供深度定制的、创新的金融产品或服务。相关学者通过对商业银行的研究，强调改善、提升服务质量是商业银行的基本职责和保持长期盈利的需要，商业银行通过业务流程可以提供客户需要的产品，实现客户服务，因此提高服务供给能力是改善商业银行客户服务的根本出路。

商业银行金融产品创新按其经营性质分为基础金融产品创新、衍生金融产品创新和组合金融产品创新三个层次。按照商业银行金融产品的构成，基础金融产品创新可以分为资产类产品创新、负债类产品创新和中间业务创新。衍生金融产品创新是以某种资产作为基础来表现其自身价值而派生出来的产品创新。组合金融产品是具有各大类金融产品特征的组合性金融产品，是多种金融产品的复合体，集成了多种金融产品的性质和特点。总体上，这三个层次在一体化、客户化程度上逐渐增强，附加值也随之增加，衍生金融产品创新依赖于金融市场的发展，组合金融产品创新依赖于混业经营的金融市场环境和政策环境。在产品创新一体化方面，客户对分散化、基础化功能的要求趋于下降，对个性化、高端化功能的要求趋于上升，逐步向组合产品创新发展；在产品创新和附加值方面，高附加值的衍生产品创新和组合产品创新能够满足更大的客户需求；在金融产品创新的内容层次体系中，组合金融产品在一体化和客户化进程方面均处于最高层。这一层级涵盖了三个层次：第一层次是实现商业银行、证券、保险产品之间的交叉销售；第二层次是可以将商业银行、证券、保险等金融机构的创新产品与传统业务打包销售给不同的客户；第三层次是实现组合金融产品一体化的服务，可以根据每个客户的要求和特点，量身定制金融资产组合。三个层次的产品组合创新使金融业的技能水平、一体化程度、客户化程度均逐步提升，其服务和业务为客户带来的附加值也呈逐步增加的趋势。

总体上，商业银行金融创新的特征和趋势表现为金融产品组合一体化程度不断提高，包括金融产品的衍生交易化、资产证券化和产品组合化。以客户需求为导向的金融产品组合营销体现了商业银行从"以产品为中心"向"以顾客为中心"的理念的转变。原有商业银行的产品或服务创新集中在单一的资产业务创新、中间业务创新、负债业务创新等方面，但从商业银行视角出发的业务由于大多无法有效满足客户的实际需要，便逐渐被定制化服务所取代，商业银行也倾向于通过定制化业务服务实现长期绩效的提升。

9.2.4 商业银行供应链金融的类型化

商业银行的实质是提供金融服务的企业，一些学者也赞同这一观点，并从服务企业的角度探讨商业银行的创新。达曼珀尔等学者认为服务企业的创新可分为业务创新、技术流程创新以及管理流程创新三类。业务创新是指为响应客户需求将新服务提供给原有客户、新客户或将原有服务提供给新客户。吉安尼迪等学者结合资源基础观和开放式创新理论的研究发现，商业银行的创新存在两种互补的方式。其中，一种是外在内化，即利用外在的资源满足客户需求；另一种是内在外化，即把内部资源与外界进行共享以达到资源整合的目的。

比较后发现，上述学者在探讨商业银行的创新行为时都考虑了两个维度：其一是客户范围，即商业银行试图扩大自己的服务对象，通过吸收外部资源来满足客户需求；其二是产品，即通过资源整合为顾客提供多样化的服务。这两个维度均借鉴了安索夫矩阵的[①]思想。

前述商业银行的"长度"创新、"宽度"创新、"深度"创新也印证了相关学者的研究。其中，商业银行的"长度"创新与"深度"创新涉及多个分支机构、多国业务、多类别业务的整合，商业银行的"宽度"创新是为更多客户提供金融服务。

供应链金融业务的类型化同样可以借鉴上述两个维度。供应链金融业务一方面将服务对象拓展至更多中小微企业，另一方面则将资产业务和中间业务结合为中小微企业提供覆盖贸易流程的服务，甚至包括跨国贸易在内。中小微企业融资过程中经常遇到"信贷配给"问题，即商业银行由于信息不对称性问题的存在而对借款人实行差别待遇。在这一过程中，由于商业银行面临贷款的超额需求，加上商业银行无法识别单个借款人的风险，为避免逆向选择的发生，商业银行一般不会进一步提高利率，而倾向于在一个低于竞争性均衡利率，但可以确保商业银行预期收益最大化的利率水平上对贷款申请者实行贷款的配给。在"信贷配给"机制下，那些得不到贷款的申请人即便愿意以更高的利率进行贷款，其业务也不会被批准，因为出高价的借款人会倾向于选择高风险项目，这在一定程度上会导致商业银行平均资产质量的降低。因此，即使可贷资金有剩余，商业银行也不愿意按高利率放贷，使自己面临利益受损的风险。

供应链金融业务的显著特点在于其可以缓解信贷配给造成的中小微企业融资不足的问

[①] 安索夫矩阵是由策略管理之父安索夫博士于1957年提出的。安索夫矩阵以产品和市场作为两大基本面向，区别出四种产品/市场组合和相对应的营销策略，是应用最广泛的营销分析工具之一。

题。第一，对授信的中小微企业的信用评级不再强调其所处产业或技术领域、企业规模、固定资产价值、财务指标和担保方式等要素，重点强调企业的单笔贸易真实背景和供应链核心企业的实力、信用水平等因素，即商业银行重点评估整个供应链的信用状况。由于供应链金融业务的开展实际上建立在对供应链业务中的物流、资金流和信息流充分掌握的基础上，以此方法评估的中小微企业的信用水平要远高于传统方式。第二，商业银行围绕贸易本身进行操作程序设置、寻求还款保证，使得该授信业务具有封闭性、自偿性和连续性等特征。封闭性是指商业银行通过设置封闭性贷款操作流程确保专款专用，借款人无法将资金挪作他用；自偿性是指还款来源于贸易产生的现金流；连续性是指同类贸易行为在上下游企业间会持续发生，使得以此为基础的授信业务可以反复进行。

如果商业银行能够打通不同产业的数据壁垒，通过接口与物流企业、融资需求企业、上下游企业乃至海关数据库实现有效连接，供应链金融业务所涉的信息不对称性将进一步降低，有利于缓解信贷配给问题，因此供应链金融类型化的一个重要维度是异产业数据整合度。

供应链金融类型化的另一个维度是跨地域、跨种类的业务整合。交易成本经济学指出交易在缔约前后均会产生一系列的交易成本，包括前期的搜寻成本、谈判成本和缔约成本，以及签约后由于机会主义行为带来的成本等。只有降低交易成本，才能使企业成为市场机制的替代品，企业边界才得以确立。实际上，企业存在的目的就是通过多种契约集合化实现市场交易内部化。商业银行通过为客户提供跨地域、跨种类的整合业务，在降低了交易成本的同时，实现了其自身的规模经济和范围经济。因此，可以从异产业数据整合度和跨地域多业务整合度两个维度对供应链金融类型进行划分，解释各商业银行提供的供应链金融服务品牌、服务内容不同的原因。

根据异产业数据整合与不同业务整合的程度不同，可以将商业银行的供应链金融分为传统贸易融资服务、信息供应链金融、跨国供应链金融与整合供应链金融四种类型。其中，后三种类型的本质区别在于服务模式、风险控制机制及能力要求差异等。首先是服务模式不同。信息供应链金融主要通过异产业数据为企业提供供应链金融产品，但从总体上看，其提供的仍为单一的服务；跨国供应链金融业务整合度非常高，能够提供多国多业务整合的产品，却未涉及交易中的其他信息；整合供应链金融是由金融机构主导的、深度介入供应链信息的跨国供应链金融解决方案，不仅要求商业银行提供跨国业务的支持，还要求商业银行充分把控交易过程的信息。其次是风险控制机制不同。跨国供应链金融依据真实票据原理，按照应收账款、存货、信用证的自偿性保证还款，控制风险；信息供应链金融主要依赖客户运营数据的把控，通过客户筛选和信息控制减少风险；而整合供应链金融则是二者的结合。最后是能力要求不同。由于服务模式、风险控制点不同，三种类型的供应链金融模式对商业银行的能力提出了不同的要求：信息供应链金融对商业银行的信息系统提出了较高的要求，因为商业银行必须对接客户的信息系统；跨国供应链金融要求商业银行的国际化能力以及业务整合能力强，以克服商业银行内不同部门间的隔阂；整合供应链金融要求商业银行与客户深度合作，根据客户的特殊需求设计解决方案，以信息系统和国际化、整合化能力作为基础保障。

9.3 商业银行主导的供应链金融实践

9.3.1 商业银行主导的信息供应链金融

信息技术的升级及其在供应链金融业务领域的深入应用促进了企业内、企业间的信息交互的即时性、准确性的提升。在供应链运营与管理中，供应链业务上下游企业间的一体化协作是促进供应链获得竞争力的关键，供应商管理库存、销售与运营规划系统、协助计划、预测和补货系统等都以信息技术作为硬件支撑，而企业资源计划系统的引入也为供应链业务上下游企业间的信息交互提供了平台。

随着越来越多的利益相关者深入参与到供应链业务的日常运营，支持供应链有效运作的信息系统接口得以放开。例如，在供应链业务运营过程中，将物流外包给专业的第三方物流企业，需要接入第三方物流的运输管理系统和仓储管理系统，通过多种方法和其他相关的操作一起提高物流的管理能力，借助仓储管理系统，按照其运作的业务规则和运算法则对信息、资源、行为、存货和分销运作进行更有效地管理，可以显著提高运营效率。商业银行借助信息供应链金融系统可以了解物流环节以及了解交付的货物是否按照自己的要求进行了配送和仓储等，有利于提升物流运营效率，进而促进整个供应链业务效率的提升。因而，当商业银行希望进一步获取融资企业的信息时，通过信息技术等实现各方信息平台联通、信息共享等便是一种必不可少且可行的途径。

9.3.2 商业银行主导的跨国供应链金融

企业在进行国际贸易时面临的最大问题是对交易企业以及当地的法律法规等缺乏必要的了解，因此多需要由交易双方分别寻找本国银行提供相应的金融服务，通过双方商业银行的参与进行资金结算等一系列业务内容，双保理也是因此而产生的。跨国供应链金融是指商业银行通过自己在交易活动所涉及的国家的分支机构为国际贸易双方所涉企业提供跨国服务。从这个意义上说，此时的商业银行已经不仅是流动性提供商，还要为企业提供运营资金的咨询、帮助企业处理单证等，从国内贸易中提供资金等显性资源的服务逐步转变、升级为贸易企业的金融服务集成商。对商业银行而言，其从事跨国供应链金融业务不仅要求其在多国设有相应业务的分支机构，还必须对多国的贸易流程、法律法规等有丰富的经验和深刻的理解，因此能够提供跨国供应链金融服务的银行多是具有国际化背景、实现跨国经营的大型商业银行。

9.3.3 商业银行主导的整合供应链金融

整合供应链金融是在跨国供应链金融业务的基础上，进一步打通多数据库后提供的整合化供应链金融服务。由于在整个贸易过程当中，参与方不仅包括买卖双方，还包括物流企业、贸易企业、海关等专门从事特定业务、促进供应链业务有效运行的企业，如果商业银行能够进一步获取企业内部的交易数据、物流企业的运输仓储数据,帮助企业在海关完成通关、商检等业务活动,则标志着商业银行真正实现了对"端到端"贸易全过程的控制,帮助企业整合了资金流、物流和商流,同时也可以借助其供应链金融业务的开展有效地控制风险。

在整合供应链金融的模式下,商业银行从企业角度出发,是为企业创造商业价值的合作伙伴,完成了商业模式的根本变革。这一类型已经突破了目前商业银行对供应链金融的理解,契合了深层次的供应链金融概念与业务实践。整合供应链金融要求企业具备国际化能力、多业务整合能力、数据整合能力,是当前所有国际性大型商业银行的发展方向。

思考题

1. 如何理解商业银行的发展历程与其金融产品间的关系?
2. 供应链金融下的商业银行的主营业务有哪些?
3. 商业银行视角下的供应链金融类型有哪些?如何有效推进其实现创新?
4. 简述商业银行主导的供应链金融模式及其实践机制。

拓展阅读

第 10 章　电子商务领域的供应链金融

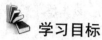
学习目标

了解电子商务与电子商务供应链的产生,分析电子商务应用对供应链运营的影响,理解价值网络与供应链金融体系间的关系,通过对电子商务领域的供应链金融类型的区分深入理解电子商务领域的供应链金融的创新实践。

思政目标

从电子商务的供应链金融实践、供应链体系及电子商务领域的供应链金融创新等方面挖掘思政元素,强化信息技术与供应链管理实践间的交互作用,引导学生正确理解信息技术的使用价值,帮助学生形成正确的人生观、价值观,培养学生的信息素养和家国情怀。

学习要点

- ◇ 电子商务供应链的产生
- ◇ 电子商务应用对供应链运营的影响
- ◇ 电子商务领域的供应链金融的类型区分
- ◇ 电子商务领域的供应链金融的创新实践

引例

中国石化集团的易派客工业品电商平台与实践

易派客是以工业品交易为核心的大型电商平台,前身是建成于 2000 年的中国石化电子化采购系统,是为满足以中国石化为核心的企业的供应链巨量需求而集成建立的 SC2B（supply chain to business）电商新模式,即供应链对企业。中国石化不仅向社会提供巨量的石油化工产品,而且每年对资源的需求总量超过 2000 亿元,范围横跨第二、第三产业,覆盖全国 96 个行业类别中的 66 个,每个行业背后都有一条供应链支撑。

2017 年 4 月 18 日,中国石化宣布：中国最大的工业品电子商务平台——易派客上线以来累计交易金额已达 902 亿元,同比增长 526%,国际业务平台（英文站）今起正式启动运行。2020 年 9 月 3 日,从中国石化新闻办获悉,中国石化易派客工业品电商平台中文站累计交易金额突破 1 万亿元,国际站累计交易金额为 370 亿美元（约合 2500 亿元人民币）。

其中，外部市场服务规模达 6187 亿元，占整体交易金额的 50%，平台累计上线商品 715 万种、上架单品 6863 万个、注册用户达 23 万个，业务遍及 104 个国家和地区。

易派客是中国石化结合公司物资采购与供应实际建立的集采购、销售功能于一体的电商平台，2015 年 4 月 1 日正式上线。2016 年 4 月 18 日，易派客正式投入商业运营，启动基于"互联网+供应链"的 SC2B 电商运营新模式。易派客对内服务中国石化，对外为社会企业提供采购服务、销售服务、金融服务和综合服务。易派客还持续打造了"易系列"工具——"易支付""易保理""易权通""易保险""易物流""易商旅""易生活""易招标"，形成特色增值服务体系。

资料来源：央企电商平台的供应链金融机会[EB/OL]. https://zhuanlan.zhihu.com/p/357058988.

当今供应链业务领域最具变革性的因素是互联网的发展，供应链管理的本质就是打破企业或组织之间的信息孤岛、业务孤岛，建立供应链业务各参与者之间的一体化的、顺畅的信息沟通体制，更有效率地将商流、物流和资金流进行整合，实现客户价值。

互联网及信息技术的发展显著提升了信息传递的效率和效能，事实上，伴随着互联网及相关技术的发展，基于供应链业务的价值创造变得更加容易。一方面，供应链业务体系内部的整合变得更容易、便捷，使得阻碍供应链管理及供应链业务开展的交易成本显著下降；另一方面，互联网改变了供应链的组织方式和结构，使得供应链运营中的商流和物流呈现新的业务形态和创新。在这种背景下，电子商务成为当今供应链管理领域最受关注的话题，并且与金融活动的结合日益密切，成为推动供应链金融业务中产品或服务创新的重要领域。

10.1 电子商务供应链概述

10.1.1 电子商务供应链的产生

近年来，市场经济和相关技术的发展在很大程度上改变了企业的生产经营模式，诸如商品种类与组合增多、企业业务的全球化、供应网络复杂因素增加、产品生命周期缩短等，使得越来越多的企业不得不重新思考和改变它们传统的供应链战略。

为了在产业或技术领域内保持领先地位，获取持续、稳定的竞争优势，越来越多的企业考虑突破原有企业的竞争边界，转而借助企业间关系或网络、平台等方式强化优势。一些企业开始尝试通过"供应链整合"的办法获得更多的同供应链合作商之间的协作。信息技术，尤其是网络技术的进步，在促进供应链整合、实现企业预定目标方面发挥着极其重要的作用。

20 世纪 70 年代，电子数据交换标准出现，最初的电子数据交换更多地被应用于大的零售企业和它们的供应商之间的信息系统。直到 20 世纪 80 年代，基于电子数据交换所带来的效率提升，大部分企业开始建立其产业或技术领域的电子数据交换标准，致使不同产业有了不同的电子数据交换专业标准。如果某一供应商有隶属于不同产业的客户，就需要使用不同的技术来应对这些不同产业的客户。尽管电子数据交换系统能够实现企业和供应商之间的信息交换,但由于它在不同产业或技术领域拥有不同标准这一不可避免的弊端,使企业间的交易变得更为复杂。由于产业或技术领域间缺乏共同的规范标准,而且无法浏览、共享信息,同时由于电子数据交换系统的应用成本非常高,所以其应用更多情况下只能局限于大公司。互联网技术的普遍应用大大地改变了这种状况,利用互联网不仅能够降低费用,同时电子数据交换系统的安全性也得到显著提高,而且能够建立适用网络整体的公共标准,使得当前的互联网商务活动成为成本更低、效力更高的商务活动。

随着信息时代的到来,企业和企业之间的竞争也日趋演变为供应链之间的竞争。因此,如何加快运营速度、提高决策能力、有效地整合供应链业务及其管理成为亟须解决的关键问题。供应链作为电子商务产业的经济枢纽,已经成为一个国家的国民经济核心的重要体现。与此同时,由于现代物流的发展,信息管理、贸易经济、电子科技及运输配送等各个环节紧密联系在一起,随着贸易边界化的逐步放开及商业竞争的加剧,现代物流已经被推到了时代的前沿。

1. 电子商务供应链的概念

电子商务供应链是信息化、现代化、社会化、多层次的供应链模式。电子商务供应链模式主要针对电子商务企业的需要,利用计算机技术、先进的硬件设备、软件系统,严格、守信地开展供应链运营等一系列活动,同时建立一套促进供应链成员之间顺畅沟通的信息系统,以保证满足供应链业务客户的各种需求。

2. 电子商务供应链的结构模型

由电子商务供应链的概念可知,电子商务供应链是由多企业、多主体共同形成的。电子商务供应链中一般包括一个核心企业,它可以是产品制造商,也可以是大型零售商,这一供应链业务的核心企业在需求信息的驱动作用下,利用现代化的电子商务技术及手段,通过强大的供应网络与其他企业进行分工、合作,以资金流、物流、商流等为载体,实现整个供应链业务系统的不断完善,以达到电子商务供应链正常、快速运作的要求。

10.1.2 电子商务应用对供应链运营的影响

1. 电子商务影响供应链运营的总体分析

供应链管理的核心在于从全局和系统的角度看待商流、物流、资金流和信息流,供应链管理强调打破企业管理职能和组织之间的壁垒,整合性地协调供应链业务中的各项活动。这一思想起源于福瑞斯特提出的系统动力学理论,其从系统的角度展开分析,认为价值创造的过程超越了单个组织的界限,涉及整个供应链上的诸多企业或组织等,包括供应商、生产商、商业银行等金融机制以及客户在内的供应链业务参与者之间的协调、互动和活动。电子商务对供应链的影响如图10.1所示。

战略管理学家迈克尔·波特从价值链的角度提出了价值链之间的"链接",认为企业价值的实现不仅取决于对企业内部活动的有效协调,更取决于价值链之间的组织与衔接。萨霍尼等学者指出企业增长动力的源泉在于初级的客户价值活动,还来源于更广泛的供应链活动。

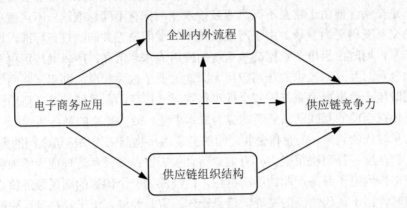

图 10.1 电子商务对供应链的影响

近年来,互联网技术的出现和普及极大地推动了组织间业务活动的整合,特别是电子商务促进了供应链中的信息分享、知识创造和组织方式的创新变革。大量学者从管理效应及供应链竞争力的视角探索互联网技术的重要性,特别是互联网使得供应链运营和管理变得更加高效,不仅促进了交易成本的降低,也促进了企业间新业务的发展。

研究表明,互联网技术的运用减少了供应链系统运行中的"牛鞭效应",有效地抑制了供应链的波动效应,从而实现了供应链绩效的提升;与此同时,互联网技术的应用促进了供应链绩效的提升,实现了较高的采购绩效和运营绩效,实现了运营成本的下降、供应链内部活动质量的提升以及供应链内相关组织柔性的提高。借助互联网技术的应用,相关信息得以在供应链内部快速、有效地传递,显著强化了供应链企业对市场的预测、反应能力等。

伊文思和伍斯特指出以互联网为基础的虚拟化商务形式带来的关键变化是可达性、丰富性和附着性。其中,可达性主要体现为接近与连接,其判别标准为企业借助互联网能连接多少客户、传递多少业务和产品,可达性是电子商务与传统经营模式的最大区别;丰富性是企业通过新技术的应用为客户提供信息的深度和程度,或者客户收集到的信息的深度和程度等,交易的电子化通过提高企业的运营效率,与客户建立起紧密的合作关系。传统的经营模式下,可达性和丰富性是一对矛盾体,为实现可达性就需要以丰富性为代价,而为了追求丰富性则可能会降低可达性。电子商务通过为大量客户提供广泛的业务产品实现可达性,并且为每个业务产品提供详细完整的信息以实现丰富性;也可以从单一客户收集海量信息,为该客户提供产品或服务以实现可达性。电子商务带来的附着性表明企业的运行从客户价值的角度出发,而不是以往单纯从企业作为供给方的角度进行经营决策。

2. 电子商务影响供应链运营的作用机理

一些学者从流程和行为的角度解释新技术对供应链运营的作用,指出这种影响机制是定性、间接和扩散式的,主要表现在两个方面:其一是企业内的跨职能合作关系,其二是企业间的跨组织合作关系。企业内的跨职能合作关系是指企业内部的两个或多个职能部门在流程上进行协作,设定共同的愿景和目标,实现资源的共享。跨职能合作往往需要企业内不同的管理职能协同规划、共享整合数据库。企业间的跨组织合作关系是指两个或多个企业通过合作实现共同的目标，表现为通过新技术应用促进企业间合作，降低传统模式下的协调成本，企业间的合作表现在销售和分销的支持、电子采购，以及电子商务等，促进企业间在能力规划、需求预测和库存管理等方面的合作。从供应链运营的流程和行为的角度看，电子商务促进了供应链内部高效率流程的建立，改善了企业内部和企业间的关系，确立了新型的供应链运营与合作关系。

部分学者从组织结构的角度考察电子商务或互联网应用对供应链的影响。鲍尔和辛格指出互联网技术的可得性、开放性以及便捷性等特征一方面为企业提供了以较低的成本整合业务流程的途径，另一方面也促进了企业间的结构改善和合作关系的建构。互联网技术的应用为企业降低了信息搜寻成本，但对绩效的影响则取决于供应链业务推进过程中产生的新结构的成本、风险，使得互联网对组织流程和管理效应产生的积极作用在很大程度上受制于组织结构的变化。随着互联网技术的引入，新的供应链运营模式下的组织结构呈现链式、辐射式以及星座式三种形态。供应链运营模式下新技术的应用要与客户需求相匹配才能实现客户的价值，被客户所接受。供应商作为最终产品创新的驱动者，其围绕供应链业务中的客户需求建构的涵盖供应商、上下游企业、客户的集成价值网络为链式结构。由于供应链是一个开放的、动态的系统，企业不仅需要考虑供应链的静态结构与联系，还需要考虑其动态变化与外部连接机制，通过将从核心到外围的关键资源与合作伙伴进行连接形成的以供应链核心企业为中心，联合外围企业、金融机构等的价值网络为辐射式结构。一些学者从创新系统的角度指出从产业层面建设的动态的、强大的网络结构有助于产业创新系统的形成。借助系统的动态技术转移、反馈机制提升产业发展，实现互补性创新，不仅促进了规模和范围的扩大，也动态地实现了产业的协同与专业化。这种以产业为基础，细分层次、协同业务创新的供应链网络为星座式结构。

电子商务作为新技术通过改变供应链网络的组织结构、连接方式，优化企业内部不同职能，以及不同企业间的流程和行为，提升供应链的竞争力。电子商务不仅促进了技术创新，作为结构、行为与竞争力的综合变革，其结果是形成了基于价值网络的综合供应链体系。

3．电子商务应用对供应链运营的影响

电子商务作为新技术对供应链运营的影响体现在实现集成化供应链管理、提高供应链融资效率、助力供应链金融"去中心化"、满足个性化融资需求四个方面。

（1）实现集成化供应链管理。供应链管理模式突破传统的采购、生产、分销和服务的业务范畴，把企业内以及供应链内的各种业务视为一个整体，通过供应链的信息流、物流、资金流的有效协调，实现内部与外部供应链的有机集成，形成集成化供应管理体系，以适应新环境下市场对企业生产和管理运作提出的要求。

（2）提高供应链融资效率。电子商务的出现以及交易规模的扩大能够促进供应链业务内商业银行等金融机构对中小微企业的融资支持。电子商务为供应链提供了大量的交易数据资源，大数据技术的出现，使得交易数据、物流数据、金融数据、供应商产品数据这些原有的大量数据资源有效地整合在一起，形成不同维度数据的相互支持，而互联网的快速发展则提升了供应链业务主体间的信息传递、交互的效率，从而实现了供应链金融风险的

有效控制。

（3）助力供应链金融"去中心化"。电子商务的出现使得传统供应链金融呈现"去中心化"的态势，传统供应链中存在优质企业或核心企业，但电子商务供应链并不依赖核心企业的信用外溢，只要参与其中的中小微企业基于稳定的、真实的、可持续的交易数据和物流数据，就能获得相应的融资支持。另外，供应链金融的"去中心化"使得集中于核心企业的风险分散到整个供应链网络之中，有助于风险分散和风险管控。

（4）满足个性化融资需求。基于参与供应链运营的中小微企业的经营特点，其对资金的需求呈现额度小、频次多、灵活性强的特点，电子商务供应链金融的发展有助于中小微企业的个性化融资需求得到满足。鉴于电子商务供应链金融实现了基于真实交易的数据、信息的获取、使用，其可以在风险控制的基础上满足供应链业务参与者的个性化的融资需求。

10.2　基于价值网络的综合供应链体系

新技术和电子商务的应用一方面促进了新的供应链模式和结构的形成与演化，另一方面实现了运营流程和行为的变革，使得供应链从单一的链条式结构转变为以价值网络为基础的新型供应链。与以产品为主导的供应链管理不同，价值网络基础上的供应链更注重服务，通过信息分享、流程导向管理、合作伙伴的计划协作、信息系统的知识分享、知识创造和传递以及投资行为一体化构建价值网络。以信息化为基础的价值网络供应链的核心是服务。

服务的典型特征是生产与消费的同步性，在客户与服务提供者的交互中，服务的买卖双方共同创造服务价值，由此价值网络供应链的供求方不再是上下游的结构关系，而是通过互动、相互协调共同创造价值的依存关系。具体地，价值网络基础上的供应链有如下特点：其一，采购和物流服务决定后端核心优势；其二，大数据、可视化以及线上到线下决定前端竞争优势；其三，供应链金融是其业务发展的延伸。

1. 采购和物流服务决定后端核心优势

以产品为基础的产品供应链管理的核心在于最终产品，而随着产品和服务的非物质化，供应链管理经历了深刻的变革。价值网络供应链通过网络参与者之间的相互组合、协同创造价值，以价值网络为基础的供应链后端注重与供应商在采购服务以及与第三方物流企业在物流仓储服务等方面的协同。在采购方面，越来越多的企业借助于互联网、新技术等与供应商建立战略联盟，签订采购合同，大批量采购以降低成本；利用信息系统或互联网与供应商协同合作，根据库存和销售数据预测未来销售趋势，保证高效的库存管理。在物流方面，价值网络基础上的供应链高度强调商流与物流的融合，对高质量的物流服务和基础设施提出要求，电子商务的发展需要物流在优化供应链结构成本的基础上，为客户提供增值服务。实际上，电子商务物流的作用体现在两方面：其一，借助有关产品的信息，实时了解物流运营成本和产品可得性；其二，对如何保证合理库存、分拨和运输配送，如何组织和管理物流活动高度关注。电子商务物流的整合作用如图 10.2 所示。

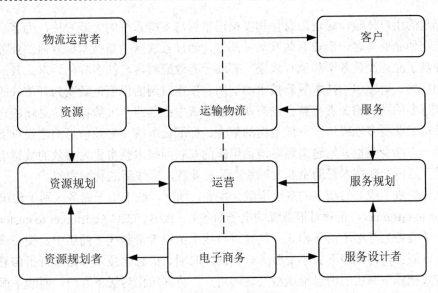

图 10.2　电子商务物流的整合作用

电子商务物流通过整合化的信息系统及信息网络更好地掌握了产品流和信息流。原有的物流系统存在精益与敏捷的权衡与取舍：精益意味着大批量、少品种、可预测的环境，其核心是成本效率；而敏捷意味着小批量、多品种、难以预测的状态，其重点是流程整合、市场敏感度、虚拟化和网络。电子商务的出现使得两种系统能够有效整合，在实现敏捷的同时做到精益化，建立了精益敏捷型的物流系统，通过广泛分布的物流网络以及自动化信息系统将产品快速、高质量、低成本地传递到客户手中，实现了供应链企业绩效的提升。

2. 大数据、可视化以及线上到线下决定前端竞争优势

供应链管理的核心问题是信息分享、产品或服务的定制化、建立长期合作关系以及流程导向管理等，而供应链成员间在库存、预测、订单以及产品计划等方面的信息共享可以有效强化供应链的协调性。以产品为基础的供应链管理更多地强调成员间的信息分享，解决及时性和准确性的问题，降低"牛鞭效应"。客户需求的多样化以及市场竞争的加剧，使得创新能力成为决定企业成败的关键因素，而创新能力在很大程度上取决于信息传递过程中对信息的收集、整理、编码、提取所形成的知识创造和知识传递等。

价值网络供应链的建构建立在网络成员之间分享不同信息及资源的基础上，并依据这些信息共同创造知识、传递知识，形成有助于供应链决策和客户服务的智慧，在这一过程中，基于供应链的大数据运用、可视化支持决策，以及线上、线下融合渠道的运用成为供应链前端运行的关键。通过大数据和可视化的运用可以有效解决孤立的数据存储造成的信息管理和集成成本激增，借助信息集成战略和技术实现信息、数据的即时检索。信息集成帮助企业实现多个关键任务，包括多来源的数据加载、信息整合，进而为供应链快速处理信息、缩短停机时间，减少客户服务问题。一方面，利用价值网络供应链，企业能够更有效地将相应信息传递给供应链参与者和目标客户；另一方面，通过价值网络供应链，企业能够更有效地从供应链参与者和客户获取有效信息，提升供应链竞争力。

麦肯锡等机构指出信息化、大数据等新技术对供应链的影响表现在五个方面：其一，

创造了卓越的用户体验,通过信息化和多渠道销售与支持系统的无缝对接,为客户提供一体化价值,使企业与客户形成有效互动;其二,通过互联网、新技术提升内部业务流程的效率,提高了企业决策效率和执行效果,有助于有效应对客户的多样化诉求;其三,大数据及移动终端、射频识别技术等新技术的运用,使得封闭的价值链转变为开放式的商业网络,越来越多的利益相关者被整合进商业生态系统中;其四,大数据和信息化的充分发展一方面使得企业更多地投资于分散数据的整合、标准化等统一有效信息的建设以支持运营决策,另一方面企业也开始越来越多地运用新的互联网技术获得更为有效的数据信息;其五,通过互联网和新技术帮助企业发现新产品和业务,形成新的利润空间。

信息化促进了线上与线下的多渠道融合发展,线上、线下电子商务区别于传统的 B2C(business to customer,企业对消费者的电子商务)、B2B、C2C(customer to customer,消费者的电子商务)等电子商务模式,其通过将线上消费者带到线下商店中,使在线支付的线下商品、服务,再到线下去享受服务。借助互联网、信息化技术,通过打折信息、提供服务等方式把线下商店的消息推送给互联网用户,将其转化为线下客户,而线下服务可以线上揽客,消费者可以在线上筛选服务、在线结算等。线上、线下多渠道的融合为价值网络供应链运营带来了三方面的促进:首先是库存融合,同品牌线上、线下销售渠道通过共用仓库,其销售网络可以实现就近发货,更好地发挥品牌多仓多点的优势,在拓展市场规模以及渠道下沉的同时,显著降低库存成本以及物流设施建设与运营费用,提高整个供应链运营的效率;其次是网络融合,线下网络与线上网络的互动有助于实现共享资源、同步销售、融合管理,这种高度融合、共享的网络资源极大地提高了供应链参与方应对市场的能力,扩大了市场份额;最后是服务方式融合,融合线上、线下客户数据,多样化的售后服务方式有助于改善用户体验,优化整个业务服务流程。

3. 供应链金融是价值网络供应链业务发展的延伸

基于价值网络的供应链借助供应链金融实现其业务发展的延伸。一方面,为了塑造生态化的供应链网络,如何更好地帮助供应链参与者解决现金流问题,以较低的成本获得资金,是维系和发展供应链网络的关键,尤其是互联网环境下的供应链更加强调缩短业务环节,推动参与者之间高度互动和协同,及时应对市场和客户多样化的价值诉求;另一方面,价值网络供应链中前端和后端竞争优势的形成为深入开展供应链金融业务提供了坚实的基础,高度信息化和数据化使得企业能够更好地掌握整个供应链的运行和客户信息,并且及时把控过程中的风险,解决供应链业务运营过程中的问题。因此,能够帮助供应链参与者解决资金问题、提高供应链资金利用效率的供应链金融已成为价值网络供应链发展的关键。

10.3 电子商务领域的供应链金融类型化

10.3.1 电子商务领域的供应链金融的类别

电子商务的发展对供应链运营模式产生了影响,并且其各种手段对供应链的影响呈现明显的情境特征，即其会因为不同权变要素而产生不同的作用机制。部分学者研究发现特定类型的团队、在供应链中采用的合作形式、企业能力和组织结构等都在一定程度上影响着企业采用的电子商务的方式、手段以及相应的服务创新方法。一些学者对供应链业务中电子商务的应用进行了分类，即销售电子商务、采购电子商务以及整合电子商务。

销售电子商务是指通过电子商务平台或其他电子手段将产成品或服务销售给客户，销售电子商务还涵盖了所有后端的供应链运营及交易活动。在销售电子商务中，互联网的应用有效整合了供应链参与者，并通过协同合作将产成品或服务传递到客户手中。在实务中，订单追踪系统促进了销售电子商务活动的实施，其通过移动终端、射频识别技术等将供应链参与者的订单执行状况及时反馈给信息中心，使得各参与者都能够了解、掌握产品业务流程的执行程度和运行状况，借助订单追踪系统实现的无缝连接避免了无效、错误沟通所产生的管理成本和库存成本。此外，远程感知、远程测试和远程服务等也成为销售电子商务高效运行的关键环节。销售电子商务是以互联网为平台、以新技术为手段的综合供应链运行模式，已成为供应链企业了解、解决客户差别化需求的重要手段。

采购电子商务是以互联网为平台，围绕企业间能力配置和原材料采购而展开的供应链运营模式。采购电子商务是为应对柔性化生产而出现的，主要是因为高度柔性化的生产需要动态的能力配置和高效的原材料采购作为有效支撑，尽管大多数企业倾向于采用企业资源计划系统对物料需求做出规划，但是由于原材料采购在企业外部实现，需要以企业间的互动和协调为基础，采购电子商务作为整合化的互联网平台，有助于供求双方自动、及时地应对复杂的采购行为，并且对原材料信息的获取、信用管理、订单、物流组织与管理、财务信息、结算等方面达成有效整合，大大降低了供应链运营中的成本和风险。采购电子商务借助于互联网积聚的信息和数据，能够更好地把握差异化生产环节和不同参与者间的行为，优化供应链网络。

整合电子商务将整个供应链的信息、知识分享作为一种战略性行为，涵盖了从原材料采购到产成品销售、分销及供应链业务服务的全过程。整合电子商务分享的信息包括销售数据、库存状态、生产规划、促销计划、需求预测、运输规划以及新产品计划等，帮助供应链参与者利用信息、数据共享进行供应链所涉的生产、运营决策。整合电子商务已延伸到了价值网络供应链的各个领域，借助互联网实现了供应链前端和后端的有机整合，在降低交易成本、提高交易效率的同时，促进了供应链业务参与者综合价值的实现。整合电子商务作为销售电子商务和采购电子商务的综合，一方面，其参与主体拓展到了供应链各参与者，包括原材料供应商、服务提供商、商业银行等金融机构、物流企业以及客户等；另一方面，整合电子商务下供应链运营的流程更加广泛，包括能力规划、原材料采购、生产组织、库存管理、运输配送以及客户服务等全过程活动。

10.3.2　电子商务领域的不同供应链金融模式的比较分析

供应链金融服务作为互联网领域的价值网络供应链运行的重要组成部分，其也随着电子商务在供应链业务中的应用不同呈现不同的运作模式，即销售电子商务供应链金融、采购电子商务供应链金融以及整合电子商务供应链金融，这里将结合三种供应链金融产生的基础和运营的差异进行区分与比较。

第一,在采购管理和物流管理方面,销售电子商务供应链金融强调产成品企业与供应商间的直接沟通和有效协同。产成品企业在有效设计、确定采购产品或服务质量的基础上,通过电子商务平台与供应商的流程协调,有效实施直接采购和集中采购,通过自营物流体系或第三方物流体系降低产成品库存,提升客户的服务绩效,其目的在于满足终端客户多样性、及时化的价值诉求。采购电子商务供应链金融强调通过电子商务平台,在进行信用认证、管理的基础上,直接对接原材料或服务的买卖双方,通过有效的专业方案的提供、质量认证等知识管理和服务,实施高效率的采购;通过整合第三方物流企业实现物流管理与物流服务,以电子商务平台为基础提供包括网络规划、货物分拨、库存管理和运输配送等的综合性的物流解决方案,其目的在于更多地为产业供应链上下游企业降低信息不对称、机会主义等产生的交易成本。整合电子商务供应链金融兼具销售电子商务供应链金融和采购电子商务供应链金融的特点,既需要从事复杂采购和物流管理,又需要及时应对终端客户的多样化、及时化价值诉求。

第二,在大数据和渠道方面,销售电子商务供应链金融强调以客户为中心的大数据和信息管理,关注于更好地为客户提供供应链服务,持续开发出与客户价值期望相符的产品或服务,强调线上、线下渠道的共生,既包括线上与线下销售的互补,又包括线上营销、线下物流和服务渠道的使用。采购电子商务供应链金融模式下,大数据和信息化管理的核心在于更好地沟通供应链上下游企业间的经营状况,掌握企业经营偏好和决策行为,促进原材料和服务采购的效率。在渠道建设方面,采购电子商务供应链金融主要采用线上交易促进,线下提供生产、物流和服务保障等。整合电子商务供应链金融模式下,既需要把握终端客户的行为,有效组织产品或服务,也需要把握整个供应链参与者的行为,实现上下游企业的无缝对接,提高供应链运营效率。整合电子商务供应链金融在渠道方面更关注采购、网络生产和产品销售渠道的建设,即纵向、横向O2O(online to offline,线上到线下商务模式)的同步实现。

第三,供应链金融产生的形式不同,与采购、物流、大数据及渠道等高度相关,销售电子商务供应链金融中的供应链金融产生的基础是产成品供应和分销中的资金需求,其风险大小取决于电子商务平台和产成品供应商对客户价值的了解、掌握程度。采购电子商务供应链金融中的供应链金融产生的基础是上下游企业采购、供应过程中的资金需求,其风险的大小取决于供应链运营中涉及的采购运行的复杂性、环境的变化性以及上下游企业的对接程度。整合电子商务供应链金融中的供应链金融既关注产业链运行的特点,也需要把握终端客户的价值诉求,其风险控制是综合性的,既有对外部环境和产业供应链的风险控制,也涉及对供求双方风险的把握。

10.4 电子商务领域的供应链金融创新

10.4.1 销售电子商务的供应链金融创新

销售电子商务供应链是围绕客户的产品或服务的需求开展的基于电子商务平台的供应

链运营活动，主要通过信息网络以及电子数据信息等方式实现企业或供应商与供应链参与者之间的各种商务活动、交易活动、金融活动和综合性服务活动等，是利用互联网直接参与经济活动的形式。

销售电子商务供应链成功运营的关键因素及其基础主要体现在五个方面：第一，销售电子商务平台需要通过全渠道的管理与控制构建有效的电子商务交易市场，其进货渠道决定了进货成本，销售渠道决定了商品或服务能否顺利、高效地到达客户手中，达到客户满意；第二，销售电子商务平台需要充分了解市场的货源调配、顾客管理、市场营销等业务环节，具备必要的实战经验才能确保其在电子商务时代脱颖而出；第三，销售电子商务的一个关键成功因素是特色经营，即如何通过供应链运营形成独特的经营体系和产品服务；第四，电子商务平台需要对其商品或服务进行价值分析，并结合相关客户需求分析，对商品质量、价格和结构等方面进行优化，增强平台吸引力，强化供求的有效对接；第五，提供必要的安全保障是确保销售电子商务平台成功的关键因素，即销售电子商务平台需要保证所有供应链参与者交易的安全性，不会因为信用、流程管理不当而造成供应链运营风险，导致供应链参与者的经营损失。

销售电子商务的供应链金融创新通过将销售电子商务平台上发生的交易、物流信息与供应链金融业务运营过程中产生的数据分析和流程管理相结合，针对销售电子商务平台交易的供求双方，联合商业银行等金融机构对供应链金融业务交易前、中、后发生的订单、库存、应收账款、应付账款等提供综合性的金融服务。

销售电子商务的供应链金融创新开展的前提条件体现在四个方面：第一，销售电子商务平台需要具有良好的功能，包括客户管理、订单管理、商品管理、销售管理、采购管理、库存管理、出库管理、退货管理、财务管理、权限管理、操作日志等；第二，销售电子商务平台需要具备较强的经营管理能力，尤其是具备能较好地聚集买卖双方和维系关系的能力；第三，销售电子商务平台需要交易效率较高、规模较好，具有融资需求；第四，销售电子商务平台需要通过商流、物流和信息流等，掌握销售电子商务交易和供应链业务运营的全过程，具有风险管控的能力。

10.4.2　采购电子商务的供应链金融创新

采购电子商务供应链是围绕原材料、零部件或中间服务等展开的，以互联网为平台，以电子商务为手段，通过对物流、资金流与信息流的整合和控制，对从采购原材料到中间产品以及最终产品，最后通过销售网络把产品或服务送达客户的全过程管理。

实现采购电子商务供应链的高效运行需要多系统的协同支持，如产业供应链上下游企业需要有财务系统、企业资源计划系统、供应链管理系统、客户关系管理系统等，商业银行等金融机构需要有相应的信用管理系统、交易监控系统，并且借助这些系统的有机地整合，实现信息共享、业务流程的自动化。采购电子商务供应链成功运营的关键因素与基础包含以下四个方面因素：第一，采购电子商务供应链业务模式以采购电子商务平台企业为基础，构建整个供应链业务的网络服务系统；第二，采购电子商务通过互联网和电子商务来整合产业链；第三，采购电子商务供应链的参与者都应当是产权相对独立的经济主体；

第四，采购电子商务的供应链金融业务通过互联网和电子商务将供应链运营中的交易、物流和金融汇集在一起，建立垂直供应链平台。

基于上述情况，采购电子商务的供应链金融创新通过将金融与电子商务平台上进行的采购交易、物流活动等结合，并由采购电子商务平台承担信息收集、获取、分析与传递以及相应的信用管理，结合商业银行等金融机构为采购电子商务平台从事交易的买卖双方提供综合性的供应链金融服务。

采购电子商务的供应链金融创新需要具备的前提条件体现在四个方面：第一，采购电子商务平台需要具备较强的整合能力，利用信息技术手段，将知识管理、信用管理、供求管理、物流管理、风险管理、融资等有机整合打造供应链业务模式；第二，采购电子商务平台需要促进物流、金融等环节在互联网上的高效融合；第三，采购电子商务平台需要具有较强的信用管理能力，包括供应商认证和客户信用管理能力等；第四，采购电子商务平台需要快速准确地传递、利用信息，降低供应链金融业务的运营成本。

10.4.3 整合电子商务的供应链金融创新

整合电子商务供应链通过对产业链上的供应商、生产商、经销商、客户等各成员的紧密连接，实现从创造、增值到价值变现的过程，对从生产、分销到终端零售的资源进行全面、系统的整合，不仅大大增强了电子商务平台的服务能力，更有利于客户获得价值增值的机会。

整合电子商务平台帮助生产商直接充当卖方角色，实现生产商与客户的面对面交易，使生产商获得更多的利润，并且通过对客户需要的直接了解，生产商可以将更多资金投入技术研发和产品创新上，最终让客户获益。整合电子商务供应链将生产商与客户的不同需求完全对接、整合，缩短了渠道长度。整合电子商务供应链实现了供应链的差异化运行，为客户节约了时间、资金成本等，也降低了供应链运营的风险。

整合电子商务供应链与销售电子商务供应链和采购电子商务供应链的不同之处在于：其一，整合电子商务供应链运营的范围更加广泛，其同时结合了销售电子商务和采购电子商务，是一种覆盖供应链所有参与者的协同决策和合作机制；其二，整合电子商务供应链超越了简单的买卖交易，被视为对供应链合作关系的重构，包括信息分享与整合、基于互联网和电子商务平台实现的产品或服务的协同设计和创新、资源整合与高效利用等。整合电子商务供应链从系统的角度关注的是互联网和电子商务对整个供应链生态的全面影响。

整合电子商务的供应链金融创新需要具备如下四个条件：其一，整合电子商务供应链需要具备良好的 B2C 或 B2B 运营能力；其二，整合电子商务供应链需要对平台参与者有要求严格，必须符合一定的条件，平台参与者必须是高资信能力的优质企业；其三，整合电子商务供应链平台商需要具备良好的物流管理系统，能够提供系统性的、一整套的物流服务，并在推广、支付、仓储、配送等供应链业务方面具有良好的组织与管理能力；其四，整合电子商务供应链需要建构包括中小微企业、互联网平台、商业银行等金融机构、物流企业等在内的网络商业生态系统链，使整合电子商务供应链各环节形成相互依赖、相互联系的整体。

思考题

1. 电子商务应用对供应链运营的影响有哪些?
2. 价值网络基础上的供应链有哪些特点?
3. 电子商务领域的供应链金融包含哪些类型?如何区分?
4. 电子商务领域不同类型的供应链金融创新模式如何实现?

拓展阅读

第 11 章　风险控制与管理理论

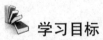 学习目标

了解商业银行的风险、风险控制及不同类型风险的区分，结合管理实践区分物流监管风险、信用风险、操作风险、法律风险等各种风险，掌握供应链金融业务涉及的不同类型风险的识别与管理机制、流程等。

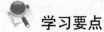 思政目标

识别供应链金融、金融科技、互联网金融、数字金融等对金融风险管理与控制的影响及作用机制，帮助学生形成风险管理知识体系，树立金融安全意识，有效防范系统性风险。

 学习要点

◇ 风险与风险控制
◇ 物流监管风险
◇ 信用风险
◇ 操作风险
◇ 法律风险

引例

供应链金融的三大风险

供应链金融是产业发展到一定阶段时企业对金融服务的真实需求，其发展取决于供应链一体化的程度。同时，供应链上下游企业的物流、信息流、资金流、商流等各方面的风险都直接链接银行等金融机构，因此供应链金融业务放大了银行等金融机构在传统融资过程中"一对一"的放贷风险，而变成"一对多"的放贷风险，如信息风险、管理风险、市场风险等。

（1）信息流不对称带来的风险。信息流是供应链金融业务发展的基础。银行在市场的海量数据中挖掘供应链金融业务所需信息，民营企业就需要解决自身的信息不对称问题。银行和民营企业的信息对称将会强化供应链在银行中的授信，降低银行的放贷风险，进而增强供应链金融服务的优势。

（2）资金流带来的管理风险。由于供应链金融业务的对象并不是单一主体，风险来源较为多样和复杂，只有具备良好的资金流管理能力，才能促进整个供应链的顺畅发展。

（3）由产品价格波动带来的市场风险。供应链金融业务所面临的市场风险更为复杂，银行等金融机构所面临的融资对象也不尽相同，供应链一体化的程度不统一，下游企业的定价变化会影响整个供应链的融资需求，银行等金融机构需要监控追踪核心企业与中小微企业之间的交互信息，以防止它们合谋套取贷款资金的风险等。

资料来源：搜狐网. 供应链金融在转型下的创新与发展[EB/OL].（2022-12-23）[2023-03-27]. http://news.sohu.com/a/620469968_232938.

11.1 商业银行供应链金融风险及控制

11.1.1 商业银行供应链金融风险

供应链金融风险是商业银行在对供应链企业或从事涉及供应链金融的业务进行融资的过程中，由于各种事先无法预测的、不确定的因素等而产生的影响，使供应链金融产品的实际收益与预期收益发生了偏差，或者由于资产不能收回所遭受风险、损失的可能性。总体上，诸多的风险因素都影响着供应链金融的正常运作，因此从商业银行实际操作的角度来说，商业银行了解并识别这些可能产生的风险因素就显得非常重要。在供应链金融业务的操作过程中，既包括其原有银行业务的风险，又增加了其他的诸如物流监管风险、信用风险、操作风险及法律风险等。

1. 供应链金融中原有商业银行的业务风险

在实际操作中，因供应链金融业务的加入，商业银行原有业务的风险并没有发生根本性变化，并且这些风险依然存在，主要表现为自然环境风险、政策风险、市场风险、企业文化差异风险、信息传递风险以及行为风险六种。

（1）自然环境风险。自然环境风险主要表现为受外部自然环境影响而产生的且影响比较大的风险，如地震、火灾、战争以及其他各种不可抗力造成的损失等。总体上，这些损失一旦影响到供应链某个节点的企业，就可能给整个供应链的运作及其稳定性带来重大影响，使供应链中所涉企业的资金流通受阻，甚至出现资金中断等问题，导致企业的生产经营遭受损失，因而使得既定的经营目标、财务目标等都难以实现，使参与供应链金融业务的商业银行蒙受巨大损失。

（2）政策风险。商业银行所涉及的政策风险主要受国家相关政策变化的影响，如经济政策发生变化时，往往会对供应链运营中所涉及的筹资、投资及其他经营、管理活动产生重大影响，使供应链的经营风险增加。例如，为促进相关产业结构升级改造，当产业结构调整时，国家往往会出台一系列的配套政策、措施及法律法规等对这些产业进行鼓励和激励，这些政策措施无疑为企业投资指明了方向；或者对一些相关产业产生了影响甚至使其受到限制，使供应链企业原有的投资面临遭受损失的风险。

(3)市场风险。市场风险主要是指由于市场发生变化，使企业无法按原计划销售产品，从而给商业银行带来的还款风险。市场风险的产生主要有两方面原因：一方面是市场预测的失误，另一方面是出现新的替代品，从而导致企业销售计划落空或难以实现，进而造成企业资金链条断裂。

(4)企业文化差异风险。实际上，由于供应链一般由众多供应链参与企业构成，这些企业在经营理念、企业制度、员工职业素养和核心价值观等方面均可能存在一定的差异，这些差异的存在往往使得供应链的各个参与企业对相同问题的看法不尽相同，使得这些企业倾向于采取以自身利益为导向的、不一致的工作方法，从而可能造成供应链的混乱、运行效率低下，产生与之相伴的风险。

(5)信息传递风险。由于供应链内部的各个参与企业都是独立经营的经济实体，供应链在一定程度上可被视为一种未签订协议的、松散的企业联盟或战略联盟。近年来，随着越来越多的企业倾向于借助联盟提升竞争优势，使得供应链规模日益扩大、结构日趋复杂，导致供应链内部发生错误、信息传递失误的机会或可能性也随之增加。现实中，供应链内部信息传递的延迟将导致上下游企业之间信息沟通不充分，对产品生产、销售以及客户的需求在理解上出现差异、分歧，不能真正满足市场需求，这种情况可能给商业银行传递一种不正确或有偏差的信息，从而影响商业银行对整个供应链的判断，甚至产生相应的风险。

(6)行为风险。实际上，对于供应链内部的各参与企业而言，不管其出于何种原因参与供应链，也无论其起初的用意多么良好，其在供应链金融业务办理过程中也会因为无意中犯错而给商业银行带来损失。例如，较危险和较难以发现的就是商业银行员工出于好心而犯的错误，因此调查发现行为风险是商业银行在办理供应链金融业务时所面临的核心管理问题。

2. 供应链金融业务的突出风险

在实务操作中，商业银行自身存在的业务风险同样是供应链金融中的突出风险，这些风险具体表现在信用风险、操作风险和法律风险三个方面。

(1)信用风险。总体上，众多的中小微企业的信用缺失是国内商业银行贷款等主要业务及其营销活动中的主要难题。信用风险产生的主要原因在于中小微企业管理不规范、技术力量薄弱、企业资产规模小、缺乏对自身的信用管理和资信不足等问题。到目前为止，信用缺失已成为制约商业银行面向中小微企业发展信贷业务的重要"瓶颈"之一，也是供应链金融业务的主要风险之一。

(2)操作风险。供应链金融实务的操作风险涵盖了信用分析与调查、融资审批、出账、授信后管理与操作等业务流程及相关环节，涉及操作不规范或操作中的道德风险所造成的损失等。授信支持性资产的有效控制是融资解决方案的核心部分，这一环节涉及大量的操作与控制，因此操作风险管理成为供应链金融风险管理的重点。

(3)法律风险。随着各国法治体系建设的不断推进，世界各国的法律体系都开始逐渐完善，与此同时，供应链企业也面临相关法律法规的调整、修订等不确定性因素，因此法律环境的变化也可能诱发供应链经营风险，从而危及商业银行的操作与运营。

另外，在供应链金融的实务操作中，商业银行等参与主体为控制原有风险中的借款违约风险，会引入动产抵押或动产质押等担保方式，但借款人可能不按时归还银行信贷，由此产生的风险仍是银行业务的主要风险。在传统的商业银行业务中，这一风险是靠固定资产抵押、担保等方式来加以管理、控制的。但是，如果商业银行单纯靠抵押、担保等方式控制借款人的违约风险，则会引发或衍生诸多问题。供应链金融业务通过引入动产抵押或动产质押来控制借款人违约的风险，同时还引入了针对借款人的贸易背景审查等手段辅助控制、降低可能发生的业务风险。因此，与之相伴的是，在供应链金融业务风险中又产生或增加了监管公司管理风险、质权成立的风险、质押物管理的风险以及变现的风险等突出风险。

（1）监管公司管理风险。供应链金融业务中所涉及的不同监管公司因其资信实力、管理能力、赔付能力等不同，或多或少地存在着差异。相比较而言，国有企业的赔付能力强，但其服务效率、风险承担愿望等均相对较弱；而民营企业虽然赔付能力较弱，但其风险承担的愿望较强。

（2）质权成立的风险。各国的法律都明确地规定了质权成立的要件。按照《中华人民共和国民法典》的规定，质权的成立必须符合以下要件：债权人和债务人之间必须以担保债权的实现为目的签订书面的质押合同；质物必须是可转让和可扣留的动产；质物交付质权人占有，质押合同及其执行必须满足这些要件才能确保质权的成立。因为质押合同属于实践合同，在合同签订后并不必然成立、生效，只有在动产质权的标的物即质物交付时才成立、生效，这就要求商业银行及相关企业对质权是否成立做出有效判断。

（3）质押物管理的风险。无论是质押还是抵押，质押或抵押物的管理风险都是各方关注的问题。对商业银行而言，防止质押或抵押物丢失、毁损等对于保护其权利具有至关重要的作用。因此，质押或抵押物的丢失、毁损等是供应链金融乃至物流监管企业所涉业务中面临的突出风险。在实际操作中，商业银行一般倾向于委托物流监管企业来管理质押或抵押物，这样一方面可以使商业银行转移风险；另一方面也可以充分利用竞争优势，让专业的公司来做专业的事情。

（4）质押物变现的风险。在商业银行的债务担保中，质押物是借款人质押给银行的、用来对债务担保的，一旦借款人不能按约定归还借款，那么商业银行就要采取变现的手段来处置质物。在这个过程中，质物的价格、质物的处置方式等都会对质物价值造成较大的影响。因此，质物变现的风险就成为供应链金融实务中的一种风险。影响变现风险的因素包括质押或抵押物价格的变化以及对质押或抵押物的处理方式、处理时效等。质押或抵押物的价格下降或贬值有可能造成质押或抵押物的市场价值低于银行的风险敞口，这时质权人一定要采取果断措施，让质押人及时补货或补足保证金。一旦形成债务的预期，那么质权人面临的最大的、最迫切的问题就是及时处置质押或抵押物。一般地，质押或抵押物的处置方式可以分为拍卖、变卖等几种方式。拍卖的方式在法律程序上比较规范，但可能效率很低。变卖的方式可能效率较高，但是同样存在一些法律问题，一旦处理不好，就可能会造成损失。

11.1.2 商业银行供应链金融的风险控制

当前,大量的学术研究及企业管理实践表明商业银行的竞争优势取决于其产品或服务的创新能力,因此与之相伴的便是如何在产品或服务创新的过程中确保各种风险得到有效控制和防范。实际上,以商业银行为主要参与者的供应链金融的风险管理是一项系统工程,它需要围绕商业银行的运营领域、范围建立一个全面的、系统的、有效的风险管控体系,只有这样才能使商业银行的供应链金融风险降到最低,进而提升商业银行的经营效率。

供应链金融风险管理的方法为:通过加强对风险信息的了解、识别和沟通,对潜在的意外损失进行识别、衡量和分析,以最小成本、最优化组合实现实时监控,以有效规避风险,保证供应链金融的安全。

1. 商业银行风险管控的步骤

一般地,商业银行的风险管控包括风险识别、风险衡量、风险控制、风险处理四个步骤,如图 11.1 所示。

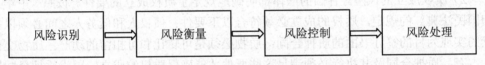

图 11.1 商业银行的风险管控机制

(1)风险识别。针对供应链金融面临的各种潜在风险进行归类、分析、识别是风险控制的关键,任何对风险评估、控制和管理的正确行为都建立在风险识别的基础上。

(2)风险衡量。风险衡量以风险识别为基础,通过运用定量分析法对供应链金融运营中所涉及的特定风险发生的可能性、损失范围及危害程度进行估计与度量。

(3)风险控制。根据供应链金融风险管理的目标,选择适宜的风险管理工具,通过优化组合、规避转移从而降低风险是供应链金融风险管控的关键所在。在风险识别、风险衡量的基础上,系统性地协调配合使用各种风险管理工具,借助风险反馈、检查、调整和修正等手段降低风险的影响,使之更接近可接受的目标是风险控制的目标所在。

(4)风险处理。以风险识别、风险衡量为基础,实现有效的风险处理才是风险管理的最终目的。通常地,风险管理主要有五种形式:一是风险自留,它是指商业银行自己负担未来可能的风险及损失;二是风险转移,它是指商业银行以某种方式将风险可能带来的损失转移给他人,这是商业银行处理风险的一个重要途径,大多数商业银行的风险自留能力是有限的,而且几乎没有商业银行会自担风险;三是风险组合,它是指通过将高风险产品与低风险或无风险产品进行组合来降低风险,即一种产品的风险以另一种无风险或低风险的产品来补偿;四是风险预防,它是指事先采取相应的措施阻止风险损失的发生;五是风险回避,它是指商业银行发现从事某种经济活动可能带来风险损失,有意识地采取回避策略或措施的行为。

2. 商业银行风险控制的措施

针对风险管控的机制、步骤,商业银行在具体应对供应链金融风险时可以采取以下措施,如表 11.1 所示。

表 11.1 商业银行风险控制步骤及措施

序号	风险控制步骤	风险控制措施
1	建立风险管控的社会协调沟通机制	强化风险意识,建立协调机制;建立信用体系、登记制度和信用档案;创造法制环境;做好立法和执法工作
2	建立系统分析和管理的思想	建立系统分析目标;加强系统性、协调性供应链管理
3	优化供应链金融实施方案	形成与实施整体优化方案;形成与实施局部优化方案
4	跟踪评价供应链核心企业的经营状况	实时跟踪、调查、科学评估供应链核心企业;制定供应链金融风险预案及应急措施
5	设计创新业务流程	明确传统的质保条件;通过占有或控制质押物进行质保
6	拓展业务外包	依托物流监管企业建立合作与评估体系;收集商品价格信息;定制、购买保险产品
7	借助新的组织模式,形成对质权和质押物的有效管理机制	控制商业银行的质权和质押物的风险;贷前和贷后对质权、价格、质押物的管理
8	强化商业银行的内部控制	搞好道德风险及道德意识建设,严控有章不循、执纪不严等行为发生;遵循内控,不得拥有超越制度或违反规章的权力
9	加强供应链金融的文化建设,打造共同的价值观	强化凝聚力,增强团结协作;维持供应链体系的稳定与发展
10	建立应急处理机制	制定应变措施和相应工作流程;建立相对成熟的预警评价指标体系
11	加强供应链金融体系的信息化建设	建立供应链金融体系内部的信息交流、风险共担机制;建立多种信息传递渠道;提高供应链金融体系的信息沟通效率

(1)建立风险管控的社会协调沟通机制。强化供应链金融运营业务参与者的风险意识,建立风险管控的协调机制,培育良好的信用环境和法制环境;以金融服务体系为指导,建立健全社会信用系统和企业、个人信用登记制度及信用档案,对恶意逃避商业银行债务的企业实施联合制裁,维护商业银行债权;创造公平公正的法制环境,保证商业银行在依法维权、保权方面减少行政干预,降低商业银行的风险损失;做好风险管理的立法和执法工作,制定责任追究办法。

(2)建立系统分析和管理的思想。系统分析以供应链体系或系统整体最优为目标,对供应链体系的各方面和各构成要素进行定性、定量分析,给决策者提供直接判断和确定最优方案的信息、资料。供应链金融是一种集成的管理思想和方法,对供应链金融风险进行管理需要通过前馈的信息流和反馈的信息流,将生产者与供应商、制造商、分销商和零售商等中间商直到最终用户实现有效连接形成供应链运营体系,从而借助系统的协同管理实现有的放矢。

(3)优化供应链金融实施方案。供应链金融实施方案的优化是指商业银行面对约束条件及资源有限性的情形,对供应链上下游企业提供供应链金融服务时制定的决策方案。供应链金融实施方案的优化决策方案有整体优化方案和局部优化方案两种类型。整体优化方案是最优的方案,但由于信息不对称性等问题的存在,实际情况下可能没有最优方案或者无法验证所选方案是否最优,使得局部优化方案的选择变得更为实际。局部优化方案是指在大量备选方案中找出相对最优方案,这取决于方案的最优解。因此,针对不同的实际问题采取、设计不同的优化方案,供应链整体效果也不同。

(4)跟踪评价供应链核心企业的经营状况。以供应链核心企业为主,对其经营状况、存在的问题进行动态分析,从成本控制、经济效益、人力资源、质量控制、用户满意度等方面进行实时跟踪、调查、科学评估;一旦发现供应链核心企业的某重要供应商出现问题,应及时做出有效的应对、预防和改进。针对潜在的供应链金融风险制定预案及应急措施。在供应链金融风险管控实践中,要综合运用各种风险评估、预测与控制工具,消除各种风险隐患,降低风险发生的概率。

(5)设计创新业务流程。通过采取创新性的业务模式,将借款人不能按时归还贷款的风险有效控制在供应链金融业务内,除了传统的质保条件,可以寻求使用借款人的流通商品作为商业银行债务的担保。商业银行可以借助占有或控制质押物来确保债权,成为其风险管控的一种解决方案。

(6)拓展业务外包。当前,随着国家政策的调整,越来越多的中小微企业已成为商业银行的创新性业务定位的选择,使得供应链金融模式也伴随着金融服务模式的创新而不断调整、改变。一方面,供应链金融产品及其组合、捆绑销售等成为商业银行规避风险的有效工具;另一方面,商业银行可以通过业务外包分散、降低风险。所谓业务外包是指将供应链金融业务中不属于商业银行核心业务的物流、信息流等业务外包给专业的第三方参与者,使得商业银行可以专注于资金流的管理与控制等商业银行的核心业务和优势领域。

首先,依托物流监管企业建立合作与评估体系,通过第三方仓储、运输和现场监管等物流业务操作,实施物流等非核心业务的监管;其次,收集商品价格信息,通过收集各大综合类、行业类商品的价格信息,实现对供应链金融中涉及商品、价格等的关键信息的实时跟踪;最后,定制、购买保险产品,并要求客户购买保险产品以应对货物在库、在途期间出现意外风险的情况,实现风险转移和风险共担。

(7)借助新的组织模式,形成对质权和质押物的有效管理机制,控制商业银行的质权和质押物的风险。在传统的商业银行业务中,贷前管理和贷后管理对质权、价格、质押物的管理较少涉及,使得商业银行的风险控制能力相对较弱。目前,部分商业银行在管理实践中倾向于在各级分行成立货押管理中心,承担了质押物和质权管理的职责。货押管理中心的主要职能可以概括为质押物价格管理、检查监管货物、管理物流监管企业、变现管理四个主要方面。

(8)强化商业银行的内部控制。对商业银行而言,其内部控制不仅是一种自律行为,而且是其为完成既定目标,对各职能部门、各级别管理者、工作人员从事的业务活动进行风险控制的一种方法。商业银行所从事的供应链金融业务的内控机制的建立,首先要搞好道德风险及道德意识建设,严控有章不循、执纪不严等行为发生;其次要遵循内控的有效性、审慎性、全面性、及时性和独立性等原则,以确保任何人不得拥有超越制度或违反规章的权力。

(9)加强供应链金融的文化建设,打造共同的价值观。良好的供应链金融体系文化能够强化供应链金融体系内各参与者之间的凝聚力,增强各参与者之间的团结协作,减少不必要的矛盾、冲突,减少内耗,并形成相互信任、相互尊重、共同创造、共同发展和共享成果的双赢或多赢关系,促进供应链各成员企业或参与者形成与供应链整体相同的利益诉求、共同的价值标准,从而维持供应链体系的稳定与发展。

（10）建立应急处理机制。供应链金融业务是多环节、多渠道的复杂系统,由于系统自身的特征,供应链金融体系内部容易发生一些突发事件,因此必须建立相应的预警体系、应急体系来应对突发事件及其产生的影响。对于破坏性大的偶发事件,预先制定应变措施和相应的工作流程；建立相对成熟的预警评价指标体系,即当某一指标偏离正常水平并超过风险点的临界值时,发出预警信号并及时处理,以避免给供应链金融体系带来严重的后果。

（11）加强供应链金融体系的信息化建设。随着越来越多的企业参与到供应链中,借助供应链的竞争优势强化效率,学者和管理实践者倾向认为未来企业间的竞争是供应链体系的竞争,所以商业银行参与的供应链金融体系的竞争也会随着外部技术的发展而逐步演化。对于商业银行而言,借助信息化建设可以实现供应链金融体系内部各参与者或成员企业间的信息交流、风险共担；通过供应链内部企业间的信息传递、沟通、共享,可以建立多种信息传递渠道,消除信息不对称性的影响,降低商业银行供应链金融风险的不确定性,从而有效防范风险。

11.2 物流监管风险及控制

11.2.1 物流监管风险

鉴于诸如物流企业等越来越多的第三方企业参与到供应链金融体系中,供应链金融运作中的物流监管成为风险管控的重要方面。总体上,物流监管所涉监管人的风险主要集中在违约风险、运作组织和管理风险、物流操作风险三个方面。其中,第一类是违约风险,因为监管责任是基于企业间的监管协议所确立的,因此其可被视为一种约定责任；第二类风险涉及业务运作中的组织、管理风险,在供应链金融业务运作过程中,大量的操作、组织、管理工作是通过特定的组织方式进行的,在运作过程中若管理不落实、制度不明确、责任不清晰等就有可能对物流监管企业造成更大的风险或损失；第三类风险是物流操作风险,物流监管企业会根据供应链金融运作中所涉各方的约定对质押物进行储存、运输、报关报检等物流操作,这类操作责任已有明确的规定和要求。

1. 违约风险

一般地,按照物流行业的惯例,在其监管协议中,物流企业作为监管方往往承担履约保证、协助实现质权或抵押权、货物的检查验收、质押物管理、协助行使质权五项责任。

（1）履约保证责任。履约保证责任是指参与供应链金融业务的物流监管企业按照监管协议约定履行义务,承诺对因其自身原因造成的商业银行质权人的损失承担相应的赔偿责任。在操作实务中,对于某些自身资信状况不强的物流监管企业,其上级公司或关联公司因业务开展为它向商业银行提供的担保也属于履约保证责任。实际上,虽然履约保证责任是通过协议约定确立的,但是其内容却超越了传统物流公司的服务范畴,成为新的服务方式。

(2) 协助实现质权或抵押权(质权或抵押权不成立的风险)责任。我国法律规定质押是以转移占有为成立要件的。在供应链金融的实际业务中,因为质押商品一般都是大宗货物,质权人不可能直接占有控制质押人的商品,而是经由商业银行委托监管人在借款人(或出质人)的仓库储存、占有这些质押物,所以要求监管人办理必要的法律手续并完成必要的交接手续。如果监管人出现管理缺位,则有可能造成商业银行质权不成立,就要向商业银行付出巨额赔偿。在现实中,所谓浮动质押是指允许质押物在质押期间替换的一种实践。我国法律并没有明确规定浮动质押可行或明令禁止。对于浮动质押而言,每一次置换操作都需要办理出质、转移占有手续,如果在浮动质押过程中,监管公司没有及时办理相应手续,则可能导致质权不成立。对抵押而言,双方不但要签署抵押协议,还要办理抵押权登记。在实务中,抵押物的物流位置一般离物流监管企业最近,而距商业银行、出质人相对较远,因此商业银行一般会要求物流监管企业协助办理抵押权登记,但对于物流监管企业因协助办理抵押权登记所产生的责任,无论是理论上还是操作实践中尚属空白。

(3) 质物的检查验收责任。不同品质的货物有着不同的价格,在现实业务中,品质鉴定需要专业的设备、知识和资质,因此质物品质的风险同样是重要的风险。在实务中一般采取约定检验、视同检验两种方式:约定检验是对于大家有异议的商品品质,由各方送有资质的检验机构进行检验的方式;视同检验是指对于有权机关(如海关、商检或资信较好的工厂)检验的商品视同已经检验。按照行业惯例,物流公司和物流监管企业都只承担表面审查、单据检查和外观检查责任,除特别规定外,单据的签发是依照上述惯例进行的。

(4) 质押物管理责任。物流监管企业按照商业银行要求或协议约定占有相应数量和品质的货物。物流监管企业会对商业银行做出控制货物的承诺(质押仓单或质物清单)。监管期间,如因监管公司原因出现单货不符、大单小货、一货多单等影响商业银行质权的情况,监管公司需要按照协议规定承担相应责任。

一般地,质押物管理的责任可分为以下三种:① 按照约定放货或依据商业银行指示放货的责任(存在无单放货的风险)。在监管业务中,依据商业银行指示或依据协议约定放货是基本的原则,但由于监管公司内部管理等方面存在的问题,常常会出现无单收货或不能按照协议约定放货等情形。② 按照行业或客户要求管理货物的责任。物流监管企业应按照国家相关法律、行业惯例和客户要求履行货物保管责任,加强对货物的养护、日常盘点等。如果因自身原因造成货物的损失,监管公司需要承担相应的赔偿责任。③ 意外事故和自然灾害对质押物造成的风险。在实务中,我国不同地区可能面临不同的意外事故、自然灾害等,如沿海地区经常面临台风威胁,内陆地区会出现洪水、泥石流、暴雨灾害,有些地区处于地震带上等,质押物遭受意外事故和自然灾害的风险同样存在。

(5) 协助行使质权责任。一旦质押人的贷款逾期,商业银行就需要行使质权以保全债权。商业银行在行使质权过程中可以采取留置、变卖和委托拍卖等方式,这些方式与质押人和商业银行的债务纠纷有关,因此在协助银行处置质押物时,监管公司要根据协议并按照国家法律规定处理，不能单方面满足商业银行的需求，而忽视了质押人的合法诉求。

2．运作组织和管理风险

在供应链金融所涉物流监管业务中，物流监管企业可能会因内部制度、贯彻实施等问题面临业务经营风险。这种运作组织和管理风险的产生原因主要有：① 组织结构不合理造成职能界定不清楚或无法履行。供应链金融业务中往往存在多点监管、多品类货物监管，甚至出现涉及多物流环节等情况，因此组织结构是否合理将直接影响业务运作组织和管理；② 制度和规定无法满足风险管控的要求。供应链金融业务仍有许多根本性制度、规定需要明确，包括签约规定、签发重要单据规定、日常盘点规定和放货规定等。这些规定是控制风险的主要依据，一旦规定不明确或有明确的规定但不执行，就会产生风险。因为监管业务往往涉及多个岗位、多人协同，如果管理不到位或职工培训缺失，也可能造成风险。

3．物流操作风险

物流监管企业在质押物的监管期内通常需要对质押物采取仓储、运输、报关报检等操作，这些操作也可能对质押物造成风险，如运输途中的交通事故导致质押物损失等。当然，物流操作风险不是物流监管业务所独有的，其普遍存在于常规的物流业务中。

11.2.2 物流企业的风险控制

在物流监管企业所面临的违约风险、运作组织和管理风险、物流操作风险三大风险中，违约风险属于新增风险，而运作组织和管理风险、物流操作风险都是其传统物流业务中已然存在的风险，因此对于物流企业而言，其风险控制即为对违约风险、运作组织和管理风险、物流操作风险的管控。

1．违约风险的控制

（1）完善合同管理及产品设计以控制法律风险。物流监管企业的违约风险主要来自于合同约定，物流企业要加强合同管理，尤其是合同审查、签约等环节。在供应链金融业务中，部分商业银行倾向于将一些物流企业无法承担的风险通过合同转移给物流企业，因此物流企业需要围绕所有权检查，签发关键单据（包括仓单、质押物清单等），接收、运输、放货等操作，违约责任等关键条款进行审查。当前，比较通行的解决方案即为形成业务范本合同，提高合同的审查效率，降低业务风险。

（2）确保已签署的监管协议实现单货相符。单货不符对于物流监管企业而言就意味着对商业银行的违约和赔偿责任。

（3）加强质押物接收的流程管理以确保质押物接收数量清楚、质量明确。物流监管企业需要依据仓储管理的要求，规范入库流程。入库管理涵盖到货、卸车、清点、办理交接手续、存放等环节，物流监管企业要确保清点、办理交接的手续做到单货两清。对于件杂货，一定要清查件数并确保重量与件数在合理的误差范围之内；对于散杂货，要采取科学合理的计量方法，对质押物进行计量检斤。

（4）加强质押物的日常盘点。盘点是仓储工作中的一项重要且有难度的工作。对于物流监管企业而言，质押物需要有组织、有计划地盘点，可采取本级盘点与上级抽查盘点相结合的办法。盘点可以分为日盘点、月盘点和临时性盘点。物流监管企业主要采取日盘点方式,做到日清日结,也便于当日向商业银行报告质押物的进出库情况。

(5)严格控制放货的程序。采取"三审三签"制度控制质押物放货程序。物流监管企业要审查商业银行提货通知的真伪、客户提货要求是否符合协议规定等;保管员要核实库存与提货通知是否相符、是否合理;监管现场领导要审核上述内容,最后下达放货指令。

2. 运作组织和管理风险的控制

(1)建设专业管理团队。对物流监管企业而言,通过管理团队的专业化来确保其业务的良性开展是其重要的选择。专业化的物流监管团队需要具备两方面知识:其一是物流金融方面的专业知识,熟悉相关法律法规、供应链金融业务,能够熟练把握商业银行、不同类型客户的需求;其二是物流专业知识,包括大宗商品交易,商品的仓储、运输等物流环节、职能方面的知识,不断提升其应对动态变化的外部环境、适应市场需求的能力。

(2)完善业务管理体制。对物流监管企业而言,完善业务管理体制主要涉及两方面:其一是完善组织架构的建设,为业务管理设置合理、科学、高效的组织架构;其二是结合组织结构建章立制,做到职责清楚、标准明确。

(3)加强业务培训。根据物流监管企业内部不同岗位的要求,实施不同层次的、有针对性的培训。其中,管理层面要注重业务管理、风险控制、规章制度等方面的培训;操作层面则重点强调安全教育、操作规程、单证填制、办事流程等培训。

(4)加强业务检查。结合不同的业务内容和风险点分析,对各项目制定检查明细表,对照项目实际情况、规章制度要求等进行对比检查。

3. 物流操作风险的控制

物流操作风险是物流监管企业在装卸、搬运、运输、安装等物流操作流程中产生的风险。如前所述,物流操作风险是物流企业的传统风险,当然也需要物流监管企业确保将物流操作风险降到最低,提高操作效率。

11.3 信用风险及其管理

商业银行的信用风险是指商业银行因借款人或交易方违约导致的可能性。实际上,商业银行所面临的信用风险是其金融业务的首要风险,从实务角度看,供应链金融业务本身是一种信用风险管理技术或手段。

11.3.1 传统授信的视角

商业银行传统授信按担保方式分为保证担保授信、抵(质)押授信和信用授信三类。保证担保授信需第三方提供担保,信用授信对企业的资产状况、经济规模、盈利能力等均有较高要求,因此在实务中,中小微企业很难通过保证担保授信和信用授信方式取得授信。中小微企业通常固定资产存量较少,面对供应链核心企业的账期或销售指标压力,难以通过固定资产抵押获得流动资金支持，因此传统授信方式下中小微企业风险管理主要呈现以下几个特点。

（1）信息披露不充分导致贷款信用风险度量与评价困难。首先，诸多处于成长阶段的中小微企业存在内部管理尚不规范、业务制度不健全等问题，使得其无法像供应链核心企业或大企业一样提供全面、完整的财务信息；其次，出于税务规范性的考虑，多数中小微企业对经营信息的披露相对谨慎；最后，由于外部审计成本较高，而中小微企业的贷款规模不大，导致其外部审计的单位成本更高。

（2）授信收益不经济。中小微企业贷款往往呈现"急""频""少"的特点，加上高昂的信息采集成本，使得商业银行对中小微企业贷款管理的单位成本远高于大企业。现实中，多数商业银行倾向于通过提高利率等方式将管理成本转移到中小微企业，使得融资成本远超出中小微企业的承受能力，同时也伴随着道德风险和逆向选择问题等。

（3）中小微企业的非系统风险高于大企业。非系统风险是指由企业内部决策行为或企业特性造成的风险。中小微企业的治理结构往往会导致企业决策呈现随意性，与此同时客户依赖性也导致业务波动性大。此外，由于融资能力弱、产品单一、技术含量低，抗风险能力也较差，导致中小微企业因非系统风险而面临长期存活的问题。

（4）一般地，中小微企业的违约风险高于大企业。很多情况下，中小微企业的贷款额度低，资产价值比率相对较高，导致其缺少社会品牌价值。同时，政策因素导致其注册新公司会享受税收优惠，因此当中小微企业面临经营不善的问题时，其违约收益高于违约成本，为违约风险提供了财务合理性。

综上所述，传统信贷评审技术下，中小微企业的授信风险、成本高于大企业，使得传统担保方式对中小微企业并不适用。虽然中小微企业的授信成本高于大企业，但考虑操作和风险成本的调整因素后，其授信的实际收益是否存在优势仍存在不确定性。

11.3.2 供应链金融的视角

由于传统授信看重授信企业的主体信用水平、财务实力和健康程度、担保方式，中小微企业往往被排斥在信贷市场之外。对于供应链融资模式而言，其重点考察企业的融资需求和信用支持。处于供应链中的中小微企业的融资需求多是由于供应链核心企业转移流动资金造成的，因此利用流动资产提供的信用支持为供应链中的中小微企业解决融资需求成为供应链融资的出发点。

对单个企业而言，其流动资产在形态、规模上随其经营活动而动态变化，使得商业银行难以有效监管，但如果其参与到供应链业务中，其所涉及的交易过程便转变为供应链系统内部的信息流、物流和资金流的集成，为商业银行的监管提供了便利条件。企业流动资金的占用主要存在于预付账款、存货及应收账款三个方面。在实务中，利用上述三部分资产作为贷款的信用支持，可以形成预付融资、存货融资与应收融资三种供应链融资解决方案。依据企业生产和交易过程的特点与需求，三种融资方式也可以组合为更复杂的整体解决方案。供应链金融模式下中小微企业的信用风险管理具有以下几个特点。

（1）供应链成员企业的交易信息可以弥补中小微企业信息披露不充分、信息采集成本高等问题。供应链融资以核心企业的综合信息和供应链成员的交互信息,如商业信用记录、交易规模、交易条件以及结算方式等作为基础,成为商业银行对供应链成员企业的经营状况、资信状况、盈利能力等做出判断的基础。

(2)供应链成员企业围绕核心企业形成的供应链系统或合作联盟在一定程度上解决了企业间经营状况差异导致的风险问题。处于供应链内部的非核心企业的经营状况与核心企业高度关联,其风险水平与传统的中小微企业不同。供应链核心企业对其供应链成员的筛选机制在一定程度上降低了经营风险,使得其信用风险也普遍低于中小微企业。

(3)供应链内部的运营机制使得供应链系统的融资交易所产生的物流与资金流可以作为资产支持手段,如货物质押、应收账款受让等,在一定程度上便于商业银行的风险管控,即商业银行通过对资金流和物流的控制直接渗透到供应链企业的经营环节中,有利于风险动态评估,实现授信对主体风险的隔离。

(4)供应链核心企业倾向于对成员企业采取严格的管控机制,使得供应链核心企业往往与成员企业保持相对稳定的合作关系。对中小微企业而言,能够进入、参与供应链系统便成为其无形资产。因此,中小微企业会极力维护这种关系,避免因贷款违约等影响其在供应链中的位置。实际上,这种声誉机制降低了中小微企业授信中的道德风险。

11.3.3 信用风险的管理流程

按照供应链业务的构成,其所涉及的信用风险管理流程主要包括五个方面:信用风险识别、信用风险度量、供应链交易情况评估、信用风险评价和信用风险控制。

1. 信用风险识别

信用风险识别的重点在于识别出造成企业无法偿还贷款本息的影响因素。总体上,供应链融资的信用风险包括系统风险和非系统风险。

(1)系统风险是指由于宏观经济周期或产业发展要素等发生变化而造成某一产业多数企业亏损的情况。系统风险是供应链融资风险管理中需要重点关注的因素。一般地,对于系统风险的识别与考察主要根据宏观经济运行状况和产业发展状况来展开。由于供应链金融业务往往涉及供应链内部的核心企业及成员企业,所以针对核心企业及产业发展状况的实时分析就显得尤为重要。

(2)非系统风险是指由企业自身经营等造成的风险。供应链业务中的企业由于与核心企业存在相对稳定的合作关系,所以其非系统风险发生的可能性相对较低。但授信企业自身的经营或非经营决策仍然可能引致非系统风险的发生。对供应链中的中小微企业而言,如过度囤货、窜货等投机性经营以及债务纠纷或涉嫌偷逃税等非系统风险会导致其还款意愿和还款能力的下降。商业银行对非系统风险的观测、动态预警等实务操作需要贷后检查制度、供应链核心企业、物流监管企业等辅助性风险控制手段和策略的引入。

供应链融资中的预付、存货与应收三种基本授信支持性资产构成其还款的主要来源。对供应链业务中的企业而言,首先,三种资产的还款保障能力取决于其发生违约时商业银行对这些资产的控制效力;其次,预付与应收的资产支持能力不仅受到其资产控制效力的影响,同时也受供应链上下游企业的信用状况的影响。因此,在供应链金融实务中,商业银行及供应链核心企业需要根据实际情况对上下游企业的信用风险进行评估。

当然,除了经营资金流和授信支持资产,供应链金融业务中企业的其他资产也可以作为还款来源,因此越来越多的实务中也倾向于加强对企业主体资质、主体财产特征的考察。鉴于业务模式的风险控制程度与主体资质间的替换关系,通过物流、资金流管控下的授信自偿性保障来适当放松对企业主体资质的要求;反之,则需要关注由道德风险导致的信用风险。在供应链融资中,道德风险有多种表现形式且防不胜防,如以次充好的质押物品质问题、应收账款未按约定回流到授信银行、资金挪用到非业务领域等,因此需要采用实时动态预警程序,形成客户退出计划等,应对可能出现的道德风险。

2. 信用风险度量

总体上,信用风险难以有效度量,因为信用风险具有以下特征。

(1)信用风险的概率分布具有左偏性。对于贷款业务而言,如果贷款能安全回收,则贷款人将获得利息收入;如果出现违约,则贷款人面临本金和利息收入的损失,即导致贷款损失远高于收益。一般而言,违约是小概率事件。因此,综合两方面因素得出信用风险的概率分布具有左偏性,这也导致了信用风险度量的难度增加。

(2)供应链金融实务中的道德风险作为信用风险发生的重要因素,其同样难以定量衡量或评估。

(3)诸如投资方向、经营管理能力、贷款人风险偏好等个体经营行为所导致的非系统风险也存在难以量化的问题。

(4)组合信用风险难以有效衡量,尤其是中小企业的信用风险的定量分析则更为困难。

信用风险的上述特征使得供应链金融业务中的信用风险度量往往以主观判断为主,客观的定量评估难以实现。在具体的信用风险度量中,多伴随企业经营状况的评估与分析,为了减少主观判断的误差,越来越多的实际操作倾向于利用结构化的分析过程或结构化的指标体系等结构化方法进行信用风险评估。

3. 供应链交易情况评估

在实务中,针对供应链交易情况的评估主要用来评估企业经营的稳定性、成长性,为资金流状况分析提供现实基础。当前,针对供应链交易情况的评估主要集中在以下几方面。

(1)通过梳理供应链业务流程及交易关系等,间接评估贷款人在供应链业务中的位置、作用,评估其经营状况、谈判地位、资金实力等,进而分析、研判供应链运营的稳定性。

(2)通过资金流、物流的流向,评估供应链业务内的资金流、物流过程的完整性,进而评估供应链整体状况、市场份额等,判断不同类型企业参与供应链的盈利能力。

(3)通过约定结算方式、通行结算方式、交易方资信状况、平均销售周期等信息,判断供应链业务中参与方信用风险的大小。

(4)分析贷款人对供应链的依赖程度、贷款人与核心企业的交易占核心企业需求或销售的比重、贷款人与核心企业交易往来时间和稳定性等评估其在供应链中的位置和稳定性。

4. 信用风险评价

在度量信用风险后,商业银行需要进一步评估信用风险的影响,此时商业银行需要结合违约概率和损失率来分析贷款的信用风险是否与收益相匹配。如果商业银行通过供应链金融业务获得的收益不足以弥补信用风险，此时商业银行需要通过要求企业提高质押的比率、购买信用保险等方式获得信用保证，以降低或回避信用风险。与此同时，商业银行也需要评估信用风险是否在其可接受或承担的范围内，进而进行风险与收益分析以确定是否开展供应链金融业务。

商业银行为降低信用风险，需要注重信息收集、处理和应用，并借助信息建立商业银行的风险分析模型，对信用风险进行定量分析。实际上，由于我国商业银行的供应链金融业务尚处于起步阶段，通过有效的风险评估和风险偏好来降低信用风险是十分必要的。

5．信用风险控制

信用风险的控制方法包括风险回避、风险转移、风险补偿、损失控制等。

第一，商业银行的拒绝授信是最基本、最常用的风险回避方法，商业银行会根据其风险承受能力制定风险回避指引，对不同的信用评级企业采用不同的风险控制方式。

第二，通过第三方承接的方式来转移风险也是诸多商业银行控制信用风险的有效方式。实际上，活跃的信用风险市场是商业银行便利地采用信用风险转移工具的条件。近年来，我国信用衍生品市场发展态势良好，多家商业银行开始尝试、实践，推出相关应收账款保险产品等，甚至引入核心企业和物流监管企业等实现信用风险的转移等。

第三，风险补偿与风险定价、风险度量密切相关。从事供应链金融业务的商业银行会结合信用风险度量的难度、国内商业银行的管理实践等建立评估数据库，形成风险定价机制。

第四，通过损失控制来控制信用风险。如果供应链金融业务中出现损失无法避免的情况，商业银行等需要通过有效的措施来及时止损，如停止授信、加强授信资产管控、采取资产保全措施等方式。

11.3.4　信用风险的转移

除了风险回避、风险转移、风险补偿、损失控制等常规手段，供应链金融业务还在信用风险控制领域采取了风险屏蔽的创新尝试。对商业银行而言，其可以通过客观存在和主观感受两方面考察信用风险，虽然在实务中面临众多的参与供应链金融业务的中小微企业均存在信用等级较低的客观现实，但是作为供应链业务的成员企业，其在授信模式下的物流、资金流控制等自偿性技术的运用将有效隔离、阻断其低信用水平对授信安全性的影响，借助这种方式，商业银行可以大大降低由违约带来的风险概率和可能性。

商业银行的信用风险屏蔽技术作为新型业务尝试，与传统贷款业务相比，必然其操作环节更多，操作复杂程度更高，使得其在操作实务中操作漏洞出现的概率增加，也在一定程度上增加了操作风险。作为旨在降低、隔离主体信用风险的防火墙，信用风险屏蔽技术可能会因为制度不完善、制度执行力不足等问题导致漏洞出现，因此供应链中中小微企业等成员企业的信用水平与其授信安全性间仍存在强关联，此时因为信用风险屏蔽技术的出现导致信用风险向操作风险转移的可能性显著增加。

在供应链金融实务中，商业银行需要确保其对资产的所有权受法律保护，以降低信用风险的影响。为此，商业银行需要形成完备的审查制度、流程，涵盖事前合同审查、协议内容的法律规范性审查，并确保法律文件签署的正确性、有效性、完整性和规范性等。

商业银行作为供应链金融业务中的重要环节，需要确保授信支持性资产对信用支持的充分性，以确保信用风险发生时资产价值能在最大程度上补偿商业银行的授信损失。

商业银行的实务中，需要确保其授信的支持性资产得到有效监控、保护，当前国内的供应链业务管理实践多倾向于依靠资金流管理、物流管理等技术手段实现。其中，资金流管理是指商业银行通过设定流程模式、产品运用、商务条款等对授信资金的流通、增值进行管控以确保授信后的交易增值优先偿还商业银行；物流管理主要是指依据协议约定，确保货物在到达授信企业后处于商业银行监管、仓库对货物合理保管、追加保证金与提取货物的操作对应等。

物流等环节可能出现问题和风险，会使商业银行也面临物流与资金流转换过程中对物流、资金流控制的风险，因此商业银行也倾向于将风险转移到第三方物流公司或保险公司等。实际上，商业银行及相关利益方对物流、资金流的监控操作在隔离信用风险的同时，也可以有效控制授信资金的使用方向。在稳定、顺畅的供应链金融业务体系内，物流和资金流明确的起始点和重点将有助于其状态处于严格的监控管理中，商业银行也可以借助授信企业的经营状况信息等确保采取及时、有效的风险防范措施应对风险的影响。

11.4 操作风险及其管理

巴塞尔银行监管委员会（简称巴塞尔委员会）将操作风险正式定义为由于不完善或有问题的内部操作过程、人员、系统或外部事件而导致的直接或间接损失的风险。该定义包含法律风险，但是不包含策略性风险和声誉风险。

依据巴塞尔委员会对操作风险的界定，供应链金融业务的操作风险涵盖发生在信用调查、融资审批、出账和授信后管理与操作等业务流程、环节中，由于操作不规范或道德风险所造成的损失等。由于授信支持性资产的有效控制是供应链金融业务解决方案中的核心构成要素，其所涉及的操作控制便构成供应链金融业务操作风险管控的重要内容。

11.4.1 操作风险分类

在实务中，按照不同的概念界定，操作风险主要包括商品选择风险、质押监管风险、质物变现风险和宏观经济风险四类。

1. 商品选择风险

商业银行监管的商品价值是供应链金融业务的基础，也是商业银行面临的主要风险因素，因此供应链金融业务开展的首要前提便是商品目录的选择与确定，通用性强、易储存、价格稳定、性质稳定、容易计量、容易变现的钢铁、有色金属、能源化工等大宗商品往往被视为适宜的商品；在供应链金融业务中选择产品质量好、市场占有率高、品牌知名度高的企业合作，考察其业务能力、业务量等作为商品选择的基础。

2. 质押监管风险

供应链金融业务中的质押监管风险取决于物流企业的管理水平及风险控制手段、能力等。商业银行往往倾向于选择仓储管理和信息化水平高、资产规模大、监管能力强、有一定偿付能力的专业化物流企业来控制、降低质押监管风险。当前，在实务中多将入库单作为质押，因为其与仓单性质相同，但仓单本身是有价证券，且为物权凭证，使得对仓单的唯一性、物权凭证性的科学管理就变得尤为重要。

3. 质物变现风险

商业银行在处置质押物时往往会出现质物变现价值低于其授信敞口余额或无法变现的情形，因此商业银行多倾向于选择交易量大的商品，并设置合理的质押率，建立质押物的销售情况、价格变动趋势等的监控指标，通过套期保值等分散价格变动的风险。

4. 宏观经济风险

国内外经济环境，如汇率因素、利率隐私、国际物流需求因素等，都是影响物流的重要因素，因此供应链金融业务必然会受到此类因素的影响，这也成为众多的从事供应链金融业务的商业银行不断探索各种金融工具、手段以降低风险的重要方面。

11.4.2 操作风险的管理流程

1. 操作风险识别

对于供应链金融业务的操作风险管理，风险识别是最核心、最关键的环节。巴塞尔委员会依据导致操作风险的不同因素将其分为四类，包括人员因素、流程因素、系统因素、外部事件，进而建立了操作风险分析的基本框架等。在操作风险管理的具体实施环节，商业银行需要依据巴塞尔委员会的操作风险分类框架形成适于供应链金融业务流程的风险目录。实际上，由于操作风险识别存在诸多困难，对商业银行而言，结合巴塞尔委员会的分析框架建立其自身的操作风险目录就成为一种必要选择，考虑到实务中的动态性，商业银行还需要结合自身操作及其他商业银行的管理实践，对操作风险目标进行更新以确保全面性、有效性。

鉴于供应链金融业务流程可进一步划分为信用调查、产品设计、融资审批、出账及授信管理、贷款回收等环节，并且在每个环节中商业银行都可能面临以下三个方面损失，即商业银行资产损失、商业银行失去投资机会、商业银行声誉受损，因此就需要商业银行综合考察人员因素、流程因素、系统因素及外部事件等各方面、各环节是否存在导致其损失的风险。

人员因素引发的操作风险多集中在授信调查阶段。因为供应链金融业务中多以企业的交流信息作为其风险评估的依据，并且将物流、资金流等作为风险控制的中间目标，这就导致商业银行涉及的供应链金融业务授信调查与传统的贷款业务信用调查显著不同，需要客户经理具有较高的专业性才能确保将疏忽、误判的可能性降到最低水平，并尽量避免由此导致的操作风险的发生。

流程设计因素多存在于操作模式的设计阶段，由于在供应链金融业务中，商业银行需要对授信支持性资产进行控制，这就必须要在授信合同、协议及操作流程设计上确保无漏洞，以防欺诈的产生及其引致的风险。一般而言，此类漏洞包括合同不完善、合同条款对商业银行不利、合同条款不受法律保护、产品设计无法完全保证授信支持性资产于主体信用隔离、流程过于复杂导致的操作或执行困难、操作环节遗漏导致资产控制的落空等。

融资审批阶段的操作风险主要涉及人员风险、流程风险和系统风险三类。具体地，人员风险可能是由于内部欺诈、越权等主观行为造成的风险，也可能是由于人员业务能力不匹配、关键岗位人员流失等客观原因造成的人员风险；流程风险则包括商业银行授信审批流程不合理、授权不当导致的内部控制体系的问题，也包括文件信息传递不及时等业务流程问题等；系统风险主要体现为后台风险管理支持的系统或模型未能有效识别风险导致的决策失误等。

出账和授信后管理是供应链金融业务中实行资金流和物流控制的关键，对预付和存货业务而言，呈现操作频繁的特点，也是操作风险集中出现的环节，此时四类操作风险都有发生的可能性。例如，监管人员欺诈、失职导致的人员风险，提货或换货流程设计不合理引致的外部欺诈方面的流程风险，货物价格监控系统无法有效预警导致的系统风险以及突发事件导致的外部事件风险等。这些操作风险因融资产品不同，可能以不同表现形式出现，因此就需要商业银行进行全面、系统的操作环节分析，以实现对操作风险的有效识别。

2. 操作风险评估

商业银行的业务实践表明操作风险往往难以明确而有效的衡量，因此大多数的商业银行会借助风险目录、操作指引等方式进行定性管理、指导操作实践。鉴于巴塞尔委员会已将操作风险纳入最低资本监管要求，现有涉及操作风险的模型已经取得了较大的进展，但其难以衡量的问题依然存在。当前，供应链金融业务中操作风险的评估重点在于实现操作风险衡量与操作风险管理的有机结合。在实务中，商业银行倾向于将供应链金融业务各环节中产生的操作风险及损失数据作为基础来衡量、评估供应链金融业务中的操作风险损失率，并结合商业银行的战略目标来确定操作风险是否在其可承受的范围，以此作为其决策参考和指导。

3. 操作风险控制

虽然操作风险管理的技术、方法仍处于探索阶段，但世界范围内的商业银行操作风险管控实践已经被广泛采纳、使用；商业银行首先借助成本收益分析来确定是否维持相关业务操作，进而明确各操作环节的责任人以确保实现商业银行内部的风险管控。

供应链金融业务实务中常用的操作风险控制方法包括完善内控体系、提高人员素质、降低对操作人员个体能力的依赖、完善产品业务基础、合理应用操作风险转移技术等。

（1）完善内控体系。供应链金融业务中，商业银行依然遵循审贷分离等的内控原则，同时也强化了对授信支持性资产的审核与管理。为有效推进供应链金融业务开展，商业银行会在实践中设立独立的授信支持性资产管理部门，通过客户经理和授信支持性资产管理部门的双重核查降低人员操作风险。针对存货和应收账款融资产品等循环贷款产品，通过建立定期审核制度，检查存货与应收账款是否符合授信合同规定、要求以达到内控的目的。

（2）提高人员素质。在供应链金融业务实践中，越来越多的企业将员工风险意识、职业道德和能力培养视为至关重要的部分。具体地，如信用评审中需要培养授信评审人员对交易真实性、正常性的评价能力，对授信支持性资产的真实性、有效性的评价能力，对操作模式可行性的评价能力等。

（3）降低对操作人员个体能力的依赖。由于供应链金融业务的授信更为复杂，商业银行需要建立专业调查、审查模板和指引，以指导相关人员按照模板要求进行信息收集、分析，提升审查结果的有效性；针对供应链金融业务的出账、贷后管控等环节，商业银行需要明确的操作指引用于指导操作流程、风险点、操作步骤等；针对不同类别的商品，应当按照明确的标准合同和协议文本进行规范填写、详细说明等。

（4）完善产品业务基础。作为新兴业务，供应链金融业务处于不断的实践及发展中，因此也涉及相关监管制度、法律法规的不断完善，同时也可能产生诸多新问题、新挑战等，这就从客观上要求供应链金融业务在操作中建立动态反应机制，定期或按需审核各类流程及环节，推进相关制度、法律法规、操作规程的完善。

（5）合理应用操作风险转移技术。一般地，操作风险转移手段包括风险保险、操作环节外包等方式。在供应链金融业务的实践中，诸多的国外企业倾向于通过保险的方式实现操作风险的转移，而国内的诸多商业银行尚不具备借助保险转移风险的可能性，因此大多会选择在物流管理环节中通过保险产品等实现操作风险的转移。另外，在实践中，诸多的国内商业银行试图借助第三方物流企业的战略合作实现有效的物流监管，借助其专业的物流管理实践，完成物流环节操作风险的转移，同时也充分利用第三方物流企业的竞争优势降低管理成本。

11.5　法律风险及其管理

按照《巴塞尔新资本协议》的规定，法律风险是一种特殊类型的操作风险，它包括但不限于因监管措施和解决民商事争议而支付的罚款、罚金或者惩罚性赔偿所导致的风险敞口。法律风险是指由于合约在法律范围内无效而无法履行，或者合约订立不当等原因引起的风险。法律风险主要发生在场外交易中，多由金融创新引发法律滞后而导致，有些金融衍生工具的创设就是从规避法律的管制开始的。从狭义上讲，法律风险主要关注商业银行所签署的各类合同、承诺等法律文件的有效性和可执行能力。从广义上讲，与法律风险相类似或密切相关的风险有外部合规风险和监管风险。

11.5.1　法律风险的概念

按照《巴塞尔新资本协议》的规定，在实务中对法律风险的界定相对困难，因为其边界往往较为模糊，多数情况下信用风险与法律风险间存在交叉、重叠或并存等，如商业银行针对债权的追索出现了纠纷，则需要借助法律程序解决，法律风险随之产生。供应链金融业务中产生的法律风险往往伴随三种损失出现，即商业银行或其员工、代理机构在法律上的无效行为，法律不确定性，法律制度的相对无效性。

（1）商业银行或其员工、代理机构在法律上的无效行为往往会导致动产担保的物权不受到法律保护，如质押物、转让交易中未涉及法律文件规范，或者本身非法或不能有效执行，都可能直接导致法律层面的无效行为。在供应链金融业务中，此类风险对商业银行的授信安全危害特别大。首先，作为创新实践的供应链金融业务，其产品创新性较高、业务模式多样化、标准化程度较低等都会导致法律无效行为；其次，尽管供应链金融业务中授信合同逐渐标准化，但因其业务中所涉的信用捆绑、货物监管、业务代理、资产处置协议、声明、通知等法律形式繁多、难以统一等都存在法律无效行为的可能性。

（2）法律不确定性指损失来源于法律不确定，而不是由于商业银行的过失导致的。由于供应链金融相关法律法规的复杂性、模糊性，随着法律体系的不断演进、完善，相关法律条款的变动、更新也可能给银行造成损失。在供应链金融业务中，这些法律的不确定性可能会导致商业银行面临善意的第三方对授信支持性资产的索偿要求。

（3）当前，我国不同区域间尚存在法律执行效率差异的问题和情况，法律和行政权力的区分尚模糊，甚至部分地方政府为保护经济发展，可能干涉相关法律的执行等。这些问题的存在无疑会影响到供应链金融业务的开展，甚至直接影响到贷款、债权的追索，成为供应链金融业务中法律制度无效性的根源，也使得法律风险管理成为必须高度关注的问题。

11.5.2 法律风险的分类

1．质物的权属风险

从总体上看，供应链金融业务的法律风险主要体现在质物所有权问题上，因为供应链金融业务涉及众多主体，质物的所有权在商业银行、质押方等不同主体间流动，但这种流动无疑会产生所有权纠纷；由于我国与供应链金融业务相关的法律法规条款尚不完善，也缺乏行业性指导文件作为依据，因此商业银行在开展供应链金融业务时，必须尽可能地完善相关的法律合同文本，明确业务参与方的权利、义务。

2．质物的优先受偿权风险

供应链金融业务的法律风险集中体现在如何确保商业银行对质物的优先受偿权上。企业可以以其现有的和将来取得的全部财产或部分财产设定抵押权，这类资产包括生产设备、原材料、半成品、产品等。抵押财产具有不特定性和变动性，按照其特征，抵押设立后，企业可以在正常的生产经营活动中处分抵押物。在供应链金融实务中，由于抵押权与商业银行在供应链金融业务下的质权可能发生冲突，在现行法律框架下，抵押权可能优先于质权受偿。与此同时，质权的优先效力问题可能给商业银行的供应链金融业务造成法律风险。因此，商业银行工作人员在接受质押时，应注意调查质物是否存在其他担保，并在业务中注意采取措施防范质权的优先性受损害。实际上，若条件合适，商业银行也可以在供应链金融业务中通过加设浮动抵押来降低风险。

思考题

1. 供应链金融的主要风险是什么？
2. 什么是物流监管风险？如何实现物流监管风险的有效控制？
3. 信用风险是如何产生的？其影响因素有哪些？
4. 供应链金融的操作风险有哪些类型？如何有效管理操作风险？

拓展阅读

参 考 文 献

[1] 宋华. 供应链金融[M]. 3版. 北京：中国人民大学出版社，2021.
[2] 陈祥锋. 供应链金融[M]. 北京：科学出版社，2022.
[3] 李金龙，宋作玲，李勇昭，等. 供应链金融理论与实务[M]. 北京：人民交通出版社，2011.
[4] 陈晓华，吴家富. 供应链金融[M]. 北京：人民邮电出版社，2018.
[5] 卢强. 供应链金融[M]. 北京：中国人民大学出版社，2022.
[6] 鲍新中. 供应链金融模式与案例[M]. 北京：经济管理出版社，2021.
[7] 郝朝坤，陆岷峰. 供应链金融理论与实践[M]. 北京：中国金融出版社，2022.
[8] 约瑟夫·熊彼特. 经济发展理论[M]. 贾拥民，译. 北京：中国人民大学出版社，2019.
[9] 杨新臣. 数字经济：重塑经济新动力[M]. 北京：电子工业出版社，2021.
[10] 刘蓉，徐玫. 供应链金融实务与案例分析[M]. 北京：经济科学出版社，2021.
[11] 戚聿东，肖旭. 数字经济概论[M]. 北京：中国人民大学出版社，2022.
[12] 范文仲. 数字经济与金融创新[M]. 北京：中国金融出版社，2022.
[13] 徐忠，邹传伟. 金融科技：前沿与趋势[M]. 北京：中信出版集团股份有限公司，2021.
[14] 于斌，陈晓华. 金融科技概论[M]. 北京：人民邮电出版社，2017.
[15] 苟小菊. 金融科技概论[M]. 北京：中国人民大学出版社，2021.
[16] 邱志刚. 金融风险与金融科技：传统与发展[M]. 北京：中国金融出版社，2021.
[17] 管清友，高伟刚. 互联网金融：概念、要素与生态[M]. 杭州：浙江大学出版社，2016.
[18] 于海静. 互联网+商业银行供应链金融创新[M]. 北京：中国金融出版社，2021.
[19] 何娟，冯耕中. 物流金融理论与实务[M]. 北京：清华大学出版社，2014.
[20] 冯根尧. 生产运营管理[M]. 北京：高等教育出版社，2010.
[21] 邵贵平. 电子商务供应链管理[M]. 北京：人民邮电出版社，2021.
[22] 喻平. 金融风险管理[M]. 北京：高等教育出版社，2022.
[23] 肖奎喜，徐世长. 商业银行供应链金融运行机制研究[M]. 北京：人民出版社，2019.
[24] 徐进亮，王路，宣勇. 国际贸易融资理论与实务[M]. 北京：清华大学出版社，2017.
[25] 张红伟. 中国金融科技风险及监管研究[M]. 北京：中国金融出版社，2021.
[26] 李占雷. 物流金融与物流企业商业模式创新[M]. 北京：人民出版社，2018.